正說 大明 十六帝

明太祖朱元璋
明惠宗朱允炆
明成祖朱棣
明仁宗朱高熾
明宣宗朱瞻基
明英宗朱祁鎮
明代宗朱祁鈺
明憲宗朱見深
明孝宗朱祐樘
明武宗朱厚照
明世宗朱厚熜
明穆宗朱載垕
明神宗朱翊鈞
明光宗朱常洛
明熹宗朱由校

目錄

第一章　朱家王朝的締造者　太祖朱元璋

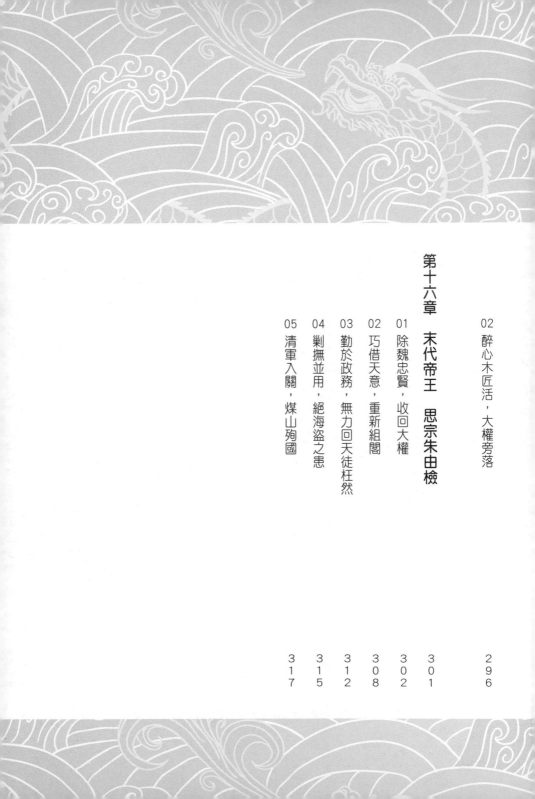

前言

明朝（一三六八—一六四四年）是繼元朝之後在華夏大地上建立起來的一個封建王朝，也是漢族地主政權的重建與發展。明朝的建立改善了漢人的地位，使得佔人口大多數的漢族再一次回到平民的位置，為中國的進一步發展創造了有利條件。西元一三六八年八月，由朱元璋領導的起義軍攻陷元大都（今北京），宣告了元朝的滅亡，建立明朝，開創了朱家兩百七十六年統治的歷史。

明朝，是中國歷史上唯一一個自南向北，以南方軍隊擊敗北方游牧民族而統一天下的皇朝。

說起明朝，人們首先想到的就是宦官、殺戮、血腥和專制統治等，想到的是不理朝政的皇帝們，他們就像一個個敗家子折騰著祖宗的基業。在朱家統治時期，雖然寫就了無數輝煌，也留下了無數的罵名。綜觀明朝的朱家皇帝，大多都有近乎病態的偏執性格，凡事以自我為中心，太祖的多疑刻薄、成祖的狠毒無情、憲宗的濫用私人、武宗的狂妄自大、神宗的偏激逆反、崇禎的剛愎自用等等。這個偏執者家族寫下了明朝近三百年的歷史，為後人留下了一個捉摸不透的王朝。

魯迅先生在論及明朝時曾說：「唐室大有胡氣，明則無賴兒郎」，也有學者抨擊明朝是中國的大黑暗時代，中國落後於世界就是從明朝開始的。

「這是最好的時代，這是最壞的時代；這是智慧的時代，這是愚蠢的時代；這是信仰的時期，這是懷疑的時期……」狄更斯這段《雙城記》裡的話，正好可以形容人們對於朱氏天下的不同看法。

和歷朝歷代一樣，家族統治是那個時代唯一的選擇。父傳子，子傳孫，皇帝們只希望自己的位置能傳給自己的子孫，而子孫的賢孝、愚笨卻在所不問，正因此就決定了家族統治的命運。朱家歷代十餘位皇帝，無能者或者不理朝政者佔據了大部分，他們身居皇帝之位卻不履行皇帝義務。即使這樣，朱家家族還是統治了中國近三百年，究竟是什麼原因能造就這樣的奇蹟？

《正說大明十六帝》為您講述了一個統治家族的光明與黑暗、榮耀與創痛、自由與專制、興盛與凋敝。

第一章　朱家王朝的締造者 太祖朱元璋

太祖朱元璋（一三二八——一三九八年），字國瑞，濠州鍾離（今安徽鳳陽）人。家境貧寒，父母早逝，年輕時曾入寺為僧。一三五二年率眾投紅巾軍，參加元末農民起義，並逐步成為一位傑出的領袖。他運用「高築牆，廣積糧，緩稱王」的戰略方針，壯大軍力。一三五六年，他率軍攻克集慶（後改名應天，即今南京）。以此為根據地，先後擊破陳友諒、張士誠部，於一三六八年建立明朝，定都南京，建元「洪武」，從而開創了朱氏家族統治中國的歷史。朱元璋死於一三九八年，在位三十一年。

01 亂世投軍，攀鳳起家

封建社會是個家族社會，權力主要由大而顯赫的家族來掌握。朱元璋出身貧寒，在那個時代即使再有本事，只憑藉個人的奮鬥也是難以成功的。朱元璋與郭家和馬家這兩個比較有名氣的家族聯繫起來之後則如虎添翼，為以後登上皇帝寶座創造了良好的條件。

朱元璋的家庭世代務農，因沒有自己的土地只能為地主幹活，自然是社會地位很低的。不僅如此，由於受到地主的壓迫，常常一年艱苦勞作還是全家不得溫飽，因此朱家經常搬遷，力圖尋找一個壓迫比較小的地方生活。

據考證，朱元璋的太祖居於沛縣（今江蘇沛縣），祖籍是句容（今江蘇句容），住在朱家巷。朱元璋出身貧寒，他的祖父連名字都沒有，在元朝是一個「種地的淘金戶」。所謂種地的淘金戶，這是一種特殊的、在元代礦戶中屬於承擔向朝廷交納定額黃金的戶籍。句容縣原本沒有黃金，官府同意以種地代替淘金，即以種地的錢買了黃金來交納。由於賦稅很重實在交不起，朱家只好再次遷移，逃到淮北一帶，在泗州盱眙（今江蘇盱眙）安頓下來。祖父辛辛苦苦幹了一輩子，連一點基業也沒打下便一命歸西了。

朱元璋的父親名叫朱五四，又名世珍，是個老老實實的佃農，就像當年一首歌謠所唱的那樣：「佃農佃農老實人，只種莊稼不管事，種了十畝肥莊稼，到頭來，兩手空空回家來。」朱五四為別人種了一輩子莊稼，可到頭來什麼也沒撈到，連死後也沒個葬身之地。他的一生像候鳥一樣把家搬來搬去，在盱眙活不下去了，只好逃往虹縣（今安徽泗縣），到了五十歲又舉家遷往鍾離東鄉給人做佃農，六十歲時無力耕種，以致生活難以維持，又搬移到孤莊村落戶。正如中國有句古話：「窮搬家，富挪墳」，這正好是朱元璋家境的寫照。在每一次舉家搬遷的過程中，一家老小總把希望寄託在新地方、新田主身上，可他們哪裡知道一百個田主有九十九個心比鍋底還黑，根本不會給窮人留一條活路。

朱元璋就是在這樣的社會背景和家庭環境下出生的，正是由於生活的艱辛使得朱元璋在自己的性格當中注入了剛毅、果敢、勇於做事的素質，使他面對著強大的勢力從不低頭，但又不缺乏鬥爭的機智忍讓之術。

朱元璋的母親陳氏，出身行伍之家。外祖父陳公曾在宋朝大將張世傑部下當過兵，兵敗後輾轉回到家鄉，因怕被人抓去充軍，於是遷居盱眙津裡鎮，靠當巫師畫符念咒、看風水、算命批八字過活。陳公生有二女，大女兒嫁給季家，小女兒嫁給了朱五四。朱五四有八個孩子，朱元璋是老八，幼名重八，初名興宗，後來他投到郭子興麾下才起官名叫元璋，字國瑞。自宋朝以來，平民百姓若不在官府任職是一概不許起官名的，只能用行輩和父母年齡合算出一個數目作為稱呼，也就是說只能叫小名。

年幼的朱元璋由於家境貧寒經常吃不飽肚子，很小的時候就去給人家放牛謀生。後來為了填飽肚子，還曾出家當過和尚。直到朱元璋參加紅巾軍投奔了郭子興，命運才開始有了轉機。

朱元璋投軍完全是「官逼民反」。人沒活路了，自然就豁出去了，這對以後朱元璋的執政產生了很大影響。後來朱元璋在《皇陵碑》中回憶當時情景：「好友寄來書信勸我參加義軍，心中擔憂又恐懼，正在猶豫不定，此事卻被別人發覺聲言要告官府。形勢急迫，算上一卦，結果逃亡和留守皆不吉，只有投軍方大吉。」這就是朱元璋高人一等的地方，他向世人表明投奔起義軍的決心是神靈的啟示，他的行為是受命於天，是受菩薩保佑的。為了鞏固自己的統治，朱元璋可說是用盡心機了。

至正十二年（一三五二年），朱元璋參加了郭子興領導的起義軍被收作一名步卒，那一年他二十五歲。這一過程看起來簡單，但卻為朱元璋帶來了峰迴路轉的命運，為他走向成功打開了大門。

參軍後，朱元璋非常努力加上才能出眾，很受郭子興的賞識。朱元璋明白要想出人頭地就必須拼命努力，所以他總是比別人練得刻苦、練得認真，練得時間長，不久他就成為隊裡出類拔萃的角色。郭子興也越發喜歡他，每次領兵出擊都會把他帶在身邊，而朱元璋也總是小心地護衛著郭子興，作戰十分勇猛，斬殺俘獲過不少敵人。

朱元璋因表現出色不久就被調到元帥府做了親兵九夫長，郭子興遇上事情總不忘徵求一下他的意見，每次他都盡力謀劃，使郭子興越來越覺得他是個有膽識、有謀略的將才。再後來，郭子興就派朱元璋單獨領兵作戰，每次打仗朱元璋總是身先士卒衝殺在最前面，得到的戰利品又全部分給部下，因而部下都非常擁護他。郭子興見朱元璋帶領的部隊凝聚力日漸增強，戰鬥力大為提高，於是更加器重他，特別想把他收為心腹，讓他真心真意、死心塌地地為自己效命。

郭子興有個養女，是好友馬公的小女兒。馬公原是宿州閔子鄉的一個富豪，平日仗義疏財又好交友，與郭子興是刎頸之交。馬公死後，郭子興就將馬公的女兒交給夫人撫養，把她當作自己的親生女兒看待。為了拉攏朱元璋，郭子興決定把養女嫁給朱元璋。

這對朱元璋來說，真可謂是天上掉餡餅！一個窮小子竟然能娶到元帥的女兒為妻，連他自己都覺得像是一場夢，郭元帥親自為他們主婚。從此他有了靠山前程似錦，眾兄弟自然對他另眼相看，以後在軍中就稱他為「朱公子」。

這樁婚姻不僅表明朱元璋深得郭子興的信任，而且娶到馬氏更使朱元璋大受裨益。馬氏是一個聰明賢慧的女人，因而成了朱元璋角逐天下的賢內助。對朱元璋而言，做事便如同錦上添花，戰場上的表現也就更加出色，威望大大地提高，結果卻引起了郭子興對朱元璋的猜疑忌妒，馬夫人處處為他周旋才得以保全性命和地位。有一次，朱元璋遭人陷害被監禁，當時正值荒歲歉收沒有吃的，馬夫人偷偷懷揣炊餅給他吃竟燙傷胸口。後來她習慣於儲藏一些乾糧乾肉，為的是軍中缺糧時給朱元璋吃。渡江時，她率全軍將士的妻妾渡江。在應天，陳友諒大軍壓境時，她散盡宮中財物犒勞將士、鼓舞士氣。開國後，朱元璋對侍臣說：「皇后與朕同是布衣出身，同甘共苦，比起漢光武帝危難時馮異獻的豆粥麥飯來更勞苦功高。她還多次對朕說夫婦相保容易，君臣相處難，常請求赦免臣下過失，保全大臣。她是朕的得力助手。」他還將馬皇后比作唐太宗賢德的長孫皇后。回到後宮他把這些話講給馬皇后聽，馬皇后說：「陛下不忘與妾貧賤時的苦難日子，也不要忘記與群臣共同度過的艱難歲月。但妾怎敢與長孫皇后相比呢？」

對於馬氏的謙虛、深明大義，朱元璋是感激的，他更以自己的夫人能有這樣的人品自豪，這使他對事業的追求更加有動力。朱元璋攀上馬夫人這隻鳳，為自己添加了一股無法估量的力量。

02 假託神明，美化統治

歷代皇帝都不惜將自己的出身美化和神聖化，朱元璋也不例外。為了登上皇帝寶座，為了朱氏家族統治天下能夠名正言順，朱元璋不惜讓自己披上神的外衣，使醜小鴨變成白天鵝，使泥菩薩變成活神仙。

孔子說：「名不正，則言不順；言不順，則事不成。」做事要名正言順。為了使自己的統治能夠萬世延續，統治者們往往會編造各種謊言來美化、神話自己，使自己的統治蒙上一層神秘的外紗，這樣更能愚弄百姓，從而達到自己的目的。

例如，秦代陳勝吳廣起義時，曾命人用帛寫上「陳勝王」三個字暗中放進別人剛釣起的魚肚中，並命人晚上模仿狐狸高叫「大楚興，陳勝王」；劉邦當年聽始皇嬴政說東南有天子氣，就在家鄉胡編了些「赤帝子」將來要取代「白帝子」的話來抬高自己，劉邦的妻子呂氏也常說「劉邦頭上常有雲氣」之類的話；黃巾起義，張角兄弟邊令眾人裹黃巾、扯黃旗，邊派人傳言「蒼天已死，黃天當立」；金田起義的洪秀全稱自己是天父之子，稱自己為天王。將政權、將個人神秘化也的確都收到了揭竿而起、一呼百應的成效。朱元璋出身社會底層，沒有任何家族背景。如果不編一些故事加在自己身上，美化自己的出身，那麼就會讓所有的人留下這麼個疑問：同是平民出身，肩膀頭一樣高，為什麼偏偏你做得了皇帝！難道我就不行嗎？這種不服和挑戰思想的存在，對新生的王朝來說顯然是不利的，因此朱元璋登基之後自然而然地想到了藉助神來使自己的行為名正言順。

朱元璋為了神化自己，編造了出生時的一些故事。朱元璋出生之前，他母親在田地裡幹活，由於疲憊至極而睡去，夢中一道士給她吃了一粒仙丹。第二天，陳氏幹活的時候忽然覺得就要臨盆了，她連忙往家趕，但是走到半路再也支持不住，就躲到山坡下的二郎廟裡生下了朱元璋。

據說，朱元璋誕生的時候整個二郎廟裡面都閃著紅光，以致映得附近的山嶺也紅彤彤的，這自然是不同凡響的事情。而當陳氏把朱元璋抱回家之後，街坊鄉親們發現朱元璋的家裡也是一片紅光。善良的鄉親們起初還以為朱元璋的家裡起了火，就連忙拿著救火的工具跑了過來，等到了近處一看卻發現不是那麼回事。從此，朱家越發認為朱元璋非同俗人凡胎。

由於古代社會人民生活疾苦，再加上科學技術、知識文化的落後，在當時天下的百姓對皇帝的出身非常在意的，人們普遍認為「君權神授」，皇帝就應該是上天派下來管理人的，皇帝的生死存亡都體現著上天的旨意。皇帝們也更樂意承認人民這樣的看法，同時為了使自己的出身更加貼近於人民的觀念，他們便會想出種種辦法來迎合和麻痺大眾，使勞動人民對於統治者不會生出反叛之心，以利於自己政權的穩固和統治的順利進行。

朱元璋為了鞏固萬世帝業，編造出神的故事來抬高自己。他的傳說也是如此美好，但這都不可能是真實的。那麼真實情況怎樣樣呢？

在朱元璋出生之前，家境困難、負擔極重。陳氏懷胎十月為了生計仍然要堅持在田間勞作，連一點休息的時間也沒有。直到臨盆之前才不得已匆匆忙忙地往家趕，以致最後只能草草地在二郎廟裡把朱元璋生下來。

朱元璋出生後，朱家又多了一人吃穿，負擔更加沉重，做父親的朱五四甚至已經沒有錢給新出生的朱元璋買一方新的綢布（**當時綢布是常用織物，但很貴**）來包裹身體了。幸好他在河裡意外地撿到了一塊別人丟掉的舊紅綢布，就給朱元璋裹了身子，勉強免去了買不起紅綢布的尷尬。

朱元璋真是一名製作神話傳說的大導演，使得許多「摧眉折腰事權貴」者趨之若鶩，為博帝王「開心顏」而大動腦筋。這使得人們對於他的身分有了新的解釋，並且這種傳說有助於穩固朱家的江山社稷，這對於朱元璋來說無疑是有利的，所以朱元璋就要趨向於這種說法，不僅自己編而且鼓勵臣下去附會。

朱元璋為了把自己神化，還曾撰寫過一本《周顛仙人傳》。在《周顛仙人傳》中，明太祖記載了周顛的身世及其事蹟。其中說到，周顛面見朱元璋，唱道：「山東只好立一個省。」然後用手畫成地圖，指著朱元璋說：「你打破一個桶（統），做一個桶。」朱元璋西征九江，行前問周顛：「此行可以嗎？」回答說：「可以。」又問他：「友諒已經稱帝，消滅他怕不容易？」於是周顛仰首看天，然後說：「上面無他的。」如此雲山霧罩的事情不勝枚舉。又說十年之後，一次朱元璋害了熱病幾乎快死了，這時赤腳僧覺顯送來藥，說是天眼尊者和周顛仙人送到。朱元璋服下後，晚上病就好了。

由於成功地藉助了輿論，朱元璋的出身一下子高貴了許多，與真實的情況相比有雲泥之別。人們接受了這個傳說，同時也接受了這個皇帝，朱元璋和他的家天下因而成了這個傳說最大的受惠者。

03 休養生息，發展經濟

歷史上每個朝代的滅亡，主要是統治者的暴政使得民不聊生，從而爆發農民起義，從內部瓦解了統治基礎。朱元璋出身於農民，對農民既了解又同情。他登上皇帝寶座後，採取了一系列有利於農民休養生息的政策也就不足為奇了，這正是朱氏家族能夠坐穩江山的根本原因。

作為中國封建社會唯一出身貧民的皇帝，朱元璋對農民階層的苦難生活有很深刻的體會和特殊的同情心，他要以自己特殊的權力最大限度地改善農民階層艱難的生活狀況，而這些作為也為朱家統治奠定了堅實的基礎。

明朝開國時，經濟形勢是十分嚴峻的。至正二十六年（一三六六年），朱元璋從應天到家鄉濠州省墓，一路「百姓稀少，田野荒蕪」。洪武元年（一三六八年）四月，朱元璋去北伐前線開封視察，經常穿行在草莽之中。七月，徐達率部自開封北上，路經河南、山東、河北，沿途「道路皆榛塞，人煙斷絕」。中原地區怨魂遍地、屍骸蔽野，收殮埋葬骸骨成了政府、百姓的義舉。朱元璋慨然喟歎道：「平定中原並不困難，但民物凋喪、千里丘虛，既定之後生息猶難正是勞思費神之處。」不但是中原，就連湖廣、四川等這些昔日繁華的地區也是一片荒涼。湖廣洞庭湖流域直到洪武末年尚且「土曠人稀，耕種者少，荒蕪者多」，四川經過幾十年戰亂也是滿目瘡痍。到洪武二十年（一三八八年），各州縣仍然「居民鮮少」，就連肥沃的成都平原也還有數萬畝良田「荒蕪不治」，明朝開國後一百多年尚不能恢復歷史舊景。三吳中心城市蘇州也是「里邑蕭然，生計鮮薄」，如雨打殘荷、秋風敗葉。當時的歷史名城揚州被張明鑑等部隊掠奪，只剩下十八戶人家。徐州被元軍血洗，男女老幼無一倖免，到明初依然是「白骨蔽地，草莽彌望」的鬼蜮之地。

明朝開國以後，南征與北伐在繼續。殘元部隊長時間控制著東起遼東、西至陝甘的廣大區域，明昇政權存在到洪武四年；雲南舊元梁王堅持到洪武十四年。由於元末社會經濟的全面崩潰和長時間的戰亂，民心嚮往穩定的生活，廣大民眾迫切期望朱元璋能夠廢除元朝的暴政，重新分配土地，減輕賦役負擔，使他們能夠安居樂業。朱元璋出於鞏固政權的需要，決心滿足飽經戰爭之苦的民眾的這一需求，他提出了「安民為本」、「養民者必務其本」、「民者，國之本也」等治國安民的方針。民不安，則國不寧。朱明王朝剛立國不久，只有發展農業解決民眾最基本的生活保證，並使其擁有從事簡單再生產的基本條件才是立國之根本。

在朱元璋看來「為國之道，以足食為本」，讓百姓衣食無缺、生活富足是統治者應盡的責任，也是維持國家安定的根本。他指出：「百姓富裕了，國家才能富強；百姓安逸了，國家才能安定。百姓貧窮困苦而國家富強安定的事情是從來沒有的。」他多次告諭說：「百姓富裕了，就會與政府親近；百姓貧窮了，就會與政府背離。所以百姓的貧富關係著國家的興亡。」

據統計，在朱元璋統治的三十一年時間裡，他下詔減免賦稅和賑濟災民達七十餘次。他規定凡是各地發生災害，當地官員必須及時上報朝廷。如地方官隱瞞不報，當地的人民可以直接向上申訴。一經查實，該地方官就要被逮捕嚴懲。有一年，湖廣荊州、蘄州發生水災，朱元璋命戶部主事趙乾前去賑濟，趙乾竟拖延了很長時間才到，致使一些百姓活活餓死。朱元璋知道以後，立即下令將趙乾處死。還有一次，山東青州發生旱災和蝗災，有關部門沒有及時奏報，朱元璋就將有關官吏全部逮捕治罪。再有一次，江西彭澤糧食歉收，當地官員沒有及時賑濟以致有賣兒鬻女者，朱元璋下令將彭澤知縣施以杖刑。為了防止公文往來耽擱時間，使受災百姓能夠及時得到救濟，朱元璋還規定凡遇饑荒各地方政府應先開倉放糧，然後再上報朝廷。

朱元璋告諭全國官員說：「天下剛剛安定，百姓財力困乏，就像剛會飛的小鳥，切不可拔它的毛；就像新種植的小樹，切不可搖它的根。必須讓百姓能夠休養生息。」他也比較注意愛惜民力，盡量少打擾百姓。在建築宮殿時，他只求堅固不講華麗。有人建議宮中的空地應建立臺榭苑囿以供遊憩，但朱元璋不肯，他讓人在空地上種植蔬菜供宮裡人食用。朱元璋自己不肯妄興工程，也不准各級官員浪費民力。他規定各級官府凡有「勞民之事」，必須先行奏請，得到批准才可開工，不得擅自動用百姓的人力和物力。如有非興建不可的工程，像城防、橋樑、河渠等也要在農閒時節進行，不得妨礙農務。朱元璋的這些舉措有助於民力的休息和經濟的復甦，的確起到了「安民」的良好作用。

朱元璋對農民的認識也有他自己獨特的見解，知道農民有一定的狹隘心理和紀律鬆散性。在休養生息的過程中進行民屯，就是採用一種強制方式把一部分農民遷到地多人少的地方去，也就是「招徠耕種，以實中厚」，政府給予耕牛、農具、種子等，並免徵三年賦稅。洪武七年（一三七四年），從江南遷移十四萬戶到鳳陽。九年，又遷山西及河北真定等處無產業者到鳳陽屯田。十五年，遷移廣東番禺、東莞、增城等處二萬四千人到泗州屯種。二十一年，遷山西澤州、潞州無田農民往河南閒曠地方屯種。二十二年，遷江南蘇州、松江、杭州、湖州、溫州、台州各府無田農民到淮河一帶屯種。二十五年，遷山東登州、萊州無田農民五千六百多戶到東昌府耕種。二十八年，又規定青州、兗州、登州、萊州、濟南五府，凡農民家有五丁以上而田不到一頃的以及無地農民，都要分丁到東昌府開墾荒田。此外，朱元璋還採取招募農民屯種和發配罪人屯種的辦法，以增加地廣人稀地區的勞動力。

元朝末年，土地兼併異常嚴重，農民被迫流浪遷徙。朱元璋採取措施盡力使人口附著於土地。他發布詔書讓流民回籍耕種，這種民屯是行之有效的。除此之外，朱元璋還實行軍屯。

軍屯是朱元璋汲取歷史經驗，從漢武帝和曹操那裡學來的辦法。其目的是「寓兵於民」，即讓士兵們「且耕且戰」，養兵而不累民。早在明朝建立前，朱元璋就曾在江南設立民兵萬戶府，讓士兵們在應天附近屯田自給軍糧。明朝建立後，朱元璋立即在全國範圍內，尤其是在邊境地區廣泛推行軍屯。各衛所的士兵被分成兩部分：一部分守禦操練，稱操守旗軍，是戰鬥部隊；另一部分下屯耕種，稱屯種旗軍，是生產部隊。操守與下屯的比例，按規定是七分屯種，三分守城，但各地實際情況不同，屯守的比例也各異，據估計明初屯田士兵總數當在一百四十萬人以上。士兵屯種的田地由政府撥給，一般是每人五十畝，政府同時還要提供耕牛、農具、種子等生產工具。軍屯在洪武時期取得巨大成就，屯田面積達到九十萬頃左右，軍糧基本能夠自給自足。朱元璋為此曾自豪地說：「吾京師養兵百萬，要令不費百姓一粒米。」

為解決駐軍的糧餉問題，朱元璋還進行了商屯。商屯，其實是一種特殊的民屯。在洪武三年（一三七〇年），開始推行「開中法」，就是利用食鹽專賣權，讓商人把糧食運到邊區的糧倉，政府按照納糧數量給予鹽引（即販鹽許可證），商人憑鹽引到指定的鹽場支取食鹽，再運到指定的地區去銷售。因路遠運糧不便，商人們便雇人在邊地屯墾，把收穫的糧食就地繳納官倉以換取鹽引，當時人稱為「商屯」。商屯的開展既充實了軍隊糧儲，又促進了邊區開發。

朱元璋推行的這三種屯田制度都收到很好的效果，實現了「田野闢，戶口增」的目標。耕地和人口的增加，為社會經濟的繁榮，同時也為朱家的統治打下了堅實的基礎。

在實行休養生息的過程中，朱元璋進行了田地和人口的清查編製成冊。在元末長期的戰亂中，各地的田地簿籍大多散失，保存下來的和實際土地佔有狀況也早已不相符合。為了解決這一問題，朱元璋在明朝建立前就在佔領區進行土地清理編造圖籍，據此確定賦稅和徭役。如至正十八年（一三五八年），在徽州讓人民「自實田」，即自己如實報告田產數額。至正二十三年，又下令「使民，實田，集為圖籍」，並對各人自報數額進行覆核。所謂「圖籍」，是南宋以來流行於江南地區的一種土地簿籍，其中記載著每塊土地的畝數、土質、方圓面積以及田主姓名等並繪製成圖，因圖上田地一塊挨著一塊很像魚鱗，所以被稱為「魚鱗圖冊」。朱元璋在佔領區進行的這些土地清理，雖然不是很徹底，但也頗有成效，為他順利地徵發賦役、爭霸天下奠定了基礎。

朱元璋大刀闊斧地進行改革，在明朝剛建立後才幾天就派人到土地隱瞞最為嚴重的浙西地區去核實。臨行前，朱元璋告誡說：「你們一定要據實辦理，切不可徇私情、不可妄加增損，否則國法不容！」不久，朱元璋又命中書省議定役法。他指出，國家初建工程量大，為了防止徭役過多地落到窮困農民身上，應採用驗田出夫的辦法斂派徭役。由於徭役負擔是與田地多少掛鉤的，土地清理就成為新役法能否成功的基礎。經過中書商議，決定每田一頃出丁夫一人，不到一頃的用別的田補足，稱為「均工夫」。洪武三年（一三七〇年），根據上述原則在直隸、應天等十八府州以及江西饒州、九江、南康等三府編製了均工夫圖冊，計田出夫，每年農閒時節到京師服役三十天。如果田多丁少者用佃戶充役，要出米一石作為佃戶的補充費用。如果雇傭他人應役，則要每畝出米二升五合。「均工夫」役的推行很利於土地清查，從此處也可看出朱元璋存在著農民平均主義思想。

朱元璋推行的戶籍清理運動還沒完成，北方地區的局勢就已經基本穩定下來。洪武三年（一三七〇年）十一月，朱元璋下了一道口諭給戶部，命令清查戶口，推行戶帖制度。這道口諭保存下來，成為洪武年間傳世的為數極少的白話諭旨之一，現特照錄於下：「說與戶部官知道：如今天下太平了也，只是戶口不明白哩。教中書省置天下戶口的勘合文簿戶帖，你每（們）戶部家出榜去，教那有司官將他所管的應有百姓，都教入官附名字，寫著他家人口多少，寫得真著，與那百姓一個戶帖，上用半印勘合，都取勘來了。我這大軍如今不出征了，都教去各州縣裡下著，繞地裡去點戶比勘合，比著的，便是好百姓，比不著的，便拿來做軍。比到其間有司官吏隱瞞了的，將那有司官吏處斬。百姓每（們）自躲避了的，依律要了罪過，拿來作軍。欽此。」

朱元璋是個頭腦靈活的人，不管是在戰場上還是在改革措施上都很有力度。他在口諭中設計的清查程序，既嚴密又嚴酷。先由中書省印造戶籍戶帖，印製時戶籍與戶帖兩聯合為一紙，在騎縫處統一編號、加蓋印章，戶籍與戶帖上各有印章的一半，稱為「半印勘合」，下發到各地方政府；然後由戶部發布榜文，讓各地方政府通知所轄百姓，都到官府去登記自家的戶口和財產情況，經初步核實後，官府發給每家一份戶帖；然後再調派軍隊下到鄉村，按照登記底冊挨戶比對，逃避比對者或經比對所報不實者，一律發配充軍；有關官吏弄虛作假者，一經發現立即處斬。在清查完畢後，戶籍上交戶部留存，戶帖則由各戶收執。朱元璋利用軍隊清查戶口，一方面是因為當時全國大部分地區都已平定下來，軍隊不用再出征；另一方面是因為他不相信官吏，認為軍隊才能更好地貫徹他的意圖。

朱元璋的清理整頓，有利於土地、戶口的管理規範化，大大地減輕了百姓的負擔，提高了勞動積極性，促進了社會的進步和發展。

水利是農業的命脈，大力興修水利、推廣經濟作物才能真正做好休養生息，才能富國強兵實現人民安居樂業。朱元璋有躬耕的親身經歷，所以他始終重視水利建設。洪武年間，各地政府投入了大量的人力物力修建了許多水利工程。其中規模較大的有：洪武元年（一三六八年），修築和州銅城堰閘，周圍二百餘里。洪武四年修復廣西興安縣靈渠，築有三十六陡渠，可以灌溉農田上萬頃。洪武六年，動用民工二十五萬人，疏浚開封府自小木到陳州沙河口的十八道河閘。同年，從松江、嘉興僉發民工二萬人，開浚上海胡家港直通海上。洪武八年，命長興侯耿炳文督率疏浚陝西涇陽洪渠堰，可以灌溉涇陽、三原、醴泉、高陵、臨潼等縣田二百餘里。洪武九年，修築四川彭州都江堰。洪武十二年寧夏衛修築漢、唐時代的舊渠，可以引黃河水灌溉田地數萬頃。洪武十四年，修築浙江海鹽縣海堤，又徵發民工二萬人修築開封黃河大堤。洪武十九年，修築福建長樂縣海堤，防止了海潮侵淹農田，人民大受其利。洪武二十三年，調發淮安、揚州、蘇州、常州四府民工二十五萬人，修築崇明、海門潰決的海堤一百六十餘里。朱元璋興修水利一直持續到他在位的最後一年。朱元璋曾說：「耕稼是衣食的根本、民生的保障。朕曾命令各地興修水利，可地方官們不及時執行，致使百姓深受其害。現在派你們到各地去召集官吏民眾，趁農閒時節因地制宜周密規劃。凡是可以蓄水以防旱、洩水以防澇的陂塘湖堰都要加以修治，但也不要妄興工程禍害百姓。」水利工程的廣泛興修，增強了抵禦自然災害的能力，改善了土壤品質，提高了農作物的產量。

朱元璋十分提倡經濟作物的種植，甚至還採取強制性措施加以推廣。朱元璋運用行政手段強制種植經濟作物，這在今天看來似乎是不符合市場經濟規律的，但在當時自然經濟佔主導地位的社會條件下，卻有一定的積極意義且富有成效。據學者估計，明初全國種植的各類經濟果木在十億株以上，這個成績是巨大的。在明代以前百姓穿的都是麻衣，明初棉花開始大量種植，棉布已經成為百姓的通用衣著，這是服裝面料方面的一次重大變革。總體來看，朱元璋推廣經濟作物的做法豐富了農業生產的內容，提高了抗禦災害的能力，也為手工業生產提供了更多的原料，為以後絲織業、棉織業的發展奠定了基礎。

俗話說：「創業不易，守業更難。」朱元璋躬行修身、靜心養性。從現實出發進行休養生息、分配土地，解決老百姓的吃飯問題，為朱家王朝的統治打下了深厚的基礎。

對於朱元璋的這一番作為，有人視之為「愛民如子」，有人看作是朱元璋對農民階層的血緣情感。事實上，朱元璋的所作所為體現出他對穩定農民階層重要性的充分認識，民興才會業興，業興才能國興，臣僚們亦可分享富貴榮華，朱明王朝才能夠傳承萬代。

04 以身作則，提倡節儉

節儉是興盛的徵兆，奢侈是衰亡的先聲。漢有「文景之治」，唐有「貞觀之治」。漢文帝劉恆、漢景帝劉啟、唐太宗李世民等都特別注重節儉。朱元璋出身貧苦農家，對農民生活的艱辛有切身體會。登上皇位後還能夠身體力行，帶頭宣導節儉，這是難能可貴的。

朱元璋是一個提倡節儉的皇帝，由於他出身貧苦農家，不僅深深體諒農民生活的艱辛、物力的艱難，而且他還身體力行，帶頭宣導節儉。「自古王者之興未有不由於勤儉，其敗亡未有不由於奢侈。」這是他總結前人歷史經驗教訓後告誡後人的一句名言。他在位期間大力提倡節儉、反對奢侈浪費，常常對大臣們說：「珠玉非寶，節儉是寶。」

西元一三六八年，朱元璋在南京正式稱帝。他把提倡節儉、反對奢侈提到國家興亡的高度。他命令有關部門將他的車輿用金子裝飾的部分一概改由銅代替。有人認為這項費用小，他卻正色地說：「天子富足四海，不是吝惜這一點，節儉是我提倡的，我自己不以身作則，又有什麼理由讓大家這樣做？況且奢侈腐化以致誤國，追其根源都是由小到大的。」明朝建立後，按計劃要在南京營建宮室，負責工程的人將圖紙送給他審定，他當即把雕琢考究的部分全去掉了。有個官員想用好看的石頭鋪設宮殿地面，也被他當場狠狠地訓了一頓。

有一次，方國珍派人送給朱元璋一個飾滿金玉的馬鞍，朱元璋堅決不收，並對來使說：「現在國家還不穩定，需要的是大批的人才、急用的是糧食布帛，金銀寶貝沒有什麼用，不是我所喜愛的。」元朝的降將張昶暗中派人上書朱元璋勸他要及時行樂，朱元璋看後大怒將書信一把火燒掉了，並且說：「這個人是想當趙高呀！」陳友諒有一張鏤金床，做工極為考究，江西行省得到之後將它送給朱元璋，他看後卻說：「這同孟昶的七寶溺壺有何兩樣！」於是下令將其毀掉。

朱元璋還反覆告誡官吏們不要驕奢淫逸，對那些廉潔奉公、勤儉樸素的官吏厚加獎賞以資鼓勵。大將徐達戰功卓著，卻從不恃功自傲，一直住在一座破舊的小房子裡。朱元璋得知後就給他蓋了座新宅院，並在院門前立下牌坊以示表彰。

有一次，一個散騎舍人穿了一件十分華貴的衣服在宮中行走，朱元璋看到了就問他：「這件衣服得花費多少錢呢？」他回答說：「五百貫。」朱元璋說：「五百貫錢足夠一家數口的農民一年的生活費用了，而你卻拿來做了一件衣服。如此驕奢，簡直是太糟蹋東西了。」立即命他將衣服脫掉，不許再穿。還有一次，他看見兩個宦官穿著新靴在雨中走路頓時大怒，斥責他們說：「一雙靴雖是件微不足道的東西，但也都是百姓的血汗做成的，從種棉到成靴絕非一日之工，而你們卻竟敢如此不愛惜！」下令對那兩名宦官處以杖刑。

為教育子孫不忘創業的艱難，朱元璋命人把自己的艱難經歷畫在宮殿裡，並告誡說：「富貴易驕，久遠易忘，後世子孫長在深宮只看到了富貴、習慣了奢侈，不知道祖宗起家的艱難。現在你們要朝夕看一看我的經歷，不忘祖本。」他還規定兒子們要外出，近的一律步行，遠的也只能騎馬走十分之七，剩下的十分之三必須步行。他說：「上面樸素節儉，帝業方可久傳，後世子孫必須守此法。」有一次，他的兒子們跟從他外出，朱元璋便特意沿途到農民家中一家家地察看，看他們家裡的器具物品和日常飲食。回到宮中後，他語重心長地對兒子們說：「你們都看到了嗎？農民們身不離田地、手不離犁鋤，一年到頭勞作不停。可是他們住的不過是茅草屋、穿的不過是粗布衣、吃的不過是粗茶淡飯，而國家的經費卻要全部由他們負擔。所以我特意讓你們知道，以後凡是吃穿住用一定要想到農民生活的艱辛，要盡可能地使百姓免於饑寒。如果只知橫徵暴斂，老百姓就沒有活路了。」

朱元璋不喜歡喝酒，因此他曾多次發布限制釀酒的命令。在他的影響下，後宮中的嬪妃也十分注重節儉。她們從不追求打扮，穿的衣裳也是洗過很多次的舊衣服。

由於朱元璋提倡節儉，再加上政治、軍事等方面一系列有效措施的實施，使得大明王朝日益鞏固，社會經濟得到了迅速恢復和發展。

05 貪我六兩，梟首剝皮

在持家理財方面，朱元璋是歷代帝王中最精打細算的一位。他嚴懲貪官污吏，這對鞏固和加強朱氏家族的統治是非常有利的。

貪污腐敗是歷朝歷代都存在的頑疾，它危害著皇帝的寶座和國家的安危。按現代的觀點來說，貪官貪污的錢款不管是國家的還是接受個人所得的賄款，最終損害的都是人民的利益。而在封建社會，貪污損害的可是皇家的利益，誰也不願意別人拿走自己的錢，因此歷朝歷代都在反貪腐。朱元璋是由貧民走上皇帝寶座的，底層生活的痛苦經歷讓他刻骨銘心，因此他採取了中國歷史上最嚴厲的措施來懲貪。

朱元璋制定的《大明律》，對官吏的貪污腐敗處罰極其嚴厲，一經查明一律發配到北方荒漠中充軍。官員若貪污贓銀六兩以上，就會被處梟首示眾、剝皮實草之刑。朱元璋命在各府州縣衙門左側設皮場廟（剝皮的刑場），貪官被押到這裡砍下頭顱掛到竿子上示眾，再剝下人皮並塞上稻草擺到衙門公堂旁邊，用以警告繼任的官員。朱元璋對自己制定的法律帶頭實行，而且執法相當嚴厲，這在中國古代封建皇帝中是少有的。

明初，朱元璋在邊境地區實行茶馬貿易，用內地的茶葉換取邊地馬匹。為了保證這一貿易的正常進行，他下令兵部嚴禁私販茶葉。可是私販茶葉到邊境的事情還是屢禁不止，於是他不得不重申禁約，頒發到四川、陝西官府和衛所嚴禁私販。在這種情況下，駙馬歐陽倫仍派家人周保去邊境販茶從中牟取暴利。周保等人橫行霸道，陝西布政使司官員不敢惹駙馬家人只得俯首聽命，為他們徵派民車數十輛。經過蘭縣（今甘肅蘭州）河橋巡檢司時，周保等人對小小的巡檢司官吏更是蠻橫，稍不如意便拳打腳踢、百般侮辱，小吏忍無可忍憤而上告。朱元璋得知此事後勃然大怒，他不但處死了周保等人和布政司官員，而且也一併賜死了駙馬歐陽倫，並嘉獎了河橋巡檢司小吏。歐陽倫是安慶公主的丈夫，而安慶公主是馬皇后親生，因此很受朱元璋的寵愛。歐陽倫做了十幾年駙馬，但他觸犯了朱元璋的法令，朱元璋為了維護法紀、整肅吏治，寧可讓自己鍾愛的女兒做寡婦，也不肯曲法赦免歐陽倫。為了朱家王朝的長治久安，朱元璋懲治貪官污吏的決心是任何人都不可動搖的。

朱元璋對貪污之官，寧肯錯殺一千也不可放過一個。他規定凡有貪污案件都要層層追查，直到弄清全部案情，將貪污分子一網打盡為止。

洪武十八年（一三八五年），御史余敏等告發北京承宣布政使司、提刑按察使司的官吏趙全德等人，夥同戶部侍郎郭桓等人貪污舞弊、吞盜官糧。朱元璋抓住線索，命令司法部門依法嚴加追查。這個案子後來又株連到禮部尚書趙瑁、刑部尚書王惠迪、兵部侍郎王傑、工部侍郎麥志德等高級官員和許多布政使司的官員，貪污盜竊的錢折成糧食達二十四萬多石。案件查明後，朱元璋下令將趙瑁、王惠迪等人棄屍街頭；郭桓等六部侍郎及各地方布政使司以下的官員有上萬人被處死；有牽連的官吏幾萬人被逮捕入獄，嚴加治罪。凡捲入這個案件的下級官吏、富豪均被抄家處死。

此案令核贓株連之人遍天下，中產以上民家被抄殺者不計其數。郭桓案，「自六部左右侍郎下皆死，贓七百萬，株連直省諸官吏，係死者數萬人。核贓所寄遍天下，民中人之家大抵皆破」。

由於誅戮過甚，兩浙、江西、兩廣和福建的行政官吏，從洪武元年（一三六八年）到十九年（一三八六年）竟沒有一個做到任期滿的，往往未及終考便被貶黜或殺頭。用朱元璋自己的話說：「自開國以來，兩浙、江西、兩廣和福建設所有司官，未嘗任滿一人。」

他在郭桓案發生後更加強了在治貪方面的手段，制定了嚴厲懲治經濟犯罪的法令，在全國財政管理上實行了一些有效的措施。其中最重要的一條就是把記帳的漢字「一、二、三、四、五、六、七、八、九、十、百、千」改為「壹、貳、參、肆、伍、陸、柒、捌、玖、拾、陌、阡」等。後又把「陌、阡」改寫成「佰、仟」。漢字數字大寫，在技術層面上確是重要的舉措，堵住了帳冊上的漏洞，所以一直沿用到現在。

朱元璋從自身的經歷中深刻認識到，僅僅依靠官僚系統的內部監控是無法澄清吏治的，因而想藉助民眾的力量完善對地方官吏的監督機制。在《御製大誥》中有一條「民陳有司賢否」，規定：「自布政司至於府、州、縣官吏，如果不是尊奉朝廷號令，私自巧立名目害民取財，允許境內的耆宿老人以及各處鄉村市井的士人君子等連名赴京奏狀。狀中要詳細寫明有關官吏的過失惡行，事實明確，朝廷將據以定罪，更派賢良官吏以撫育百姓。如果所在布政司及府、州、縣官吏，有清正廉潔、撫民有方、使百姓生活安定者，上述人等也可連名赴京奏狀，使朕知道當地官吏的賢能。」

《御製大誥》中還規定：各地政府對於進京面奏的百姓不得阻攔，即使沒有文引路條也要放行。如有阻攔，官吏要被族誅。朱元璋做出這一規定是想藉助民間的力量懲治不法官吏，甚至像他所說的迫使官吏向善。皇上以愛民的救世主形象出現，允許百姓告官，使百姓成為保持官員廉潔的制約力，這在歷史上是極為罕見的。

由於朱元璋對吏的痛恨程度超過了對官的痛恨程度，因而在《御製大誥》中他對官、吏做出了不同的規定。他在《御製大誥》中規定耆民百姓可以到京師面奏本處官員善惡，而對於吏則不必經過這種程序，老百姓可以直接捉拿、綁縛害民吏胥送到京師治罪。在《御製大誥・鄉民除患第五十九》中，他規定：「今後布政司、府、州、縣在職和賦閒的吏胥，以及城市鄉村中老奸巨猾的頑民，有專門包攬詞訟、教唆害人、通同官吏禍害百姓者，允許城市鄉村中賢良正直、願意為民除害的豪傑人士，共同商議將害民者綁縛起來送到京師以安良民。敢有邀截阻擋者，一律梟令。途中經過關津渡口，把守人員不得阻擋。」

在朱元璋的號召下，從洪武十八年（一三八五年）開始，全國掀起了一個捉拿害民吏胥的浪潮，大量吏胥被綁送到京師，除情節嚴重者處死外，絕大多數都被發配到邊遠地區充軍。後來，朱元璋制定「合編充軍」條例，專門列有「積年害民官吏」一款，為將捉拿的害民吏胥發配充軍提供了明確的法律依據。

然而貪污之風終明一代也沒有好轉過，雖然在朱元璋不斷的殘殺之後略有好轉，卻沒有根本性的改變。其中一個主要原因在於：明代政府官員的工資太低，嚴重影響到官員們的日常生活，貪污就成了必然。在朱元璋看來，官員只是用來幹活的，自己拿錢養活他們竟還敢貪污，那還得了？如果用現代人的觀點來說，朱元璋肯定不是一個好雇主，在他手下幹活，不僅吃飯有問題，人身安全也得不到保障。朱元璋把官員看成了工具，而沒有從制度上去改善官員的待遇，貪污自然是越演越烈了。

06 廢丞相，集大權於皇帝一人

朱元璋廢除了丞相制度，消除了帝權與相權之爭，集大權於皇帝一人，從而避免了像霍光、曹操、司馬氏父子和桓溫等人的「專權」，甚至於「篡位改朝」，對鞏固和加強朱氏家族的統治是非常有利的。但是廢除丞相制度後，本來該由丞相處理的政務卻留給了皇帝。而作為最高領導者的皇帝主要在於統治，而不是事事躬親。皇權加強的弊端是為維持極權統治而採取的各種嚴厲野蠻的鎮壓手段，製造血腥大屠殺，給明代社會的發展投下了難以抹去的陰影。

從歷史上看，自秦始皇統一中國、建立君主專制中央集權的政治制度開始，地方集權於中央，中央集權於皇帝。而身居「一人之下，萬人之上」的丞相（宰相）是輔弼皇帝處理全國政務的最高行政長官，手中同樣握有重權，由於權力分配上的不均，帝權與相權之間始終互為消長不斷地發生衝突。這種矛盾鬥爭的結果，一方面表現為宰相的「專權」，甚至於「篡位改朝」，霍光、曹操、司馬氏父子和桓溫等人就是以相權壓倒帝權的典型人物。另一方面，歷代有作為的君主無不採取措施限制相權的膨脹，伊尹放太甲、成王疑周公便是例證。

朱元璋登基之後，深感丞相的權力對他的帝業終究是個威脅，便暗中計畫廢除丞相，以皇帝兼行相權的職責。朱元璋說：「秦代設相，是禍起源。宰相權重，指鹿為馬。後來各代不以設相為鑑戒，相沿舊制，往往帶來禍患，原因就在宰相擅專威福。」為此，他逐步推行集權計畫以削弱相權，直至廢相，最終使權力集中在自己手中。當然，由於主客觀方面的原因，朱元璋廢除丞相制的措施並不到位。

在廢除丞相之前，朱元璋首先是對丞相之位的人選進行了幾次大調整。在明初，淮西勳貴與非淮西大臣之間存在著尖銳的矛盾，淮西勳貴都是早期追隨朱元璋的舊將，朱元璋對他們非常倚重。

朱元璋登基後，任命李善長為左丞相，徐達為右丞相。左比右大，李善長是一人之下、萬人之上。由於徐達常年帶兵在外作戰，實權掌握在李善長手中，之後李善長的兒子李祺又被朱元璋招為駙馬，權勢更加顯赫，成為朝廷中掌握實權的淮西集團首領。朱元璋對淮西集團勢力的日益膨脹頗存顧忌，於是在洪武四年以年高有病為名讓李善長告老還鄉，當時李善長年僅五十八歲。在有意撤換李善長之前，朱元璋還曾經向劉基等人請教合適人選。

劉基說：「善長為元勳舊臣，能調和諸將，不宜驟換。」朱元璋道：「善長屢言卿短，卿乃替他說情麼？朕將令卿為右相。」劉基連忙頓首，道：「臣實小材，何能任相？」劉基可能預料到在淮西集團當權的情況下必然會受到排擠，故而堅決不肯任相職。朱元璋又問：「楊憲何如？」劉基答道：「憲有相材，無相器。」朱元璋又問：「汪廣洋如何？」劉基道：「器量褊淺，比憲不如。」

朱元璋又問及胡惟庸，劉基連連搖頭，道：「不可不可，區區小犢，一經重用，僨轅破犁，禍且不淺了。」朱元璋聽後默然無言。但是後來朱元璋還是根據李善長的推薦，任用了善於逢迎的胡惟庸。劉基歎道：「惟庸得志，必為民害。」胡惟庸得知後，便對劉基忌恨在心。不過，後來的事實證明，劉基的話果然還是有道理的。

胡惟庸因李善長的提攜進入了中書省，與汪廣洋同任右丞相，左丞相空缺。胡惟庸入相後，由於他的精明幹練很快便得到朱元璋的賞識。後來胡惟庸還和李善長結為姻親，將侄女嫁給了李善長的弟弟李存義的兒子李佑為妻，使得他與李善長的關係更進一步。有這樣的元老重臣為後盾，胡惟庸更加膽大妄為，加上李善長的舊屬們也極力幫助他，胡惟庸可謂如魚得水。由於他逢迎有術，漸得朱元璋寵任。胡惟庸於洪武十年（一三七七年）當上左丞相，位居百官之首，獨攬丞相之權。

隨著權勢的不斷地增大，胡惟庸日益驕橫跋扈、生殺黜陟、為所欲為，內外諸司所上的奏章必先取閱，凡是對自己不利的就隱匿不上報。他任意提拔、處罰官員，各地喜好鑽營熱衷仕進之徒、功臣武夫失意者都奔走於他的門下，送給他的金帛、名馬、玩好不計其數。胡惟庸一時間權傾朝野，許多人都看他的臉色行事，敢怒而不敢言。

對於胡惟庸的所作所為及擅權，朱元璋也有所察覺。洪武十二年（一三七九年）九月，胡惟庸等人未及時引見占城貢使，又與禮部互相推卸責任，朱元璋一氣之下將他們盡行囚禁。由此不難看出此時胡惟庸已經受到朱元璋的嚴重猜忌，其地位已經岌岌可危了。

洪武十三年（一三八〇年）正月，塗節上書告胡惟庸謀反，朱元璋遂以「枉法誣賢」、「蠹害政治」等罪名將胡惟庸和塗節、陳寧等處死。胡惟庸被處死了，胡惟庸案卻遠沒有結束，朱元璋把胡惟庸案當作一個捕人的巨網，隨心所欲地陸續往裡裝人。而且他也明知胡惟庸案根本不構成死罪，他必須羅織更多的罪名把此案定成鐵案，讓他們永世不得翻身，後來朱元璋又給胡惟庸添上了一個十惡不赦的通虜的罪名。

洪武十九年（一三八六年），明州衛指揮林賢通倭事發，經審訊得知他是奉胡惟庸的命令下海通倭的，胡惟庸謀反案有了進一步的證明。洪武二十三年（一三九〇年），又捉拿到降明的奸人封績，封績本是元朝的舊臣。據說他經常往來於蒙、漢之間，曾經為胡惟庸給元嗣君送過信，胡惟庸在信中稱臣，並請元嗣君出兵為外應。這一下，胡惟庸通虜的罪名更加確鑿了，而且李善長也被牽連了進來。原來早在洪武二十一年（一三八八年），大將軍藍玉出塞時，在捕魚兒海地方就俘獲過封績，但是由於李善長施加影響，並未上奏就把封績給放了。這次封績又被捕入獄，李善長自然難逃干係。

恰逢當時李善長為了娛老而大興土木，因缺少工人便向信國公湯和借用衛卒三百名以供營建。以營卒為工役本是常事，但湯和膽小怕事又不敢得罪李善長，因而表面應允卻暗中向朱元璋報告，這無疑是說李善長私自集結兵力。碰巧的是，京中吏民為黨獄誅累，坐罪徙邊約有數百人，其中有一個叫丁斌的是李善長的私親，李善長便替他求免。由於朱元璋對李善長的猜忌之心日重，他不但沒有答應李善長的請求，反而命令將丁斌拿獲。由於丁斌曾經供事胡惟庸家，在審訊中就供出了不少李、胡兩家的往來之事。因此便認定了李存義、李佑父子夥同謀叛的罪狀，立即將他們從崇明島拘捕進京重新審理定罪。

接著，朱元璋便頒布嚴敕說李善長以「元勳國戚，知逆謀不舉，狐疑觀望懷兩端，大逆不道」，真是「欲加之罪何患無辭」。曾被朱元璋讚為蕭何、七十七歲的李善長最終被賜死，其妻、女、弟、侄等一門七十餘人被殺。只有李善長的長子李祺及兩個兒子，因為臨安公主的緣故得以免死，流徙江浦。胡惟庸案到此才算告一段落，網繩暫時收起。十餘年來，朱元璋為此案共殺了三萬多人。

這很明顯是一個冤案，史學家每每論及此處就會反諷：豈有首逆已死，同謀之人十餘年始敗露者？這只不過是朱元璋以胡惟庸案借題發揮，陰使獄詞牽連到所有的人，以實現他的草禽之計罷了。

胡惟庸案一方面導致大批功臣元勳被殺，另一方面是朱元璋藉此廢除了丞相制度。丞相制度在中國歷史上延續將近兩千年之久，中書省撤銷以後丞相制度從此取消。明朝從此不再有丞相，「救時宰相」于謙、「奸相」嚴嵩、張居正都不是原來意義上的丞相或宰相，而是內閣大學士或首席大學士了。

沒有了丞相，皇帝的權力馬上就增大了，皇帝直接統轄了吏、戶、禮、兵、刑、工六部，控制了一切生殺大權。洪武二十八年（一三九五年），朱元璋敕諭廷臣說：「國家罷丞相，設府、部、院、寺，分理庶務，立法至為詳善。以後嗣君，其勿得議置丞相。臣下有奏請設立者，論以極刑。」

廢除丞相雖然使得朱元璋牢牢地將權力控制在自己手中，滿足了他個人強烈的權力欲，但此後六部處理的政務事無巨細全都彙總到他的手裡。有人做過統計，廢相之後，以洪武十七年（一三八四年）九月十四日到二十一日為例，八天之間內外諸司奏札共一千六百六十份，合計三千兩百九十一椿事。也就是說朱元璋每天平均要看兩百個報告，處理四百多件事情。如此繁多的政務，朱元璋即便是精力過人，也會因應接不暇而心力交瘁。尤其是定制、擬旨、批示等都要筆之於書寫成文件，此類的文書工作更不是一個人所能操持應付的。故而朱元璋也不得不承認：「朕嘗思之，人主以一身統御天下，不可無輔臣。」為了解決這一新的難題，洪武十三年（一三八〇年）九月和十五年（一三八二年）十一月，獨裁勤政的朱元璋先後設置了「四輔官」和「殿閣大學士」，讓他們襄助侍從以備顧問，並協助自己批閱奏章、處理政務。殿閣大學士的設立，標誌著明代內閣制度的萌發。內閣制度的萌發絕不是偶然的，它是朱元璋要大權獨攬而又無法不任用輔臣的必然結果。

自秦始皇統一中國起，相權便作為皇權的補充而存在著，儘管歷朝歷代在皇權與相權的分配上存在一定的差異，但是在一定程度上相權作為皇權的重要制約機制的作用是一直存在的。朱元璋廢除丞相制度，使皇權在不受任何制約的條件下運作，標誌著專制制度達到了極致。

廢除了丞相制，君權與相權之間的矛盾得以基本解決。君權空前膨脹，這對於大明朱氏江山的穩固自然是極為有利的。在明代將近三百年的歷史中，前後在位的皇帝十六名，其中有好幾位是在童年時代便成為九五至尊，有好幾位則多年避居深宮倦於理事。但儘管如此，君權還是極為牢固，並不曾出現過權傾一朝、覬覦皇位的人物，這自然與丞相制的廢除有著莫大的關係。而與君權的空前膨脹相比，閣臣的作為則相形見絀，明代的閣臣絕大多數是由進士而翰林，然後再拜命入閣。這些人的人生道路基本是靠書本鋪砌的，一生久在翰苑舞文弄墨，從總體上看都缺少長袖善舞的政治實踐經驗。像宣德年間的「三楊」和萬曆朝張居正那樣的權臣，畢竟是鳳毛麟角。內閣權威曾在張居正當朝的時期發展到了頂峰，但這個「震主」的權臣卻最終慘遭抄家之禍。其他的內閣輔臣大多庸庸碌碌，只知恪守皇明舊章，而極少勇於任事、敢言直諫者。因此明代閣輔有許多的綽號，如「紙糊三閣老」、「萬歲閣老」、「劉棉花」、「伴食中書」、「青詞閣老」、「土木偶」、「魏家閣老」、「門生宰相」和「清客宰相」等。

朱元璋一方面大力推行中央集權制度，一方面又實行與之相矛盾的政策，分封諸皇子為王，使其「屏藩皇室」。朱元璋實行分封制度的目的，一是在於加強對北方蒙古的防禦，一是為了防止朝中奸臣篡奪皇位。朱元璋規定諸王可以「移文取奸臣，舉兵清君側」。雖然為防止諸王跋扈難制，朱元璋又允許以後皇帝在必要時可以下令「削藩」，但分封諸王為後來的皇位之爭埋下了禍根。

07 封王建藩，加強皇室力量

在處理「國」和「家」的問題方面，朱元璋算得上是處理得最好的一個。通過封王建藩，朱元璋把「國」和「家」很好地融合在了一起，使「國」和「家」真正變成了一個「國家」。不但鞏固和加強了朱氏家族的統治，而且使朱氏家族的統治也演變成了國家的統治。

為了確保朱明王朝千秋萬代地統治下去，朱元璋一方面加強君主專制統治，把軍政大權牢牢地掌握在皇帝一人手中，還想方設法地加強皇室本身的力量，具體的辦法就是分封諸王。從洪武三年（一三七〇年）開始，他分三次把自己的二十四個兒子和一個孫子都封為親王，分駐全國各戰略要地，想通過他們來屏藩王室。朱元璋說：「天下之大，必建藩屏，上衛國家，下安生民，今諸子既長，宜各有爵封，分鎮諸國。朕非私其親，乃遵古先哲王之制，為久安長治之計。」（《明太祖實錄》卷五一）群臣對此自然都不敢反對，逢迎朱元璋是「封建諸王，以衛宗社，天下萬世之公議」。

元朝有戶領分封制度，這種制度實際上是源於蒙古時期對戰爭中俘獲的人口、財產的分配。元代諸王主要是從封地分取賦稅收入，並非裂土為王。朱元璋繼承元朝舊制而有所損益，明代藩王「列爵而不臨民，分藩而不錫土」。（《明史稿》列傳三・諸王）諸王雖分封各地並擁有爵位，但藩府之外沒有封地和臣民，由朝廷頒給「宗祿」。除寧王、燕王、晉王擁軍防邊外，其餘諸王只能擁有少數護衛軍。在朱元璋看來，分封皇室子孫控馭各地，防止外姓臣僚跋扈，便足以「外衛邊陲，內資夾輔」使國家固若金湯，而長久之計莫過於此了。

明初封建諸王除了屏藩國家之外，還要對付殘存的北元勢力，所以朱元璋賦予了某些藩王帶兵統軍的大權，分封習兵事的皇子於北邊軍事要地，皆預軍務，習稱「塞王」。他們中間的諸如燕王朱棣等人在長期的軍事活動中得到應有的鍛鍊，軍事指揮才能日益提高，而政治野心也隨之膨脹起來。

朱元璋雖然分封諸王，但是對諸王的要求一直是很嚴格的，儘管諸王權力比較大，但對於朱元璋一直都是敬畏有加的。朱元璋作為他們的父親和皇上，也自然很難站在另外的角度來考慮諸王對於國家的某種潛在威脅。然而有識之士對此卻是洞若觀火，明初著名能臣卓敬、葉伯巨等就曾先後上書過分封的弊端。

卓敬說：「京師，天下視效。陛下於諸王不早辨等威，而使服飾與太子埒，嫡庶相亂，尊卑無序，何以令天下？」而葉伯巨的論證就更加理論化了。早在洪武九年（一三七六年），訓導葉伯巨就「應詔陳言」，極論朱元璋「分封太侈」的隱患：「《傳》曰：『都城過百雉，國之害也』。國家懲宋、元孤立，宗室不竞之弊，秦、晉、燕、齊、梁、楚、吳、閩諸國，各盡其地而封之，都城宮室之制，廣狹大小，亞於天子之都，賜之以甲兵衛士之盛，臣恐數世之後，尾大不掉。然後削之地而奪之權則起其怨，如漢之七國，晉之諸王。否則恃險爭衡，否則擁眾入朝，甚則緣間而起，防之無及也。」

在點明了諸侯藩王尾大不掉的隱憂之後，葉伯巨進一步力排眾議，深入分析了「疏不間親」論點的害處：「今議者曰『諸王皆天子親子也，皆皇太子親也』。何不摭漢、晉之事以觀之乎？孝景皇帝，漢高帝之孫也。七國之王，皆景帝之同宗又兄弟子孫也。當時一削其地，則構兵西向。晉之諸王，皆武帝之親子孫也。易世之後，迭相擁兵，以危皇室，遂成五胡雲擾之患。由此言之，分封逾制，禍患立生。援古記今，昭昭然矣。」

在舉出了西漢「七國之亂」和西晉「八王之亂」的鮮明例證後，葉伯巨還在奏表中為朱元璋出主意：「昔賈誼勸漢文帝早分諸國之地，空之以待諸王子孫，謂力少則易使以義，國小則無邪心。願諸王未國之先，節其都邑之制，減其衛兵，限其疆里，亦以待封諸王之子孫。此制一定，然後諸王有聖賢之德行者，入為輔相，其餘世為藩輔，可以與國同休，世世無窮矣！」

然而此奏章卻激怒了朱元璋，他認為葉伯巨居心叵測、離間皇室，馬上將葉伯巨從家中逮入大獄拷打至死，此後再無人敢言分封諸王之事。

葉伯巨的遠見在後來得到了充分的證實。其實就朱元璋自己而言，他也不是不知道分封的利弊所在，然而由於地位的特殊，所以他並沒有把這件事看得很嚴重，直到卓敬等人一再指出後，他也不得不承認「爾言是，朕慮未及此」。當時朱元璋肯定也知道會有這種後果，但是為什麼他還這麼做呢？或許朱元璋是這麼想的：讓自己的兒子割據一方，即使發起戰爭也還是自己的子孫當皇帝，總比被別人搶去要好得多。而這也直接導致了他選擇的接班人被自己的兒子搶走了皇位，釀就了靖難的苦果。

08 殺功臣，除後顧之憂

同樣是為了鞏固和加強家族的統治，唐玄宗李隆基外貶功臣使其悠閒自保，宋太祖趙匡胤則杯酒釋兵權，而朱元璋卻是瘋狂地屠殺功臣。與他們相比，朱元璋手段真是狠毒至極。

朱元璋收兵權就同他廢相一樣，並非一步到位，而是首先著眼於機構的調整，階段性地削弱中央軍事機構的權力，其中最費腦筋的是軍隊和統帥的關係問題。要打仗必須任命統帥，但是在戰事結束以後，如何收回統帥權呢？不收回，將帥有固定的直屬大軍，一旦有變故，他的統治是不牢靠的。要收回，採取什麼方法呢？

元朝兵權主要由大都督府所掌握，任何將領調動都需要通過大都督府，這無形中會對皇帝的權威造成影響。朱元璋有鑑於此在廢除了中書省的同時，就藉勢把大都督府也撤銷了。同時又設立了前、後、左、中、右五個都督府，每個都督府又設了即左、右都督兩個長官，兩人都有自己的都司及衛所。朱元璋又明確規定：五軍都督府管理兵籍及軍政，但是沒有調動軍隊的權力，兵部掌管軍官的提拔並且制定軍令，但不能直接指揮軍隊。如果要調動軍隊，則由皇帝直接負責，然後從衛所中調動部隊並且委派將領。將領出征時有印在身，以示皇帝的權威；戰事如果結束，印必須交回，各個衛後的士兵則各回本隊。這些辦法的施行，達到了永久性削弱中央軍事機構權力的目的。

但朱元璋並不滿足，原因是在國家趨於安定後，隨之而來的是功臣武將驕橫放肆，皇權與將權的矛盾不斷激化。洪武年間發生了藍玉案，正是這種矛盾激化的結果。

藍玉，鳳陽定遠（今屬安徽）回族人，洪武後期的主要將領。關於藍玉早期的歷史，史籍記載不詳，只說他是常遇春的妻弟，作戰勇敢、所向皆捷。常遇春經常在朱元璋面前誇獎他，從而受到朱元璋的器重，初授管軍鎮撫，後升武德衛千戶，旋改任親軍千戶，積功至武德衛指揮使，地位不斷上升。洪武三年（一三七〇年），藍玉被擢為大都督府僉事，進入明朝最高軍事行政機構。

洪武十一年（一三七八年）秋，藍玉率兵出征甘、青，次年取得勝利。朱元璋命置洮州衛，設官領兵駐守。師還以後藍玉被封為永昌侯，食祿二千五百石，進入明初新貴公侯行列。甘、青平定以後，朱元璋用兵西南和東北，藍玉在這一過程中發揮了重大的作用。雲南梁王把匝剌瓦爾密在元朝滅亡以後仍然負隅頑抗，一再拒絕明朝招降，最後竟將明使殺掉，朱元璋於是決定派兵征討。洪武十四年（一三八一年）九月，藍玉為左副將軍和右副將軍沐英一起隨征南將軍傅友德率三十萬兵征討雲南。「自九月朔出師，迄下雲南，僅百餘日」，次年閏二月，藍玉、沐英率兵西攻大理取得了戰爭的勝利，遣人招撫其他一些民族地區，大部不經戰鬥便歸順明朝。奉詔班師後，藍玉因功加祿五百石，其女被冊為蜀王妃。

東北的納哈出是元朝世將，曾被明軍俘獲過，放還後仍與明朝作對為敵，據金山（今內蒙古哲里木盟東境西遼河南岸）一帶屯兵蓄銳待機南下，從東北方面構成對明的威脅。洪武二十年（一三八七年）正月，藍玉為右副將軍，和大將軍馮勝、左副將軍傅友德率兵出擊。六月，藍玉率大軍直趨前進，一路到達了金山之西。納哈出見久戰不勝，便派人到大將軍馮勝處請降，馮勝派藍玉前往受降。藍玉設酒宴款待納哈出，納哈出斟酒謝藍玉，藍玉不喝，一定要納哈出先穿上他的衣服才肯喝納哈出斟的酒，納哈出不肯，雙方爭執不下形成僵局。納哈出將酒灑在地上，和隨從密語幾句後想走，常茂（**常遇春子，馮勝婿，藍玉外甥**）急忙上前阻攔，將納哈出砍傷。回軍路上，明軍遭納哈出藏匿起來的餘眾伏擊損失慘重，三千殿後騎兵全部覆沒。馮勝讓常茂承擔這個責任，常茂向朱元璋說明了情況，朱元璋說：「如爾言，勝亦不得無罪。」一收回了馮勝的總兵印，命藍玉行總兵官事。不久又在軍中拜藍玉為大將軍，藍玉成為明朝戰時統兵的最高將領。

擴廓帖木兒死後，北元勢力雖經明軍一再打擊但敗而未滅，仍然構成了對明的威脅。洪武二十年，藍玉為大將軍，率兵征討北元擊敗納哈出，納哈出降。次年四月，藍玉率兵自大寧進至慶州，聞元主脫古思帖木兒在捕魚兒海（今貝爾湖），抄近路兼程而進。後經偵察得知元主營在捕魚兒海東北八十里處，藍玉命王弼為前鋒，疾馳直擊元營，元軍倉促應戰傷亡慘重。元主脫古思帖木兒與太子天保奴等數十人向北逃跑，藍玉率精騎追趕卻沒有趕上，但俘獲其次子地保奴及妃、公主等數萬人和大量牲畜，並得傳國璽、寶玉、金銀印章等物，取得巨大勝利。元主北逃以後被人殺死，北元因此而四分五裂，不久後滅亡。

藍玉勝利班師，朱元璋聞訊興奮異常，將藍玉比作衛青、李靖大加褒獎，回來後封涼國公。藍玉的政治生涯、軍事武功至此達到巔峰。

然而藍玉自恃有功，驕橫不自檢束。打敗元主脫古思帖木兒後，他不僅私佔掠獲的大量珍寶、駝馬，還將元妃佔為己有。朱元璋聞此大怒，說：「玉無禮如此，豈大將軍所為哉！」藍玉班師至喜峰口關，守關人因已入夜未及時納入，藍玉怒而縱兵破關而入，朱元璋知道後很不高興。藍玉領兵在外，經常擅自升降將校，詔令有所不從，甚至違詔出師。有時在朱元璋面前也是舉止不恭、語言傲慢、失君臣禮。更嚴重的是，藍玉蓄莊奴、假子數千人，橫行霸道、胡作非為；他還強佔民田、魚肉百姓。百姓上告，御史官舉劾，他竟打了御史並逐出。

洪武二十六年（一三九三年），錦衣衛官員告藍玉同景川侯曹震等謀反，藍玉被殺，株連三族，坐黨論死者一萬五千人，史稱「藍獄」，是繼胡惟庸案後的又一次大案，連稱「胡藍之獄」。

如此眾多手握重兵的高級將領，為什麼會毫無反抗地束手就擒呢？他們顯然沒有任何要同朝廷作對的準備，也就是說他們並沒有反謀，這也是一個冤案。那麼朱元璋為何要殺了藍玉？這其中一個重要的導火線就是洪武二十五年（一三九二年），年僅三十九歲的太子朱標死了。

按嫡長子繼承制，皇位只能由皇太子的長子接任，而朱標的長子早已夭折，這時排行老大的朱允炆才十五歲。朱元璋誅殺權臣，就是想要為子孫剷除後患。

有一則記載說，馬皇后去世以後，朱元璋一直處於鬱鬱不樂的狀態，戮殺大臣的行為也更加恣意妄為。有一次，太子朱標進諫說：「陛下您殺大臣殺得太多，恐怕會傷了君臣間的和氣。」朱元璋聽了以後不說話，沉默了很久。第二天，朱元璋把太子叫來，將一根荊棘扔在地上，命令太子去撿起來。面對長滿刺的棘杖，太子覺得很為難。朱元璋說：「這根荊棘你拿不起來，我替你將刺磨乾淨了，難道不好嗎？現在我所殺的人將來可能都是威脅到你皇位的人，我把他們剷除了是在為你造莫大的福啊！」太子跪下來給朱元璋磕頭，但心裡卻不同意朱元璋的觀點，低頭說：「上有堯舜之君，下有堯舜之民。」他這是什麼意思呢？他是說，父親您似乎不是堯舜那樣的明君，否則哪來那麼多亂臣賊子？朱元璋聽了這話能不生氣嗎？老皇帝氣得搬起椅子就扔了過去要砸太子，太子嚇得趕忙逃走。

剷除權臣如同除掉荊杖上的棘刺，是為了便於掌握。雖然老將都已經被殺光了，但新起的藍玉等人能征善戰、強悍桀驁，讓人很不放心。因此為了孫子朱允炆，對藍玉這樣的強臣，反也得殺，不反也得殺。令朱元璋沒有想到的是，這卻導致了靖難之役時南京朝廷竟無將可派，可以說朱元璋的分封外藩和大殺功臣直接導致了靖難之役中建文帝的失敗。

09 特務統治，監視天下

為了鞏固朱氏家族的統治，朱元璋居然用特務來監視天下，這是以往任何一位皇帝所不能比的。

朱元璋生性多疑，為了加強對大臣的監視，防止他們在背後搗鬼，他開始派遣一些檢校、僉事等人暗中偵查大臣的舉動。

檢校即特務。顧名思義，特務僅僅是一個職務名稱，在當時並沒有形成正式的組織機構，這或許是因檢校任務特殊，屬地下工作者，不便於公開的緣故。檢校的職責是：「專主察聽在京大小衙門官吏不公不法，及風聞之事，無不奏聞。」他們的任務雖然單一，但卻特別重要，因為告發他人的隱私勾當給朱元璋是不需要層層上報的，所以檢校們是可以直接面見皇帝的，且不受時間和地點限制。這一點，連當時的高官顯貴都望塵莫及。

洪武朝最著名的檢校頭子有高見賢、夏煜、楊憲等人，他們專「以伺察搏擊為事」，即以特務工作為生。這幾個人得勢後，連朱元璋最親信的李善長等人也怕他們，日夜提心吊膽。

檢校們可謂無處不在，無孔不入。有女僧引誘華高、胡大海妻敬奉西僧，行「金天教」法，朱元璋知道後下令把兩家婦人連同女僧一起丟在水裡。錢宰被徵編《孟子節文》罷朝吟詩：「四鼓冬冬起著衣，午門朝見尚嫌遲，何時得遂田園樂，睡到人間飯熟時。」第二天，朱元璋對他說：「昨天作的好詩，不過我並沒有『嫌』啊，改作『憂』字如何？」錢宰嚇得出了一身汗，磕頭謝罪。但朱元璋沒有放過他，還是遣送他回老家了，說：「朕今放汝去，好放心熟睡矣。」宋濂是個正直的知識分子，做人本分、性格誠謹，在官場上混了這麼多年，從未「當奸人過」，即從沒害過任何一個人，但他照樣被監視了。有一天，他在家中請人喝酒，翌日早朝，朱元璋嚴肅地問宋濂：「你昨天是不是與人飲酒，那麼客人是誰，吃的又是什麼菜呢？」宋濂吃了一驚，並如實做了回答。朱元璋笑笑說：「是這樣的，你並沒有騙我。」

在當時，檢校中集聚了各種各樣的優秀人才，朱元璋曾在宋訥家安插了一個檢校畫家。一日，宋訥獨坐生氣，面有怒容。朝見時，朱元璋問他昨天為什麼生氣，宋訥大吃一驚，不得不照實說：「手下的奴才不小心把茶器打碎了，我愧失教，因此而生氣。敢問陛下從何而知之？」朱元璋沒說什麼，只把那個檢校畫家畫的畫展現在宋訥面前，宋訥一看才恍然大悟。

即使退了休而沒有公務的人，朱元璋也要監督他們。吳琳原先是個高級檢校，曾身居「浙江按察司僉事」高職，他一直在朱元璋身邊工作，負責他的衣食起居，可謂親信中的親信；後來擢升為兵部尚書。洪武六年，兵部改為吏部，吳琳又轉為吏部尚書。吳琳告老回黃崗，朱元璋派人去察聽，遠遠見一農人坐在小杌上，起身插秧的樣子很端謹。使者前問：「此地有吳尚書這人不？」農人叉手回答：「我便是。」使者覆命，朱元璋聽了以後大加讚許。

曾經從敵方叛變過來的高級將領，儘管對朱元璋一向忠心耿耿，但還是受到經他授意的檢校們的監督。他這樣說：「他們昔日能投到我這邊來，現在或者以後也可能投到別人那邊去，我對這種人總是不放心的。」對降臣羅復仁就是如此。羅復仁曾經是陳友諒的編修，為人厚道、為政清廉、學問深奧，是陳友諒十分器重的人物，但是他覺得跟著陳友諒沒有發展前途，遂就「遁去，謁太祖於九江，從戰鄱陽湖、圍武昌，均立下了功勞；被授予中書諮議」。洪武三年（一三七〇年），官拜弘文館學士。應該說，他對朱元璋是沒有二心的。在戰爭年代和建國初期，朱元璋是信任他的，一見面就稱他「老實羅」。但就是這樣一個「老實羅」，後來也受到檢校的監督。

雖然檢校們的權力很大，上可以監看大臣中書，下可以監視平民百姓，但他們並沒有扣押和處決犯人的權力，因此在胡惟庸案發生之後已不能適應新形勢下大舉鎮壓的需要。於是洪武十五年（一三八二年），朱元璋下令設立了錦衣衛。

明代實行的兵制是衛所制，但還設有一個鮮為人知的「上十二衛」。這個上十二衛，便是皇帝的私人衛隊，錦衣衛就是上十二衛中的一個衛。較其他衛而言，錦衣衛更貼近皇帝本人，換句話說錦衣衛就是皇帝的貼身衛隊，負有護駕之重任。凡盜賊奸宄要秘密緝訪，街塗溝洫要經常注視，是一個組織完備的軍事特務機構，和皇朝的府、部、院都沒有隸屬關係，由皇帝直接指揮，只對皇帝負責。

錦衣衛設有監獄，稱之為錦衣獄，屬錦衣衛下邊的北鎮撫司管轄。獄內刑罰不僅殘酷，而且名目繁多。一個人若不幸踏進錦衣獄，那麼便「五毒備嘗，肢體不全。其刑最殘酷者，名曰琶，每使用，使人百骨盡脫，汗下如水，死而復生，如是者二三次。荼酷之下，何獄不成。」一個犯人如果被送進錦衣獄，那就等於被送到了地獄，再也沒有生還的可能。

洪武二十年（一三八七年），朱元璋認為錦衣衛的詔獄用刑過於殘忍。同時，鎮壓臣民不軌妖言的任務也基本完成，於是下令焚毀錦衣衛刑具，把犯人移交刑部審理。洪武二十六年（一三九三年），胡惟庸和藍玉案全部結束，朱元璋再次申明此禁，詔令京師外罪囚不得交錦衣衛，無論罪惡輕重，全都經三法司。但是這條法令並沒有維持多久，明成祖即位後又重新利用錦衣衛來鎮壓建文帝的臣下，恢復了詔獄。以後歷代皇帝都倚仗錦衣衛作為耳目爪牙，錦衣衛的職權日益擴大，人員日益眾多，最終造成殘酷的恐怖氣氛，一直延續到明亡。

明代對官員的服裝進行改進，其中最具特色的是對官員服裝用「補子」制度來表示品極，而有「補子」的服裝便被稱為「補服」。

「補子」是一塊約四十～五十平方釐米的綢料，織繡上不同紋樣，再縫綴到官服上，胸背各一。「補子」圖案一般文官用禽鳥紋，武官用走獸紋，各分九等，容易識別。明朝實行官員服裝「補服」制，從而使官員之間等級明顯更利於管理。

朱元璋設置錦衣衛的更深一層的原因是擔心自己死後，下一代皇帝駕馭不了文武功臣，所以他假借了若干由頭屢興大獄，連殺帶整地把輔佐他打天下的文武功臣幾乎滅了個乾乾淨淨。

這類案子事出有因卻查無實據，如果交給朝官們按法辦理就有可能曠日持久，甚至定不了案。所以就把這些案子作為詔獄交給錦衣衛辦理，可以迅速實現自己的目的。

10 寰中士夫不為君用，必嚴懲

一個人說話聲音高，並不代表他在聲勢壯大。同樣道理，朱元璋利用「文字獄」大肆屠殺文人，並不能說明他統治有方，相反地可能顯露出他統治無能。朱元璋這樣瘋狂地屠殺文人，對朱氏家族的統治所產生的危害也是不言而喻的。

朱元璋殘暴陰刻、自負偏狹、猜忌疑心，自然對那些有思想、有才能的知識分子視作心腹之患了。雖然他與元軍及其他起義軍作戰打天下的時候，很注意延攬士人以為己用，譬如劉基、宋濂、高升、唐仲實等。而且在建國以後還三令五申：「國家用人，唯才是舉。如果是賢能之人，雖疏遠也要加以任用；如果是不肖之人，雖親近也要加以摒棄。」在這一思想的指導下，朱元璋起用了大批有才能的故元官吏以及長期與他對立的陳友諒、張士誠、方國珍等人的部屬。

朱元璋還下令在全國範圍內大力招募人才，並詔諭全國官民無論是隱居山林或者是不為朝廷所知的賢才都應舉薦過來，又專門下了一道聖諭令各地的官員加緊尋訪不得有懈懶之心。即使是科舉制度實行之後，朱元璋也未放鬆舉薦制。可如果據此以為朱元璋是一位愛才如命的皇帝，那就大錯特錯了。

國家唯才是舉，大力招募人才，丞相李善長曾為朱元璋的旨意歡欣鼓舞，而胡惟庸卻說朱元璋此舉就像是小孩子在冬天下雪的時候用籮筐逮麻雀的遊戲，朱元璋就是小孩子。朱元璋叫天下文人出來做官就是小孩子往籮筐裡面撒穀粒，而天下的文人就是那些鑽進籮筐裡面吃穀粒的麻雀。

當初朱元璋逼迫文人出來做官的時候，可謂是取之盡錙銖，唯恐漏掉一個；後來朱元璋大肆捕殺文人，又可謂是棄之如泥沙，毫無半點憐惜之心。如此看來，他豈不是同天下的文人玩了一回用籮筐逮麻雀的把戲？

朱元璋對文人採取的對策是親手炮製了聳人聽聞的「文字獄」，而且他的文字獄針對的是天下所有人。

浙江府學教授林元亮替海門衛作《謝增俸表》，上有「作則垂憲」一句話；北平府學訓導趙伯寧為都司作《賀萬歲表》，上有「垂子孫而作則」一句話；福州府學訓導林伯璟為按察使《作賀冬至表》，上有「儀則天下」幾個字；桂林府學訓導蔣質為布政使按察使作《正旦賀表》，上有「建中作則」幾個字；常州學正孟清為本府作《賀冬至表》，上有「聖德作則」幾個字。朱元璋把上面所有的「則」字都念成「賊」，認定那些文人都在罵他曾做過「紅賊」（**指紅巾軍**），於是派錦衣衛砍了他們的頭。常州府學訓導蔣鎮為本府作《工旦賀表》，表中有「睿性生知」四個字。朱元璋硬是把「生」字讀成了「僧」，認為蔣鎮在諷刺他曾經做過和尚，蔣鎮就這麼送了命。懷慶府學訓導呂睿為本府作《謝賜馬表》，上有「遙瞻帝扉」幾個字。朱元璋卻把「帝扉」讀作「帝非」，認為呂睿在誹謗他，呂睿自然就此見了閻王。朱元璋利用文字獄幾乎把天下的文人都殺光了，就連「吳中四傑」之一的高啟也是被他腰斬的。

朱元璋的文字獄，使朝中人「惶惶不可終日」，連丞相李善長也因此而病倒了。丞相臥病不起，自然不是一件小事情。像周德興、廖永忠等一批開國功臣，包括朝廷上下大大小小的官員都紛紛前往相府探視。朱元璋得知此事後，也帶著太子朱標等人親往李善長病榻邊噓寒問暖，還諭令太醫房的太醫要想盡一切辦法盡快地治好李善長的病。用朱元璋的話說就是：「大明王朝一天也離不開李丞相。」

朱元璋真不知道李善長因何染病？不說別的，僅用「兔死狐悲」一詞就可以解釋李善長的病因，被那麼多文人的鮮血包圍著，李善長要是不生病那才叫怪呢。但李善長又不能對朱元璋實話實說，只能說：「微臣年紀大了，偶感風寒便可鑄成一場大病。」

朱元璋心裡清楚是自己心狠手辣的行為使得丞相生病的。朱元璋的確是個心狠手辣之人，他對人完全是一種利用，用完之後便「藏弓烹狗」。

在朱元璋看來，只要覺得對朱氏王朝統治有害的一定要千方百計地除掉，就是對自己功勞再大的人也不放過。李善長可謂是朱元璋當年一個很得力的助手，但後來他的相權還是被撤掉了。就連朱元璋最得力的謀士劉基也深知朱元璋會這樣做，早就辭官告老還鄉了，他的結局是回鄉暴死。就連太子的老師宋濂最後也被流放到邊遠地區了。

朱元璋這樣對待文人，最直接的後果就是明朝無恥的、貪生怕死的文人多於以前任何一個朝代，而整個大明提倡理學不遺餘力，讀書人從小接受的是做忠臣孝子的教育。明朝皇帝在旌表貞烈之士上花的工夫最多，可是他們培養不出文天祥和陸秀夫，倒是培養了許多洪承疇和錢謙益。

明代的教育為什麼會如此失敗？關鍵是統治者沒有尊重文人，他們沒有真正把文人當作有獨立意識的人來對待，而是當成奴才來處置。明朝廷所要培養讀書人的忠乃是忠於一家一姓、帶有奴性的忠，而非愛社稷、護百姓的大忠。從開國皇帝朱元璋開始，除了其間有孝文帝、仁宗、宣宗幾個對文人不錯的皇帝外，大多數皇帝和文人的關係都是非常緊張的。朱元璋幾乎是有意識、有計劃地改造文人，讓他們的自尊掃地、氣節不存。他動不動就杖打大臣的屁股，他賦予太學以下各類官學的管理人員有任意侮辱讀書人人格的權力。到了他兒子朱棣這一代更是變本加厲，滅了忠於建文帝的方孝孺十族。方孝孺的滅族實則向天下的知識層昭示出這樣一個道理：不要忠於道統和原則，而是要忠於最終的勝利者。這樣有計劃地「殺儒」又「辱儒」的王朝，哪怕把理學的地位抬得再高，讓讀書人念再多的孔孟聖賢之說，也只能培養出一大批善於講假話、作秀的文人。一個封建朝代到了連知識層都無恥的地步，那就不能挽救了，最後只能是「桃花扇底送南朝」，讀書人的氣節還不如妓女。

朱元璋深知文人們掌握著思想文化這柄利器，如果他們倒戈相向就會給整個社會帶來巨大影響，從而威脅到朱家王朝的統治。朱元璋為了維護自己的利益，不惜大興「文字獄」大殺文人，奴化文人的思想以堵住文人的嘴，以致對明朝整個文化的發展造成了嚴重的摧殘，讓人扼腕歎息。

11 設規矩，防宦官外戚

在限制宦官、外戚、女寵的活動方面，朱元璋是歷代帝王中最成功的一個。在朱元璋執政期間，宦官和外戚都沒有形成氣候，更沒有形成專權的局面。

朱元璋善於總結歷代興亡的經驗教訓，他深知宦官和外戚對於政治的禍害，認為漢唐的禍亂都是他們作的孽，最終使得皇帝大權旁落任人宰割、政治黑暗、生靈塗炭。這一幕幕血的教訓，使這位來自民間經過艱苦卓絕的奮鬥登上皇帝寶座的皇帝刻骨銘心。朱元璋認定治國應先治家，他清楚記得儒士范祖幹當初投奔他時講過的一段話：「帝王之道，從修身齊家開始，才能治國平天下。」欲使朱氏王朝萬世不變，首要是把宦官、女寵、外戚的問題解決好。

在宮廷裡是少不了宦官的，但只能做奴隸使喚、灑掃奔走，且人數不可過多，也不可用作心腹耳目。作心腹，心腹病；作耳目，耳目壞。駕馭的辦法是要使之守法，守法就做不了壞事；不要讓他們有功勞，一有功勞就難於管束了。為了防止宦官參政並進而形成專權，朱元璋採取了一系列措施來對他們加以限制。

首先，朱元璋對宦官的人數及品級進行了嚴格的規定。根據記載，吳元年（一三六七年）朱元璋就設置了內使監，品級為正四品，並設有監令、監丞、奉御內使等宦官。後改為御用監，官品定為正三品，但與漢唐相比卻低多了。洪武二年（一三六九年），朱元璋命吏部制定內侍官制時說：古代宦官（指「周禮」記載）不到百人，而後代宦官竟然多達數千最終成為大禍患。故吏部最初確定的宦官人數一百八十二人。當時規定：內使監奉御六十人，尚寶一人，尚冠七人，尚衣十人，尚佩九人，尚履八人，尚藥七人等。後來內侍諸司的機構雖然有了更改和增置，但在人數上控制得相當嚴格。其次，朱元璋從不給宦官立功的機會。他規定：宦官專掌內職，不許兼外朝文武官銜，不得穿戴外朝官員的冠服。

朱元璋始終認為宦官中多小人，這些人有功就會驕恣，要讓他們懂得法令的威嚴，用法來約制他們，防止他們干預政權。他立下規矩，凡是內臣（宦官）都不許讀書識字。又鑄鐵牌立在宮門，上面刻著：「內臣不得干預政事，犯者斬。」還規定做內廷官品級不許過四品、每月領一石米、穿衣吃飯公家管，並且外朝各衙門不許和內官監有公文往來。這幾條規定條條針對著歷史上曾經出現過的弊端，使宦官名副其實地做宮廷的僕役。

他又制定了宦官禁令，規定：凡宦官在宮內相互謾罵、鬥毆、不服管教，視其情節嚴重程度分別處以杖六十、杖七十、杖八十、杖一百等刑罰；對心懷惡逆、出言不遜的凌遲處死。同時還規定：知情不報者同罪。朱元璋始終對宦官存有戒心，他曾說：「宦官這種人早晚都在皇帝身邊，在人君出入起居的時候，利用小忠小信騙取皇帝的信任。時間一長，必假借威福以竊權並干預朝政。久而久之，其勢力就不可抑制了。」

朱元璋對宦官的制約是非常嚴格而且行之有效的。在洪武一朝三十多年中，宦官小心守法、宮廷和外朝隔絕，和過去的朝代相比算是家法最嚴的了，但是朱元璋有時也打破自己訂立的規矩。早在明王朝創立之前，他就時常派遣內使到軍中傳達命令，而且還派內官去犒賞軍旅、訪察下情等。洪武年間還派遣宦官參與核查私課，去西北交易馬匹以及出使真臘等國。到了晚年，宦官建制已達到十二監、七局、二司共二十一衙門的規模，內官對外官的監督體制也基本確立。從這一意義上講，朱元璋為明王朝形成宦官專權局面埋下了隱患。

為杜絕女寵之禍，朱元璋決心「嚴宮闈之禁」，並以漢唐為鑑嚴立家法，杜絕皇后、皇太后參政干政的弊端。他於洪武元年三月，特命翰林儒臣纂修《女誡》，他告諭朱升等人說：「皇后雖貴為天下之母，但不可參預政事。至於妃嬪，不過是供奉服侍聖駕之人，如果過分寵愛就會驕恣違法、上下失序。朕觀察歷代，政由內出，很少有不成為禍亂的。」朱元璋還認為：「只有聖明的君主才能夠防患於未然，其他的沒有不被女色誘惑的，你們要為我纂述《女誡》，收集古代賢德婦女和后妃的故事來教育後宮的妃嬪，讓後代子孫均有所遵循。」

《女誡》規定：皇后只管宮中妃嬪之事，其他宮門以外的事一律不得參與，後宮嬪妃以下女使的一切費用都要報給尚官監，由尚官監的內使核實後再支取，如有違令者處死；宮人不准與外官私通書信，違者處死；宮人如有病，講明病狀，依病情給藥；外朝大臣的婦人只有初一、十五才能入宮朝見皇后，沒有特殊緣由其他時間不許入宮。另外規定：皇帝、親王的后妃、宮嬪，一律從良家女子中擇聘，絕不允許接受大臣們私自進獻的女子。朱元璋還命工部造鐵製紅牌，上面用金字鐫刻後宮妃嬪們應遵守的戒律，掛在後宮中以示警戒。

外戚主要是指皇帝的母族和妻族的親戚，這些人利用與皇帝的親情關係把持和干預朝政造成混亂，明代以前出現過很多這種狀況。由於馬皇后與明太祖是患難與共的恩愛夫妻，朱元璋意欲對馬皇后的親族授以官職，但馬皇后執意不肯。她說：「國家官爵當授予賢能之士，妾家的親屬未必有可用之才。聽說前代外戚之家多有因驕淫奢縱、不守法度而致敗亡的。陛下想加恩妾家的親屬就多賞賜一些金錢財物，讓他們享用一生好了。如果賢明，自當任用；如果是庸下非才而給官做，他們必然恃寵致敗，這絕不是我願見到的事。」朱元璋就依言賜給馬皇后的親族金帛，讓他們置房買地享受榮華富貴，他們也從未掌權預政。後來朱元璋放寬了政策，規定外戚可以封為公、侯，但不發給鐵券也不允許干政。因此，外戚在洪武年間沒有形成氣候，更沒有形成擅權的局面，有利於明初政局的穩定和社會經濟的發展。

從以上朱元璋防止宦官、女寵、外戚干政的措施和表現看來，朱元璋是個懂得以史為鑑的人。歷史上，很多帝王都曾為了將大權集於一身而實施過種種手段，他們將自己封閉在深宮內，只通過貼身的人了解政事，其結果是大權雖未被臣子們分割，卻被這些貼身的人掌握了，於是造成了另外一種形式的大權旁落。朱元璋為了防止這種局面的發生，嚴格限制宦官、女寵、外戚的活動，很好地解決了「治國先治家」的問題。然而他的子孫們卻不顧他的命令，終明一朝宦官亂政層出不窮，不知朱元璋在地下看見自己的子孫如此不聽話，該作何感想？

12 防後宮亂政，嬪妃殉葬

朱元璋為防止後宮出現像武則天那樣的人物奪取子孫的皇位，因此死後實行嬪妃殉葬。這確實從根本上剷除了後宮亂政之禍，有利於朱氏家族的皇位世襲，但這也是朱元璋統治能力有限的另一個證明，同時還說明他殘忍至極。

中國的殉葬制度大約是從原始氏族制度形成的時候開始的，延至春秋、戰國時代漸漸地就不盛行了。到了秦始皇時期又一度「人殉」，漢以後就基本取消了。不料，過了千百年之後，朱元璋又沉滓泛起了「人殉」的把戲。《明史・后妃傳》載：「初，太祖崩，宮人都從死者……」殉葬的嬪妃被指定站到一個小木床上，上面早懸有一個結好的繩套，套上頸項後抽去立足的小木床，殉葬的嬪妃就被凌空吊起。等不及死透了就忙著卸下來，依次埋入孝陵中指定的位置。不等人死透，是怕吊久了舌頭吐出口外，惹「皇帝」不高興，會「看」得膩味兒。半死不活就入土埋掉，可保存各自的玉貌朱顏，去陰間陪「皇帝」取樂。這是何等的殘酷！

殉葬的妃嬪皆被賜封一個統一的稱號為「朝天女」，這些可憐的「朝天女」，生前、死後均須獻身於朱皇帝。也許是為沖淡點悲傷，朝廷會撥些錢去安撫一下她們的親屬以示恩寵，史稱這樣的人家為：「太祖朝天女戶」。朱元璋死後殉葬了多少嬪妃、宮人，史書上語焉不詳只是籠統一筆帶過。

然而在明孝陵的享殿中，除了供奉朱皇帝和馬皇后的神位靈牌之外，殿之兩廡中旁列有四十六個「妃嬪龕」，這是給那些殉葬的妃嬪們供奉的香案，從而間接地透露了殉葬的人數。光嬪妃就四十六個！那些夠不上級別的宮女又有多少呢？

朱元璋為何要嬪妃陪葬？其一個主要的目的就是為了鞏固子孫後代的皇帝之位，怕後宮出現像武則天那樣的人物奪取子孫的皇位，所以他要嬪妃陪葬以絕後宮之患，讓他的子孫們太太平平。為了家族的利益，他人的性命自然算不上什麼。自朱元璋開始，其後的幾代皇帝也實行了殉葬制度，使無數無辜的生命走向死亡。

13 言傳身教，培養家族接班人

即便皇帝有許多子女，但如果教育不好也很難守住江山，家族的統治就不會長久，因此許多皇帝都特別注重對子女的教育，例如唐高祖李淵、唐太宗李世民等。朱元璋為了朱氏家族的統治能夠長久，也特別注重對子女的教育。

中國人素來是重視子女教育的。《三字經》有「人之初，性本善；性相近，習相遠」「養不教，父之過」「苟不教，性乃遷」的話。對於子女若不進行適時教育，他們就會偏離正常的人生軌道，所以要適時地教育子女，讓他們在成長的道路上走正道、少走彎路。

朱元璋妃嬪眾多，她們共生育了二十六個兒子、十六個女兒，其中兩子兩女早殤，共有三十八個孩子長大成人。朱元璋認為他的兒子們「將有天下國家之責」，從小就非常重視對他們的培養教育，而且對子女的教育非常嚴格。他既重視教育孩子求知，更重視幫助他們「正心」，即品德教育。為此，他採取了重言傳、聘嚴師、親力行的辦法。

他曾經嚴肅地訓誡太子和其他兒子，說：「你們知道『進德修業』的道理嗎？『進德』，即進益道德；『修業』，即修營功業。古代的君子，德充於內，又見於外，故器識高明，善道日多，惡行邪僻皆避之。己修道已成，必能服人，賢者集攏於你的周圍，不肖者遠避。能進德修業，則天下必治；否則必敗。」

朱元璋經常用自己的親身經歷告誡兒子們要艱苦創業。內宮建成以後，朱元璋令人將古人行孝和他艱苦創業的經歷畫在殿壁上。他對兒子們說：「我本是農民出身，祖父輩積德行善，以致蔭及於我。現在繪成這個畫面就是要使你們知道創業的艱難，多多磨礪自己。」他立下兩條規矩：一是子孫除辦公外，一律穿麻鞋、坐竹椅、睡藤床；二是出城遠遊，不光騎馬，還要步行。他還要求子孫後代「戒驕侈」「恤民情」「用仁義」「安百姓」，以此來守業。他對太子說：「你了解農家的辛勞嗎？農家勤四體、種五穀，一年到頭辛辛苦苦不得休息，而國家經費都來自百姓。所以你要常想到農家的不易，取之有制，用之有節，使之不至於饑荒，才算盡到了為君之道。」

朱元璋在很多活動中都會對子女進行教育。吳元年（一三六七年）八月，朱元璋出城祭祀山川畢，在回宮途中對隨行諸子說：「人處富貴，則必驕奢；身處安逸，則忘辛勞。現在國家剛剛安定，百姓稍得喘息，你們知道他們的勞苦嗎？能夠熟悉世事人情，就不易流於驕奢怠惰。今天士兵們半夜即起，扈從至此還未吃飯。你們都要步行回去親身體會勞苦，將來不至於驕奢怠惰。」

不久，他又派十三歲的長子朱標和十二歲的次子朱棣前往臨濠謁祭陵墓，訓諭說：「人們都說商高宗、周成王是賢明的君主，你們知道是為什麼嗎？商高宗曾親身參加勞作，了解民間疾苦；周成王在周公的教導下也深知稼穡之艱難，所以他們在位時勤勞節儉不敢懈怠，成為商、周的好君主。你們生於富貴不曾涉歷艱難，習於安逸必生驕惰。現在讓你們去旁近郡縣遊覽山川、經歷田野，觀小民之生業以知衣食之艱難，察民情之好惡以知風俗之美惡。到了祖宗陵墓所在要訪求父老，詢問我起兵渡江時的事情，牢記於心以知我創業之不易。」

朱元璋珍愛他的帝業，更愛他的子女們。在眾多的子女中，朱元璋最愛的還是他的長子朱標，因此尤其重視對他的教育。朱標未滿六歲就開始讀書，他的老師是著名學者宋濂。宋濂素以道德文章為人稱道，又富有教學經驗，對朱標要求很嚴格，一言一行皆以禮法規勸，朱標對他很是敬重。明朝建立後，朱標即被立為皇太子，輔佐教育制度更加系統完善。中國歷代相傳，太子所居之處稱為東宮，設置專門官署。朱元璋經過仔細考慮，決定不為東宮設置專官，而以朝廷大臣兼任。兼任東宮官職的，既有李善長、徐達這樣的功臣勳舊，也有劉基、章溢這樣的飽學儒士。朱元璋曾向李善長等人解釋他這樣做的用意：「朕於東宮不設專職而以卿等兼領，是考慮到戰事未息，朕若出征巡狩，必以太子監國。如果設立東宮專官，卿等在內有事啟聞，太子倘與卿等意見不合，卿等會說是東宮教的，難免生出嫌隙。」他還以周公教成王、召公教康王為例，叮囑他們要用心輔導太子。朱元璋深知光靠書本知識是不夠的，必須讓太子在實踐中磨鍊成長。

洪武六年（一三七三年），朱標剛滿二十歲，朱元璋便下令：「今後日常事務啟奏皇太子，重大事情才許直接奏報。」洪武十年（一三七七年），朱元璋又下令：「自今大小政事都先啟奏皇太子處分，然後奏聞。」他還面諭太子：「自古以來，創業之君歷經勤勞，通達人情物理，所以處理事情少有不當。守成之君，生長於富貴，若平日不先練習，處理事情很少有不出差錯的。所以我特意讓你日臨群臣、聽斷事務以熟悉國政。我自獲得天下以來，未曾享受閒暇生活，對於各種事情總怕處理稍有不當，辜負了上天的付託。每天戴月上朝、半夜方睡，白天有什麼事情未處理妥當，還睡不安穩，這些都是你親眼見到的。你能體會我的心意是天下之福，如果你們都能認真做事，我也不用擔憂了。」

總結朱元璋的教子之道，主要有以下幾個方面：

講究學問。朱元璋在宮中特建「大本堂」，貯藏大量古今書籍，徵召四方名儒教育太子諸王，並挑選才俊青年伴讀。師傅中最著名的人物是大學士宋濂，前後十幾年專負教育皇太子的責任。學習內容包括禮法、政史、經書等。

培養德性。朱元璋認識到學問重要、德性更為重要的道理，除了請儒生經師外，他又選了一批有封建德行的端正人士為皇子們諭德，朝夕講說「帝王之道、禮樂之教、古往成敗之跡，以及民意稼穡之事」。

實習政事。朱元璋知道：從古以來開基創業的君主經歷艱難、通達人情、明白事故，辦事自然妥當。而守成的君主生長於富貴、錦衣玉食，如非平時學習練達，辦事怎能不出毛病？因此，他令皇子們經常與群臣見面，經常聽斷和批閱各種衙門報告，學習辦事。

嚴加管教。朱元璋對諸子期望很大，管教甚嚴，從不姑息。二子秦王多過失屢遭訓責，幸虧皇太子多方解救才免遭廢黜。秦王死後，朱元璋全然不惜父子之情，斥責「不良於德，竟殞厥身」，並親自為其定謚為「湣」（可悲之意）；十子魯王，服金石藥以求長生，毒發傷目，朱元璋很不喜歡。魯王死後被追謚為「荒」（意即浮誇不實，行為放蕩，廢物也）。

朱元璋的良苦用心卻沒有起到大的作用，以致後來的權力爭鬥引起了兄弟之間、父子之間的深刻矛盾和殘酷鬥爭。但史實證明，朱元璋諸子中還是出了不少「幹才」。如在軍事上，二子秦王、三子晉王、四子燕王以及其他隨兄戍邊的諸小王都頗具軍事指揮才能；在文學方面，五子周王好學且善詞賦，著《元宮詞》百章，又研究草類，選其可以救饑的四百多種畫為圖譜，細加疏解，著成《救荒本草》一書，對植物學有所貢獻；十七子寧王撰《通鑑博論》《漢唐秘史》《史斷》《文譜》《詩譜》等著作數十種，對音樂戲曲也有愛好；另外，八子潭王、十子魯王、十一子蜀王、十六子慶王等都好學禮士，對文學也有興趣。

與其他的子孫們比起來，朱元璋在這一點上做得還是比較好，不論是朱允炆，還是朱棣都是很好的皇帝，不像後世出現了很多文盲皇帝。不論對一個家族還是對一個國家來說，接班人的培養都是一件大事，家族統治要想長久，這是一個至關重要的因素。

第二章　仁慈帝王　惠帝朱允炆

朱允炆，一三九八——一四〇二年在位，年號建文。明太祖孫，太子朱標第二子。洪武二十五年（一三九二年），立為皇太孫。朱元璋死，以皇太孫即位。詔行寬政，實行惠民政策，減免租賦、賑濟災民、重視農業生產、興辦學校、考察官吏、任用賢能。採納齊泰、黃子澄建議實行削藩，並下令親王不得節制文武將吏，更定內外大小官制，以加強中央集權。「靖難之役」失敗後，他在宮中自焚而死（一說他由地道出逃，改換僧裝流浪各地）。

朱允炆雖然在位時間較短，但他的執政策略卻受到了朝野上下的稱讚，為朱氏家族的繁榮做出了傑出的貢獻。

01 為防兒子內訌，皇孫繼位

為爭皇位，朱元璋的兒子們有可能內訌。可皇孫繼位後，朱元璋的兒子們不會內訌了，那又會幹什麼呢？

明王朝建立後，朱標被冊立為太子。朱元璋特地在宮中建大本堂，徵集四方名儒教育太子。另外又挑選了一批有德行的端正人士充作太子賓客，這位皇儲終於被培養成為一個忠厚仁柔的「儒生型人物」。因為朱標過於仁柔，朱元璋擔心在他百年之後，朱標是否有足夠的能力駕馭這批功高不馴的功臣，於是費盡心機地把出生入死的戰友們逐一斬盡，一心一意想留給長子一根無刺的權杖。

若是用守成之君的標準來衡量，朱標的性格算不上有多大的缺點。反而在一味推行猛進政治的帝王之後出現一位仁柔的君主，對社會無疑會起一種緩衝作用。

朱元璋對太子的所作所為還是非常滿意的，因為太子有太平君主的一切優點。他身為長兄，對諸弟頗為關懷愛護，深孚眾望；處理政事明睿審慎、有條不紊……可是，偏偏天不作美。洪武二十五年（一三九二年）春，太子在出巡西北回京後一病不起，不久便撒手塵寰，年僅三十八歲。

六十五歲的老皇帝傷心之至，鬚髮在短時間內全白了，這不僅是喪子之痛，更是立儲失敗之痛。悲痛之餘，朱元璋不得不提起精神來重新考慮立新儲的問題。在此期間，他曾想到了皇四子朱棣，因為朱棣有許多地方都與自己非常相似。但向群臣諮詢的時候，大臣劉三吾提出，如立皇四子，那麼將皇二子、皇三子立於何地？當時朱元璋已經分封了諸王，而且這三個兒子分別被封為秦王、晉王、燕王，三人的封地都是邊境重鎮而且手握重兵，一旦由於爭儲而出現內訌的話後果將非常嚴重。因此朱元璋只得將朱標的次子朱允炆立為皇太孫（朱標長子早逝）。

朱元璋擔心朱允炆應付不了局面，只好再一次斬除荊棘，傅友德、馮勝這幾個僅存的元勳宿將也因此被殺了。棘杖上的刺的確被斬除殆盡了，但是一種新的荊棘卻在慢慢地生長。舊棘剛盡，新刺甫生。這新的利刺便是藩王。

諸藩王地位極高，在自己的封地建立王府、設置官署，公侯大臣進見親王都要俯首拜謁，每個王府都設有親王護衛軍，數量從三千人到一萬九千人不等，封在長城線上的親王更不在此限。當遇到急事時，地方守鎮兵也要歸親王指揮。親王還是地方守軍的監視人，是皇帝在地方的軍權代表。一旦地方有變，護衛軍可以單獨應戰。即使京師危急也可以起兵勤王，達到屏藩皇室、翼衛朝廷的目的。朱元璋以為軍權託付給親子就萬無一失了。

朱元璋對子孫們實行了最大可能的皇族教育，諸子成年後大多精明能幹。洪武二十六年

（一三九三年）以來，元勳宿將被誅殺殆盡，面對北方蒙古的軍事威脅，邊塞各王的軍事地位日趨重要，除去軍中要事須向朱元璋報告外，晉王朱棡、燕王朱棣被授命全權處理北方日常軍務。秦王與晉王、燕王等多次率軍北征，其他小王也領兵隨兄長們巡邊、校獵沙場。頻繁的征戰不僅鍛鍊了諸王，也促進了他們與軍隊的聯繫，大大地加強了諸王的軍事實力。軍功、實力以及皇子的身分，使諸王成為能與朝廷相抗衡的隱患。

朱元璋對藩王問題並非一無覺察，只要諸王不法，他都會嚴厲責罰。一次，有人告發晉王謀異，朱元璋聞後大怒，令太子朱標將其從北方王府帶回京師痛加訓誡，直到晉王答應改過才許回藩。朱元璋對北方諸王的動向也頗為注意，據說他曾派劉基次子以谷王府長史的身分巡行提調北方六王府事，暗中偵探諸王的一言一行。

但是藩王問題終其一生一直沒有引起他足夠的重視。相反地，洪武帝對封藩之舉還一直自鳴得意，他曾向皇孫朱允炆表露過：「我把邊防防敵之事交給諸王可使邊境安定，你就可以做一個太平皇帝了。」

「敵虜不靖，可用諸王抵禦，諸王要是不安封國，朝廷又拿什麼去防禦呢？」朱允炆這位青年皇儲倒是感到了藩王之憂，擁兵在外的諸王是他的長輩叔父，他的身分不是太子而是太孫。他曾將他的憂慮向朱元璋全盤托出，但朱元璋無言以對，他沉默良久，方才反問：「你的意思如何？」「先用德化懷柔他們，用禮制限制他們，不行就削奪他們的封地，實在不行就廢置他們，再不行就舉兵討伐。」朱允炆提出了一個四部曲方案，可以看出這位皇儲對藩王之事有過長期的思考。「是的，除此也別無良策了。」朱元璋也只能同意孫子的辦法了。

各藩王的不安分在朱元璋心中只不過是一種假設而已。他沒有想到自己健在時，諸王懾於自己的英烈，自然不敢有不誠之舉。但是自己百年之後呢？

洪武三十一年（一三九八年），七十一歲的朱元璋駕崩，二十一歲的朱允炆即位，之後他只能依靠自己的力量去對付各地的叔叔們了。

02 建文新政解嚴霜

朱元璋屠殺功臣的「威」與建文帝朱允炆平反冤獄的「恩」結合起來之後，朱氏家族的統治收到了很好的效果。

經過太祖朱元璋的整治，洪武年間國家統一、社會安定，經濟得到了恢復和發展，吏治較以前也大為清明。然而他生性「雄猜好殺」，屢興大獄，動輒殺戮，政治氣氛異常凝重，文武大臣人人自危。建文帝對局勢有著深刻的認識，因此繼位伊始就著手改革，改變了太祖朱元璋的一些弊政，為百姓和官吏創造了一個寬鬆的環境。

太祖朱元璋用武力奪得天下，自然而然地形成了崇武的局面。洪武時，南京貢院軍事衙門大都督府的左右都督都是正一品，都督同知也是從一品，而六部尚書卻只有正二品。《大明律》中明文規定文官不許封公侯，因此朱元璋的主要謀士劉基僅僅得封「誠意伯」，而武將得封公侯者甚多，稱王者也不少。在這種局面下，文官在議論朝政中的地位可想而知。建文帝有意結束朱元璋尚武的政風，大力加強文官在國家政事中的作用。初登大寶之時，他確定新年號為

「建文」，與其祖父「洪武」剛好形成了鮮明的對照，從中可見建文帝治國方略的改變。他繼位後，立即將六部尚書升為正一品，大開科舉考試，並下詔要求薦舉優通文學之士授之官職。

建文帝身邊被委以重任的大臣也是飽讀詩書的才子：兵部尚書齊泰，洪武十七年（一三八四年）應天府鄉試第一，次年進士；太常寺卿兼翰林學士黃子澄，洪武十八年（一三八五年）會試第一，與齊泰同榜；翰林侍講方孝孺是建文帝身邊的主要謀士，幼時就以聰敏機警著稱，後師從當代名儒宋濂，詩文為時人所推崇。正是因為建文帝所依賴的大臣多為文人，所以人稱新朝廷為「秀才朝廷」。

在這種情況下，文人獲得了比以前更高的政治地位，再也不用擔心像洪武朝那樣動輒一言獲罪的情況發生了，因此他們對朝政敢於表達自己的意見，對建文帝忠心耿耿，這也是後來大批文臣甘願為建文帝殉難的原因。

在刑獄方面，太祖朱元璋以剛猛治國，亂世用重典，法外用刑情況相當嚴重。他認為：「法嚴則人知懼，懼則犯者少，故能保全民命。法寬則人慢，慢則犯者眾，民命反不能保。」因而屢興大獄殺了人很多；還使用了許多恐怖的刑罰，如抽筋、剝皮、閹割、凌遲等，因此有獲罪的大臣跪求「臣罪當誅，謝主隆恩」。比較起來，能被砍頭也成了幸運的事。

建文帝即位僅一個多月，就下詔全國行寬政、平反冤獄。洪武時期的一些冤假錯案得到了糾正，一批無辜的官吏得以恢復自由，被發配遠方的人也得以回到家鄉，據記載建文朝監獄裡的罪犯比洪武朝減少了三分之二之多。建文帝的這些措施實際上是對太祖朱元璋嚴刑峻法的一種調整，也反映了建文帝與太祖執政風格的迥異。

在賦稅方面，建文元年（一三九九年）正月，建文帝下令減輕江浙地區的田賦。明初以來，江浙地區的田賦明顯比其他地方嚴苛，這是朱元璋因為憎恨江浙地區的縉紳當年依附張士誠而採取的懲治措施。另外朱元璋還特意規定江浙人不許擔任戶部的職位，目的是防止江浙人偏袒家鄉。建文帝則認為江浙重賦只可用懲一時，不應該形成定制，不光田賦要減輕，江浙人自然也可以擔任戶部的官職。他還針對寺廟侵佔民田的情況，下令僧道每人佔田不得超過五畝，多餘的要退回分給農民。

建文的新政策給社會帶來了一定好處，因此有「四載寬政解嚴霜」之譽。他的「仁聲義聞」甚至遠播西域、朝鮮。中原地區關於建文帝的傳說更多：「父老嘗言，建文四年之中，值太祖朝紀法修明之後，朝廷又一切以惇大行之，治化幾等於三代。時士大夫崇尚禮義，百姓樂利而重犯法。家給人足，外戶不闔，有得遺鈔於地置屋簷而去者。及燕師至日，哭聲震天，而諸臣或死或遁，幾空朝署。蓋自古不幸失國之君未有得臣民之心若此者矣。」

03 叔侄相爭，下落不明

燕王朱棣與建文帝朱允炆之爭是朱氏家族的內部紛爭，既改不了「朝」，也換不了「代」，更改不了「姓」。大明江山仍然是朱氏家族的江山。

朱元璋建立明朝以後，將諸子分封到各地做藩王。他們各自擁有數量不等的護衛甲士，尤其是北邊的幾個藩王手握重兵，勢力更加強大。朱允炆繼位後，深感諸藩王對自己的嚴重威脅，即位不久便開始削藩。建文元年（一三九九年），燕王朱棣毅然起兵，與建文帝展開了長達三年爭奪皇位的戰爭，最終以燕王勝利而結束。史稱這場戰爭為「靖難之役」，這次事變為「靖難之變」。

建文元年（一三九九年）七月七日，朱棣聚集將士誓師，公開打出奉天靖難、清除君側的旗號，展開了歷時三年的「靖難之役」。這時，離明太祖朱元璋離開人世才剛剛十五個月。靖難口頭上的對象是建文帝身邊以齊泰、黃子澄為代表主張削藩的大臣，即所謂「君側」，但雙方心裡都清楚，無非是奪位與保位之爭。

戰爭初期，燕軍在軍事、政治、經濟上均處於劣勢，故其戰略為：鞏固北平根據地，利用內線作戰的有利條件，迅速變被動為主動，求得各個擊破。七月五日，朱棣擊敗朱允炆部署在北平的軍隊以後，連克通州（今北京通州區）、薊州（今天津薊州區）、遵化、密雲、居庸關、懷來、開平（今河北赤城獨石口）、龍門（今河北赤城龍關）等地，從而鞏固了北平根據地，為南下進攻打下了基礎。而此時，朱允炆憑藉其軍事、政治、經濟上的優勢，集中強大兵力分進合擊，想迅速將燕軍包圍在北平地區並殲滅之。七月二十四日，以長興侯耿炳文為大將軍，駙馬都尉李堅、都督甯忠為左右副將軍率師北伐。八月十二日，耿炳文率軍三十萬人進駐真定（今河北正定），都督徐凱領兵十萬人紮營河間（今屬河北），都督潘忠駐莫州（今河北任丘），都督楊松率軍九千人為先鋒扼雄縣。朱棣乘北伐軍部署未定率軍主動出擊。八月十五日夜，攻破雄縣，楊松全軍覆沒。

二十五日，燕軍直搗真定，敗耿炳文軍於滹沱河，斬首三萬餘級，餘眾入城堅守，燕軍攻城三日不克，棄圍北還。八月底，朱允炆以曹國公李景隆代耿炳文為大將軍，率軍五十人進駐河間，再圖北伐，並令江陰侯吳高等圍攻水平（今河北盧龍）。九月五日，朱棣只留下少數兵力防守北平，自率主力往援水平。吳高不戰而走，燕師連下水平、山海關，進取大寧（今內蒙古寧城）。李景隆趁虛率師圍攻北平，不料遭到守城燕師的頑強抵抗。十一月四日，朱棣回師北平，與留守部隊配合作戰，內外夾擊大敗李景隆軍於鄭村壩（今北京東二十里），斃傷十餘萬人。李景隆退還德州。

建文二年（一四〇〇年）四月初一，李景隆率軍六十萬人從德州分兵兩路，大舉北伐。朱棣率軍十萬人迎戰。兩軍會戰於白溝河（今河北雄縣境內）。經過數日激戰，李軍大敗，燕師乘勝攻克德州。李景隆退守濟南。燕師跟蹤追擊進圍濟南，遭到山東參政鐵鉉與都督盛庸的頑強抵禦，圍城三月而不下，且後方又受到北伐軍的威脅，遂撤圍還師北平。九月，朱允炆以盛庸代李景隆為大將軍，都督平安、吳傑為左右副將軍，再舉北伐。盛庸屯德州，平安、吳傑駐定州，都督徐凱營滄州，互為犄角以困北平。十月，朱棣獲悉盛軍北進，遂佯稱攻遼東而至通州，突然轉師南攻滄州，生擒徐凱，殲萬餘人。燕師進逼德州，誘敗盛軍於城外。其後沿運河而南，連克臨清、館陶、大名、濟寧等地。盛庸、鐵鉉率軍營於東昌（今山東聊城）以扼燕師歸路。十二月二十五日，燕師歸至東昌遭盛軍截擊，死傷數萬人，主將張玉戰死，被迫還師北平。

建文三年（一四〇一年）春，盛庸率軍二十萬人駐德州，吳傑、平安駐真定，互為犄角，伺機出擊。三月，朱棣再次率師南下，大敗盛軍於夾河（今河北武邑境）。閏三月十日，又誘敗吳傑、平安軍於滹沱河。乘勝連克真定、順德（今河北邢臺）、廣平（今河北永年）、大名等地。朱允炆為緩兵之計下詔赦燕王罪，企圖使其懈怠；同時發兵斷其糧道以迫其北歸，伺機殲滅。朱棣識破此計，於六月中旬遣都指揮使李遠率輕騎六千人南下，連克濟寧、沛縣等地，焚盛軍糧船數百艘、糧數百萬石，京師（今南京）大震。七月，盛庸乘燕師南下，令平安率萬騎攻北平；大同守將房昭回攻保定。朱棣聞訊率軍回援大敗其軍，還師北平。燕師與建文帝軍隊在河北及魯西爭戰兩年有餘，燕師所克城邑旋得旋失，唯佔據北平、保定、水平三府。朱棣深感南軍兵多勢眾，曠日持久攻防俱難，遂決定乘虛直搗京師。

建文四年（一四〇二年）正月，朱棣督軍南下，繞過濟南，連下東阿、東平、汶上、兗州、鄒縣、沛縣、宿州，直抵蒙城、渦河（今安徽境內）。三月初九，於淝河（今安徽境內之北淝水）設伏，擊敗尾隨而來的盛軍四萬餘人。四月，燕師屯小河（即今安徽境內之濉河）。南將都督何福率軍北援與平安會合，軍勢甚盛，兩軍在齊眉山（今安徽靈璧境內）交戰，燕師損失慘重，軍心動搖。朱允炆在此關鍵時刻，召徐輝祖所部還京，前線力量銳減，何福被迫退守靈璧。燕師迅速切斷其糧道，乘機進擊大敗何福、平安所部，俘其十萬人，攻克靈璧。至此，朱允炆在淮河以北的主力已基本喪失殆盡。五月初，燕師乘勝南進，一舉突破盛庸淮河防線，連克盱眙、揚州、高郵、泰州、儀真（今江蘇儀徵）等地。六月三日，燕師自瓜洲再破盛庸、徐輝祖長江防線，連克鎮江、龍潭。朱允炆聞訊，急忙答應割地求和，朱棣不允。十三日，燕師進抵南京金川門，守將李景隆和谷王朱穗開門迎降，朱允炆在宮中自焚身死（**一說出逃為僧**）。朱棣即皇帝位稱成祖，改元永樂。建文帝的帝王之旅，匆匆四年即告結束。

家族間的紛爭，孰是孰非難以定論。朱家天下並沒有因這場爭奪而受到影響，寶座上坐的依然是「朱」姓皇帝，而受苦受難的也依然是天下勞苦百姓。

第三章　開拓之君　成祖朱棣

明成祖朱棣（一四〇二——一四二四年在位）是明太祖朱元璋之子，明朝第三任皇帝。初為燕王，一三九九年起兵，經過四年內戰奪取了皇位。

即位後，五次北征蒙古，追擊蒙古殘部，緩解其對明朝的威脅；疏通大運河；遷都並營建北京，奠定了北京此後五百餘年的首都地位；召集學者編撰長達三·七億字的百科全書《永樂大典》；設立奴兒干都司，以招撫為主要手段管轄東北少數民族。更令他聞名世界的是鄭和下西洋，前後七次，最遠到達非洲東海岸，這是世界航海史上的壯舉。朱棣可謂功績累累的一代雄主，為朱家江山立下了不朽功勳。

永樂二十二年（一四二四年），朱棣死於北征回師途中，葬於長陵，廟號太宗，嘉靖時改成祖。

01 掩天下耳目，製造出身之謎

封建社會是一個家族社會，出身可是個大問題。皇帝的出身就更不必說了，因為這直接關係到「江山究竟是誰的」「該不該是誰的」問題。歷朝歷代的皇帝都要對自己的出身美化一番，使其統治看起來名正言順。朱棣是起兵奪位而非繼位當上皇帝的，所以當然對自己的出身更加在意。

朱棣誕生之時，正值天下大亂、群雄並起之際，朱元璋正在忙於爭奪天下，當時也沒有關於朱棣生母的爭論。等到朱棣奪位以後，關於他生母是誰的問題突然敏感起來。對於實行嫡長子皇位繼承制的明朝來說，這關係到嫡庶問題進而關係到帝位的合法性問題。總的來說，關於成祖生母問題的說法主要有三種：

其一，馬皇后之子說。明成祖朱棣自稱是孝慈高皇后（即馬皇后）所生。《太祖實錄》和《太宗實錄》都說朱棣為馬皇后所生，後來的史籍如《明史》等正史多因循這種說法。但是除朱棣外，還有誰是馬皇后親生皇子又有著不同的解釋。一種說法認為馬皇后生懿文太子、秦王、晉王、燕王、周王。朱棣在奪取皇位後，讓人編寫了一部《奉天靖難記》，為自己篡奪皇位辯解。該書開卷就標榜自己是馬皇后的嫡子：「今上皇帝（**指成祖朱棣**），太祖高皇帝第四子。母孝慈高皇后生五子：長懿文太子，次秦王，次晉王，次今上皇帝，次周王也。」還有一種說法認為馬皇后只親生燕王，周王、懿文太子、秦王、晉王都不是馬皇后親生。另外還有人認為馬皇后根本就沒有皇子，這幾個都不是她親生的，只不過是抱過來撫養成人而已。其實仔細推敲起來就會發現，《太祖實錄》為成祖朱棣所修（**成祖為了抹殺自己即位前的事實，曾兩次改修《太祖實錄》，刪減篡改之處甚多**），《太宗實錄》為宣宗所修，當然宣稱朱棣為馬皇后的嫡子。

其二，后妃之子說。有人認為朱棣的母親是一個來自高麗的妃子，也有人稱她是元順帝的妃子，或者是高麗人而成了元順帝妃子，真相如何不得而知。這種說法的直接證據是《太常寺志》。太常寺是明朝管理祭祀禮樂的機構，皇家宗廟的祭祀就由其負責。《太常寺志》對孝陵（**即太祖朱元璋的陵寢**）神位的記載如下：左一位，淑妃李氏，生懿文太子、秦愍王、晉恭王。右一位妃，生成祖文皇帝。

太常寺是皇家機構，這樣嚴肅的問題不可能胡亂記載，可惜的是這本書沒有流傳下來。明代文人對這種資料將信將疑，但還是覺得有合理的地方，萬曆時期的文人何喬遠就持這種觀點，「臣於南京見《太常寺志》，云帝（**明成祖**）為妃所生，而玉牒則為高后第四子。玉牒出當日史臣所纂，既無可疑。南（**京**）太常職掌相沿，又未知其據。臣謹備載之，以俟後人博考」。

明末清初的錢謙益和李清見到這樣的記載，也無法判斷孰是孰非。錢謙益當時是南明弘光朝的禮部尚書，李清曾任大理寺左丞，二人利用職務之便，於弘光元年元旦利用祭祀孝陵的時機，悄然打開孝陵寢殿，「入視果然，乃信」。

還有一個證據。朱棣即位之後在南京天禧寺的舊址上翻蓋新寺，取名大報恩寺，是為了報答馬皇后的養育之恩。然而令人不解的是，寺中正殿的大門經常緊閉著，外人無法看見裡面的情況，有傳聞說裡面供奉的其實是成祖生母妃。

還有的學者考證當年建文帝之所以先削周王，是因為周王與朱棣是同母所生，故削周王而去燕王羽翼。周王與朱棣的母親不是馬皇后，而有可能就是一個妃子。

其三，元主妃洪吉喇氏說。洪吉喇氏是元順帝的第三個福晉，是太師洪吉喇特托克托的女兒。元順帝兵敗以後，朱元璋入大都（今北京），見洪吉喇氏貌美就將她留在了身邊。然而她入明宮時就已經懷孕，所生的就是明成祖朱棣，所以朱棣即元順帝的遺腹子。

還有其他一些說法，比如說成祖是達妃所生，或元主妃不是洪吉喇氏而是翁氏等，但影響都不大。實際上，爭論的焦點是成祖到底是嫡出還是庶出？以上看法都可以歸納到這個問題上來。因為明朝的皇位繼承制為嫡長子繼承制，只有嫡子繼承皇位才是深孚人心的，否則會危及皇權的穩定，特別是朱棣通過靖難之役，將建文帝趕下臺後取而代之恐更難以服眾。他擔心後人說他兵變篡權，所以才千方百計美化自己嫡出的身分。為了自己的利益，說點謊話對皇帝來說那可是家常便飯的事情。

02 炫耀文治，編《永樂大典》

為了炫耀文治，朱棣命翰林院學士解縉、太子少保姚廣孝為監修，編纂一部大型類書，系統地收集天下古今書籍以便於查考。

永樂元年（一四〇三年）七月，朱棣命侍讀學士解縉采天下圖書編為一書：「天下古今事物，散載諸書，篇帙浩穰，不易檢閱。朕欲悉采各書所載事物類聚之，而統之以韻，庶幾考索之便，如探囊取物耳……爾等其如朕意，凡書契以來，經史子集百家之書，至於天文、地理、陰陽、醫卜、僧道、技藝之言，備輯為一書，毋厭浩繁。」就是說，要將天下圖書全部網羅一盡。

解縉是明初著名文人，年少得志，很早就得中進士。他很受朱元璋的賞識，後因上書得罪朱元璋丟了官職。朱元璋死後，解縉回朝再次為官，不久歸附朱棣，並於永樂元年受命主持修書。第二年，圖書編成，朱棣賜名為《文獻大成》。但朱棣翻檢之後認為「尚多未備」，因此下令再做大規模重編，並由姚廣孝、劉秀篪及解縉等主持。他們在元代宮廷內豐富藏書的基礎上，又派遣官員四處收集散落在民間的古代典籍。這次修編前後共動員了接近三千位學者參與，堪稱人才薈萃、盛況空前的壯舉。這次重修於永樂五年（一四〇七年）十月完成，全書共二萬二千八百七十七卷，裝成一萬一千九百零五冊，約三・七億字。這是中國古代最大的一部類書，全書成於永樂五年（一四〇七年），正式定名為《永樂大典》。

嘉靖四十一年（一五六二年）初，三大殿發生火災，明世宗命人搶出《永樂大典》。為防不測，同年八月十三日下詔重錄《永樂大典》。

全書按《洪武正韻》的韻目編排，以韻統字，以字繫事。舉凡天文、地理、人倫、國統、道德、政治制度、名物、奇聞異見以及日、月、星、雨、風、雲、霜、露和山海、江河等均隨字收載。全書分門別類，輯錄上自先秦，下迄明初的八千餘種古書資料。凡入輯之書不許任意刪節塗改，必須按原書一字不差地整部、整編、整段分類編入。這種編輯方法保存了明代以前大量的哲學、歷史、地理、語言、文學、藝術、宗教、科學技術等方面豐富而可貴的資料。朱棣賜名為《永樂大典》，並將其珍重地保管在修建後的南京文淵閣中。

從此，《永樂大典》、文淵閣便成為中華文明高度成熟的標誌。

《永樂大典》的價值在於它不加刪改，原原本本地保存了明代以前的文化典籍，這在當時可以說是「包括宇宙之廣大，統會古今之異同」。宋元以前的佚文秘典多藉以保存流傳。

《永樂大典》的編纂，動用了三千多人、歷時三年之久，可謂盛事。但其時正是對建文帝忠臣殺戮追剿之際，殺戮與籠絡是相互為用的。朱棣下令編《永樂大典》，一是為了炫耀自己的文治；二是為了堵住天下文人的議論。朱棣的皇位是從自己的侄兒手中奪過來的，由於名不正言不順，當時受到了很多文人的非議。篡位的朱棣為了止住江南書生的議論，便讓他們通通去修《永樂大典》，可謂是一舉兩得。

03 設內閣，分擔皇帝事務

朱棣設內閣是為了分擔皇帝的事務，可是卻限制了皇權。但是，從整個明朝歷史來看，內閣制度可以說是一種比較先進的制度，為朱家天下的延續做出了應有的貢獻。

朱元璋廢除丞相制後，君權空前加強，但也使得他十分繁忙，遇到重大問題又無處商量。於是便在洪武十三年（一三八〇年）和十五年（一三八二年），先後設置了四輔官和殿閣大學士以備顧問，不過當時重大政務仍由明太祖「自操威柄」，大學士「鮮能參決」。由皇帝直接掌管六部百司的政務，實際上等於兼任宰相，把君主獨斷專行擴大到了頂峰。但這只是在明初形勢下，明太祖帶有個人特點（如權力欲極強，猜疑心重，統治經驗豐富，精力充沛等）所採取的措施。作為制度，後代那些不具備這些特點的皇帝是沒有能力，也不願意照樣執行的，可是「祖訓」又不便公開違背，經過改造的內閣制度便在這種情況下逐漸形成。

朱棣採取一種漸進的過渡形式，以修正其父制訂的中央輔政體制。他在取得皇位之後，立即在全國範圍內精選了解縉、胡廣、楊榮、楊士奇、胡儼、金幼孜、黃淮七位年輕有為的士人進入內閣，永樂年間習稱「內閣七學士」。

解縉是侍讀，黃淮是中書舍人，楊士奇是編修，胡廣為侍講，楊榮為修撰，金幼孜是給事中，胡儼是檢討。

明成祖賜給解縉等七人金綺衣，待遇和六部尚書一樣。明成祖為這種破例的恩遇解釋說：「代言之司，機密所繫，且旦夕侍朕，裨益不在尚書下也。」七學士雖然只是五品官，但在明成祖的眼裡還是很有地位的，甚至比真正的五品官的待遇還高。明成祖對他們推誠重用，他們也知無不言，「從容獻納，帝嘗虛己以聽」。

解縉是七人中才華最突出的一個，頗有點恃才狂放的味道，是明初著名的大才子。洪武時他就上書反對分封，明太祖看他年輕讓他回去待上十年，「以十年著述，冠帶來廷」，大用未晚。建文時回京，任翰林待詔。明成祖即位，升他為侍讀學士。編撰《明太祖實錄》《列女傳》等書，他都擔任總裁。解縉曾極力反對明成祖對安南大舉用兵，但最終未被採納，後來因捲入皇子的奪嫡鬥爭被下獄致死。

胡廣是建文二年（一四〇〇年）的狀元。廷試時，正值討伐燕王的緊要關頭，胡廣的對策有「親藩陸梁，人心搖動」的話。所謂「陸梁」，即跳躍的樣子，指藩王不安本分。建文帝聽了很高興，親點他為頭名狀元，賜名胡靖，取意「靖燕王之難」的意思。雙方你靖我的難，我靖你的難，最後是明成祖靖難成功，胡廣和解縉同時迎附。明成祖改胡廣修撰為侍讀，恢復胡廣原名。胡廣曾數次隨成祖北征，每勒石記功都由胡廣來書寫。

楊士奇是七學士中任事最久、也最負盛名的一個。人們常說「三楊當國」，為首的就是指楊士奇，另兩人是楊榮和楊溥。明成祖初以楊士奇為左中允，繼為左諭德，後升任編修。楊士奇謹慎奉職，在家從來不言公事。他善於應對，每言輒中。人有小過，他極力與人為善不予苛責。有一次，廣東布政使徐奇帶了一些南方的土特產來贈送廷臣，在送禮的名單上沒有楊士奇。明成祖問楊士奇這是怎麼回事，楊士奇回答說：「徐奇赴廣東時，群臣作詩為他送行，我恰巧有病沒有去，所以我也就不在名單上。現在受還是沒受尚難確定，況且禮品輕微當無他意。」明成祖本來打算要治那些人的罪，聽楊士奇這麼一說馬上改變了主意，命令燒掉那個名單不再追究。那些人聽到這件事後，自然都很感激楊士奇。這件事也說明了明成祖和內閣學士們的關係是多麼親密。

楊榮是七學士中最懂兵法的一個。明成祖在軍事上遇到難題，總是找來楊榮徵求意見。明成祖五次親征蒙古，楊榮每次都隨行，多有贊劃之功。楊榮在七學士中年齡最小，但判事特別警敏、準確。有一天晚上接到報告說寧夏被敵人包圍事情緊急，明成祖問楊榮怎麼辦，楊榮說：「寧夏城牆堅固，將士習戰。奏書送到京師需十餘天，圍也就解了。」到半夜時，寧夏果又來報說圍已解，這使得明成祖頗為嘆服，楊榮也因而更受信任。永樂五年（一四〇七年），楊榮受命赴甘肅贊劃軍務，回京在武英殿向成祖稟報。因正值盛夏，明成祖對他圓滿完成任務滿心高興，親自切西瓜給他吃。這雖然是件小事，但卻從中可以看出他們君臣關係的融洽程度。

其他幾個學士也都各有特長。黃淮達於治體、論事明晰，所言多被成祖採納。蒙元的阿魯台要率部歸附，請求准許他控制吐蕃（今西藏）諸部，許多大臣都主張答應他。而黃淮卻說：「分則易制，合則難圖。」明成祖聽了以後也贊同他的觀點，當廷讚揚黃淮說：「黃淮論事，如立高岡，無遠不見。」金幼孜的詩文寫得很漂亮，常侍成祖身邊。成祖數次北征蒙元諸部都隨行，作詩詠山川形勝，書功名已行。胡儼嗜學，天文、地理無不究覽，能以師道自任，故長期擔任國子監祭酒。

「內閣七學士」是明成祖的高級智囊團，雖然他們都是建文舊臣，但受到明成祖的格外信任。雖然在永樂時期，內閣學士的品秩仍然不高，一直是正五品的官階。但實際上他們經常能參與對重大政務的研討，甚至對於六部的要政也可以在御前進行更高層次的審議，以供皇帝參考。

明仁宗、宣宗以後，閣臣官階驟升至從一品或正二品，兼任六部尚書，並有代皇帝草擬批答臣僚奏章的「票擬」權，逐漸形成閣權重於部權的局面。閣臣往往利用票擬和皇帝召見的機會干預朝政，已近似於以前的丞相。

第一，內閣擁有「票擬」之權，這就使它對皇帝權力的限制超過了過去的丞相。所謂票擬，就是代皇帝草擬各種文書，大量是關於六部、百司各類政務奏請文書的批答。它可以是先與皇帝共同討論，做出決定後再草擬成文字，但更多的是內閣先擬好批答文字，連同原奏請文書一起送給皇帝審批。由於票擬要比以往各朝輔佐君主處理政務的制度更加細緻、周到，這就讓大多數君主單純依靠內閣票擬，自己可以不用過多地去關心政事。這樣產生的結果便是表面上廢去丞相，皇帝直接指揮六部、百司政務，實際上多半依靠「票擬」定奪，皇帝的意志和權力受到內閣諸臣極大的左右和限制。如果說儒家的「君逸臣勞」是要找一種理想模式的話，那麼明代內閣票擬便是這種模式。

第二，由於票擬是下達皇帝詔令的正常途徑，所以明代內閣限制皇帝濫下手詔、中旨的鬥爭也更加制度化。當時一般的做法是：各類文書全歸於內閣票擬，疑難者由皇帝召閣臣一起商議決定；但必要時皇帝也可主動提出自己關於政事和用人的意見，通過手詔、中旨（或宦官傳口諭）下內閣票擬。對於這類手詔等，內閣可以奉行也可以拒絕全都合法。

第三，和內閣相配合，還有六科給事中也在制度上直接起著限制皇權的作用。明初設六科（吏、戶、禮、兵、刑、工）給事中，成為獨立機構，它的重要權力之一就是：皇帝所下旨意內閣未反對，草成敕詔；或內閣票擬合皇帝心意，批准執行，都得再發至給事中處詳審。如以為有害整個統治利益，同樣可以封還詔書，此制一直存在。如此一來除內閣外，便又多了一重對皇帝獨斷專行的限制。

通過以上三點可看到，明代在表面上是廢去了相制，君主獨斷專行更加厲害，實際上發展的結果卻是君主行使權力時在制度上受到的限制比以往更大，想要獨斷專行的困難度更多了。

嘉靖年間，閣權進一步膨脹，閣臣不僅兼任六部尚書，而且兼署都察院，從而直接控制了部院。閣臣之中，又分出首輔（首揆、元輔）、次輔（次揆）和群輔，首輔更是權壓六卿，已是「赫然真相」了。如萬曆初年的首輔張居正，「威柄之操，幾於震主」（《明史》卷二一三

《張居正傳》），儼然成了「佐天子、總百官、平庶政，事無不統」的真丞相。然而閣臣乃至首輔畢竟不是名正言順的丞相，按照明太祖設立的「六卿分職」的中樞體制，首輔主政是違制的，他們之所以能夠控制部院，是因為有皇帝支持的緣故。所以當明神宗感到閣權的擴張對君權構成威脅後，於萬曆十一年（一五八三年）下令追奪張居正的官秩，閣權便一落千丈。此後，閣臣不僅失去了對部院的控制權，就連皇帝也很難見到了。

從整個明朝歷史來看，內閣制度可以說是一種比較先進的制度，為朱家天下的延續做出了應有的貢獻。朱棣設內閣的本意是分擔自己的工作，他可能沒有想到內閣日後會成為皇權的限制者，而且內閣在關鍵時刻還有機會去決定皇朝的接班人，相信這也是朱棣不願看到的。

04 宣揚德化，鄭和下西洋

為了尋找不知所蹤的建文帝也好，為了對外友好交往也罷，鄭和下西洋都是為了鞏固和加強朱棣的統治。

明成祖通過「靖難之役」，逼迫侄子建文帝下臺，奪取了皇位。從傳統觀念上看，這是「篡逆」行為，因此他繼承帝位的合法性在當時受到廣泛的懷疑甚至攻擊，著名文臣方孝孺甘冒滅「十族」之大禍也不為朱棣起草登基詔書就是明證。而且朱允炆下落不明成了朱棣的一塊心病，為了尋找朱允炆，同時為了「頒正朔」，廣加招徠，促使周圍各國「執圭捧帛而來朝，梯山航海而進貢」，製造一種「萬國衣冠拜冕旒」的盛大景況以提高自己的聲望，明成祖決定派鄭和出使西洋。

鄭和，本姓馬，「鄭」是賜姓，小字三保，雲南昆陽（今昆明市晉寧區）人，約生於洪武四年（一三七一年）。由於信仰伊斯蘭教的緣故，幼年時的鄭和就已開始學習伊斯蘭教的教義和教規。鄭和的父親與祖父均曾朝拜過伊斯蘭教的聖地——麥加，熟悉異域的情況。從父親與祖父的言談中，年少的鄭和已對外界充滿了強烈的好奇心，而父親為人剛直不阿、樂善好施、不圖回報的秉性在鄭和的頭腦中留下了抹不去的記憶。明朝統一雲南以後，鄭和被帶到南京，做了宦官後被分派到北平的燕王府服役。

鄭和在燕王府期間，因為學習刻苦、聰明伶俐、才智過人、勤勞謹慎取得了燕王的信任，因此被朱棣選在身邊做貼身侍衛。此時，鄭和本身所具有的優秀品質和領袖才能開始逐漸地顯露，在長達四年之久的「靖難之役」中，鄭和跟隨朱棣出生入死，建立了許多戰功，成為朱棣奪取政權即位稱帝的主要功臣之一。明成祖朱棣登上皇位之後，提升重用了跟隨自己多年的武將文臣，其中也包括身為宦官的鄭和。朱棣賜「鄭」姓，又將其升遷為內宮監太監。由於鄭和又名「三保」，所以人們也叫他「三保太監」。

永樂三年（一四〇五年），明成祖任命鄭和為出使西洋各國的正使總兵太監，率船隊下西洋。為完成下西洋的任務，鄭和組建了世界上前所未有的龐大遠洋船隊，每次出使的船隻都多達一二百艘。

鄭和下西洋的一個主要目的是：「宣德化而柔遠人」、「耀兵海上，示中國富強」、「遐邇相安無事，共祈天下太平之福」。朱棣還再三囑咐：「彼不為中國患者，絕不伐之」。鄭和下西洋嚴格奉行揚威示好的旨意，孜孜以求的是萬方賓服、四海安寧。因此在長達二十八年的航行中，僅用過三次兵。

第一次是消滅大海盜陳祖義，為的是肅清海路，保障中國與海外諸國的正常往來。

第二次是錫蘭山（今斯里蘭卡）國王亞列苦奈兒企圖襲擊大明船隊。鄭和率船員奮起反擊，生擒亞列苦奈兒。這位國王被俘到南京，朱棣好言相慰並派船將他送回國。

第三次則是應蘇門答臘王后的請求，幫助解決兩個王子因繼承王位發生的爭端。

鄭和頭一次下西洋到達爪哇，有近百名船隊人員被爪哇人無端殺害。鄭和了解到這裡的人好勇鬥狠，並非蓄意謀殺，因此沒有以牙還牙，而是通過談判讓爪哇國王賠償損失，給爪哇留下安寧。爪哇國王答應賠黃金六萬兩，實際只交了一萬兩。因為爪哇國家太窮，根本賠不起這麼多，後被鄭和帶回明朝。朱棣一笑置之，說了句「朕於遠人，欲其畏罪而已，並非圖其金」，將所欠五萬兩黃金全免了。

滿剌加國（今麻六甲）因不堪鄰國的欺凌，曾經請求將他們的土地變成大明朝廷直接管轄的郡縣，納入中國的版圖。朱棣還是堅持讓其自立，並為該國題刻鎮山之碑，以示為其充當後盾。鄭和到達滿剌加後，特意讓一些工匠為他們傳授技術，扶植滿剌加發展經濟。

在下西洋的路上，鄭和還經常遇到一些國家和地區發生糾紛。他積極充當調停人排難解紛，為維護這些地區的和平與穩定發揮了重要作用。至今東南亞一些地方還把鄭和當成神來供奉，綿延數百年香火不絕。從這裡也可以看出，鄭和下西洋的目的與過去西方海權國家以營利和佔領為目的開闢遠洋航路是截然不同的。

由於明成祖本人並不主張發展海外貿易，所以鄭和使團在海外的一些以物易物的交換活動只是附帶進行的。這種交換活動只是作為與海外諸國發展友好關係的一種手段，而所換回的多是供宮廷享用的異域珍寶，它與營利性的海外貿易是有本質上的區別，但卻給明朝政府造成了巨大負擔。所以在寶船最後一次航行後不久，明朝就停止了所有遠洋帆船的建造與修繕工作，違反禁令的商人和水手都被處死。這直接導致了在之後的一百年間，曾經舉世無雙的中國海上力量走向自我毀滅的道路，反而使倭寇在中國沿海一帶肆虐。

中國在對外大擴張時代之後，走進了絕對閉關自守的時期。十五世紀初，中國這個世界科技的領導者，很快地離開了世界發達國家的舞臺。與此同時，正在萌芽的國際貿易和剛開始的工業革命，卻把西方世界推向了現代。

05 浚通大運河，構建皇朝生命線

浚通大運河，構建皇朝的生命線，同樣是為了鞏固和加強統治。

在中國大地上，最浩大的工程大概莫過於長城和京杭大運河了。大運河的開鑿有兩個重要歷史時期，一是在隋代，一是在元代。隋代開鑿的大運河以洛陽為中心，由餘杭（杭州）至涿郡（北京）繞了一個很大的彎子。元代開通了濟州河、會通河、通惠河三段河道，使南北大致上取直了，不必再繞經洛陽。元代因運河水量不能很好地調節，所以浚通運河，但並未能發揮很大的作用。到了永樂年間才使得大運河真正暢通無阻，幾乎完全承擔起南糧北運的任務。

明代的大運河仍沿用元代的河道，全長三千餘里。其中由瓜州至淮安的一段稱南河，由清河至徐州的黃河運道為中河（當時的黃河不是像今天的水道流入渤海，而是奪淮流入黃海），由山東至天津的一段為北河。會通河由濟寧至臨清是大運河北段的主體。

元代開鑿這段河道時，岸狹水淺不負重載，所以沿運河輸往大都的糧食每年只不過三十萬石，遠遠滿足不了京師的需求，不得不主要依靠海運。明朝初年，遼東、北平的糧餉也主要由海運供應。洪武二十四年（一三九一年），黃河於原武決口，會通河遂基本淤塞。明成祖即位以後，國家的政治和軍事重心轉移到了北京，需要由南方運送大量糧食。永樂初年仍用河海兼運，但是河運和海運都很艱難。

永樂元年（一四〇三年），明成祖命陳瑄為總兵官總督海運，每年運糧四十九萬石濟北京和遼東。在海上大規模運糧，由於風大浪急常有沉船的事情發生，再加上當時有倭寇在海上騷擾，更增加了海運的困難。陳瑄在總督海運期間，就曾數次與倭寇遭遇。為了保證京師的供應，把京師和南方經濟中心有力地連接起來，浚通大運河就提上了日程。

永樂九年（一四一一年）二月，朱棣命工部尚書宋禮督辦浚通會通河一事。宋禮帶領三十萬民工開始了治理會通河的工程。他首先疏浚了淤塞地段，並針對原來「岸狹水淺，不負重載」的情況對全河普遍拓寬，將原來的河床又加深三尺。同時，宋禮封閉了元代所修埋城壩的斗門，切斷汶水入洸的通路，另在東平州的戴村修築了橫亙五里的長壩，使汶水沿新開的九十里新河盡入會通河。水流至南旺後，中分為二道，十之六往北流，經臨清入衛河；十之四往南流，接徐、沛入淮河。因南旺地勢高，故有「水脊」之稱，可以南北皆注。這時又出現一個新問題，即隨季節性變化而引起漕河水位大幅度升降會影響漕運。為解決這一問題，宋禮又在南旺的南、北兩方向上相勢築閘以及時蓄水和洩水。水少時，閉閘蓄水以保漕運；水多時，開閘放水以利行舟。由南旺水脊到臨清，地勢下降九十尺，設閘十七處；由南旺水脊到南邊的沽頭（魚台縣南），地勢下降一百一十六尺，設閘二十一處，以解決從南旺到徐州的「七十二淺」

問題。

汶、泗諸水是會通河的水源，但夏秋季水量大，春冬季水量小，如不設法調節也不能保證漕運的通暢。當時運河沿岸有些低窪地有季節性存水，例如今天山東的南四湖，那時還是個季節湖，當地老百姓還時而墾種湖中的土地。宋禮向朱棣建議把這些窪地收歸國有，專門用來儲水保運。於是宋禮就沿運河設置了四大「水櫃」，即今天所習稱的水庫，水櫃修有閘門和堤壩。夏秋水量大時，將運河水放入湖中儲存起來；春冬水量小時，則開閘洩湖水入運河。這樣就可有效地調節和控制了運河水量，從根本上解決了河水淺阻問題。自永樂以後，明清兩代的會通河一直保持暢通，這與水櫃的調節作用是分不開的。

在治理運河的同時，如不解決黃河決口氾濫的問題，會通河仍然存在隨時被黃河水沖淤的危險。黃河一旦有大的決口，整個會通河的疏浚工程就會毀於一旦。

當時，黃河仍保持著洪武二十四年（一三九一年）改道後的狀況：黃河主流由開封北往東南流，經陳州、太和等地於壽州的正陽鎮入淮河，一支主要的支流經東平入海，會通河橫穿這條支流而過。黃河水大時，可裹挾會通河的水入海，也會倒灌運河淤塞河道，這對運河的漕運是個嚴重威脅。為此，工部侍郎張信等人向明成祖建議，治理黃河以使黃河不危害漕運。因當時宋禮正督治會通河，明成祖便「命禮兼董之」，於是發河南丁夫十萬人對黃河進行較大規模的治理。

宋禮治黃的方針主要是以保運為主。他一方面疏浚了河南封丘至山東魚台的黃河故道，使黃河水安穩地流入運河中段。如此一來，既分隔了黃河水勢，又解決了運河中段的缺水問題。另一方面，宋禮在荊隆口築壩設閘，以節制流經東平的河水。冬季會通河水小，則開閘引黃河水入會通河濟運；夏秋黃河水大、泥沙多，則閉閘斷水。這樣，既減輕了黃河水勢，減少了黃河決堤的危險，也保證了會通河的安全，收到了黃、運兼治的效果。

經宋禮對會通河治理後，使運河每年的漕運能力提高到四百萬石，但是淮南的河道上仍存在著很多問題。當時由陳瑄督管漕運，熟悉運河全線情況，經實地勘察後，於永樂十三年（一四一五年）春天就開始了開鑿清江浦的工程。沿宋代喬維岳所開舊沙河，鑿清江浦河道，由淮安城西的管家湖導水，至鴨陳口入淮。陳瑄還築閘四處，分別叫移風、清江、福興、新莊。清江閘位於淮水與運河的交會口上，當黃河水漲時就關閉清江閘。同年五月，工程竣工。從此以後，江南來的漕船可以直接到淮安，既免除了陸運過壩之苦，又減少了許多風險。

除此之外，因呂梁洪險惡，陳瑄於西邊另鑿一渠，置閘兩處，蓄水通漕。又在沛縣的刁陽湖和濟寧的南旺湖築長堤，在泰州開白塔河通大江，在高郵築湖堤，在堤內鑿渠四十里，以「避風濤之險」。自淮安至臨清，陳瑄又相水勢置閘四十七處，沿運河置倉以便轉輸。

陳瑄考慮到漕船有時擱淺的問題，自淮安至通州置舍五百六十八處，每舍安置一定數量的士卒，負責導航避免擱淺。陳瑄又沿運河植樹鑿井以方便行人，其規劃十分縝密。從此以後，南北大運河才實現了真正的暢通無阻，海運和陸運就都停止不用了。

從此，作為政治中心的北京和作為經濟中心的江南通過這條大運河緊密地聯繫在一起，南方的糧食沿著大運河絡繹不絕地運往北方，解決了當時國家急迫的漕運問題。漕船由長江北岸的瓜州可直達通州，使漕運的運輸量越來越大，「初運二百萬石，浸至五百萬石，國用以饒。」因此，大運河幾乎成了明王朝的生命線，受到朱王朝高度的重視和嚴密的保護。明清兩代，大運河一直是中國南北交通的大動脈。

06 防邊患，遷都北京

唐朝和宋朝的遷都都是被迫的，而朱棣的遷都卻是主動的。朱棣的遷都有利於鞏固和加強朱氏家族的統治。

朱棣剛繼位的時候，定鼎金陵（南京）。隨著元朝殘餘勢力退至漠北，長江岸邊的金陵就顯得離重要的北部邊陲過於遙遠。永樂元年（一四〇三年），禮部尚書建議把北平改為北京，並遷都北京。朱棣認為天子居北正是居重馭輕，可以加強北部邊防，於是採納了這個建議。但他也知道遷都是一件關乎國家興亡的重大事項，必須審慎行事。

他首先為北平正名，下令改北平為北京，升為陪都，稱作行在。同時，改北平府為順天府。

接著，他又千方百計地提升北京的經濟地位。他深知北京雖然地理位置極端重要，而且是元朝的大都，但是在經濟上卻遠不及江南和金陵發達，因此他想方設法地使北京繁榮起來。於是下令向北京附近大規模地移民屯田，五年之內減免賦稅，就連一些軍士也被放歸北京鄉里種田。甚至還下令組織流民、釋放囚徒，安置在北京周邊地區種田。同時又把大批工匠遷往北京，給這些民戶更多的優惠政策，如詔免稅糧、賑濟優厚等，如此一來就在北京市內形成了工商業。經過幾年的苦心經營，北京逐漸發展繁榮起來，初步具備了大都市的規模，可以和金陵相媲美了。

永樂四年（一四〇六年），明成祖下令於次年六月正式營建北京皇宮正殿。特派大臣到各有關行省採集巨木，又命大臣陳珪主持北京宮殿及北京城市的整個設計營建工程，此後正式啟動的營建工程就一直進行從未中斷過。

說到北京城的建設，這裡順便提一下其中天安門的設計者。設計天安門的人是明初的大建築師蒯祥，他生於洪武末年，出身於工匠世家。他的父親就是一個技藝高超的木工，善於設計和建築寺廟廳堂。蒯祥家學淵源，深受父親的影響，年紀輕輕就已經在當地小有名氣，尤其精於建築結構的設計和製圖。正巧這時成祖為了興建新的都城在全國徵集能工巧匠到北京效力，蒯祥就在應召之列，跟隨著成祖來到了北京。

在工作過程中蒯祥的才華很快地顯露出來，雖然他還不到二十歲，但因為手藝出眾，而且設計製圖信手拈來，不知不覺地就成為了夥伴中的佼佼者。這種情況很快地被反映到當時主持北京城建設的工部官員宋禮那裡，宋禮馬上召見了這位年輕的工匠。經過深談，宋禮從心裡稱讚這個年輕人頭腦靈活、極富創造力，覺得他可堪重任，於是交給他一個重要的任務，就是設計皇城的正門。蒯祥果然不負眾望，很快就拿出了一整套建築結構設計圖和周密的施工方案。宋禮看後很高興，立即命人把設計方案送給成祖過目。朱棣看過設計圖後也非常滿意，很快地就拍板決定採用這個方案，並且下令立即動工。對於蒯祥這個沒有見過面的設計者，皇帝也封了一個工部的官職給他。

天安門最早並不是叫這個名字，而是按照中國古代傳統的命名方式取名「承天之門」。直到清朝初年對其進行大規模維修時才改名為「天安之門」，後來就簡稱為「天安門」了，並且一直被沿用到現在。

天安門位於北京城的中軸線上，是皇城對外的第一道大門。它是座傳統的宮殿式建築，最初的建築結構只有一層，下面是用磚砌成的高大城臺，城臺上是九開間的重簷歇山式宮殿建築，整個都是木製的，靠一根大樑支撐著整個建築物。城臺前還立有華表和石獅，美麗的金水河從城樓前橫亙而過，上面建了五座精巧華麗的漢白玉石橋，與城臺的五扇大門一一相對。宏偉和華麗相結合，沉穩與精緻相並行，體現了皇家「九五至尊」的高不可攀和神秘氣質。後來，這座原本被稱為「承天之門」的城樓於明英宗在位時被雷擊燒毀了。幾年之後，蒯祥再次受命重修城樓。這一次，他在原有的建築基礎上又改進設計方案，把原來一層式宮殿建築改為兩層，更加突顯了它恢宏雄偉的皇家氣派。

此後，天安門又經過多次翻修，不過基本上都沿用了原來的設計結構。近代，人們給天安門周圍修建了紅色的高大圍牆，改進了一些細微的裝飾圖，但仍然保持了天安門的原始風貌。

天安門的設計者蒯祥因為在修建北京城的過程中表現突出，很快就升任工部侍郎，位列正三品，卻拿一品的俸祿，可以說受到了無盡的榮寵。

永樂十八年（一四二〇年），北京的宮殿終於建成，明成祖下令遷都北京。經過十八年的曲曲折折，明成祖終於了卻自己多年的宿願，完成了遷都這一盛舉。

明成祖遷都北京這一重大舉措，最終奠定了北京在中國都城歷史上承上啟下的巨大作用。明成祖朱棣遷都北京，對整個明代政權的鞏固、邊境的安全、社會經濟及文化的發展，甚至對中國多民族的融合都產生了重大且深遠的影響。

第一，朱棣遷都北京，順應了「靖難之役」後軍事、政治形勢的變化，符合歷史的發展趨勢，加強了明廷對北方邊疆的統治。

在封建時代的社會歷史背景下，皇權乃是一切權力的中心，國都更是皇權的集中表現。歷史上每一個帝王之都城幾乎無一例外成為當時一國的政治、軍事和經濟的中心。明廷把都城定在北京，就從客觀上迫使其「傾全國之力，保一邑之平安」，從而也就達到了保證北方疆域安全的目的。明成祖三次親征漠北，以及奴兒干都司和哈密七衛的建立，就是對該問題的最好說明。如果根據當時形勢，明廷的都城不定在北京，那麼很可能會再次重演宋朝的歷史悲劇。所以當時的朝鮮史籍也認為，明成祖遷都北京是一項關乎社稷的「固國之策」。

第二，朱棣遷都北京，在經濟上有力地促進了北方地區的發展。北京當時的地理位置，正處於發達的中原農業文明經濟區與相對落後的塞北高原游牧民族經濟區的結合點上。國都的北遷，刺激了明朝統治者採取一系列發展經濟的措施，以保障其政權的穩定和軍事行動的需求。例如，從中原和南方各省遷移大量人口充實北京，疏浚通濟河、通惠河、昌平河、渾河等河道，加強運輸糧食的能力，開拓北京通向全國各地的驛路等。這些措施就使得中原和南方比較先進的農業耕作技術和先進的手工業技術迅速傳到北方，促進了北方經濟的發展。同時，由於人口的增長對土地的需求也同樣相應增長，這樣就大大增強了對北京周邊地區荒地的墾殖，從而也就增加了明廷土地的數量和稅賦的收入。經濟上的發展，更進一步增強了明廷的軍事實力，保證了國家邊防的安全和政權的鞏固。

第三，朱棣遷都北京，使北京不僅在當時逐漸成為明代的政治、軍事中心，而且也逐漸成了中國的文化中心。明代統治者為了政治上的需要，國子監、翰林院這些文化機構應運而生，會試、殿試更使儒生奇士雲集、賢人會聚，各種文化活動皆彙集於此。北京遂成為全國的文化中心，並逐漸傳播到四邊，這樣就提高了整個北方地區的文化發展水準，加速了中華文化在北方地區的廣泛傳播。

07 設東廠，重用宦官

東廠設立於永樂十八年（一四二〇年），是一個緝捕「叛逆」的特務機關，起初直接受明成祖指揮，後來統轄權轉移到宦官手裡。東廠的「錦衣官校」（特務人員）偵察訪緝的範圍非常廣泛，上自官府，下至民間，到處都有他們的蹤跡。他們一旦得到消息就會立即密報皇帝，因此事無大小皇帝都會知道，在東廠的堂上還掛著「朝廷心腹」的大匾。

在發動「靖難之役」奪取了侄子的皇位後，朱棣的精神一直處在高度緊張中，一方面建文帝未死的流言不時出現，另一方面朝廷中的很多大臣對新政權並不是心甘情願地支持。為了鞏固政權，朱棣迫切需要一個強有力的專制機構，但他覺得設在宮外的錦衣衛使用起來並不方便，於是決定建立一個新的機構。在朱棣起兵的過程中，一些宦官和和尚曾出過大力（鄭和、道衍），所以在他心目中覺得宦官還是比較可靠，而且他們身處皇宮聯繫起來也比較方便。

在明成祖遷都北京後，建立了一個由宦官掌領的偵緝機構，由於其位址在東安門北側（今北京王府井大街北部東廠胡同），因此被命名為東廠。東廠的職能是「訪謀逆妖言大奸惡等，與錦衣衛均權勢」，起初東廠只負責偵緝、抓人，並沒有審訊犯人的權力，抓住的嫌疑犯要交給錦衣衛北鎮撫司審理，但到了明末東廠也有了自己的監獄。東廠的首領稱為東廠掌印太監，也稱廠主和廠督，是宦官中僅次於司禮監掌印太監的第二號人物。除此以外，東廠中設千戶一名，百戶一名，掌班、領班、司房若干。具體負責偵緝工作的是役長和番役，役長相當於小隊長，也稱檔頭，番役就是我們俗稱的番子。

東廠的偵緝範圍非常廣，朝廷會審大案、錦衣衛北鎮撫司拷問重犯，東廠都要派人聽審；朝廷的各個衙門都有東廠人員坐班，監視官員們的一舉一動；一些重要衙門的文件，如兵部的各種邊報、塘報，東廠都要派人查看，甚至連普通老百姓的日常生活、柴米油鹽的價格也在東廠的偵察範圍之內。東廠獲得的情報可以直接向皇帝報告，相比錦衣衛必須採用奏章的形式進行彙報要方便得多。東廠番子每天在京城大街小巷裡面活動，並非完全是在為朝廷辦事，更多的是為自己謀私利。他們常常羅織罪名誣賴良民，之後就屈打成招趁機敲詐勒索。到了明朝的中後期，東廠的偵緝範圍甚至擴大到了全國，連遠州僻壤也出現了「鮮衣怒馬作京師語者」，搞得舉國上下人心自危。由於東廠廠主與皇帝的關係密切，又身處皇宮大內，更容易得到皇帝的信任，東廠和錦衣衛的關係逐漸由平級變成了上下級關係。在宦官權傾朝野的年代，錦衣衛指揮使見了東廠廠主甚至都要下跪叩頭。

綜觀明朝一代，朱家人對特務機構可謂是情有獨鍾。朱家皇帝們利用手中的特務機構監聽天下，為自己的利益服務。然而這些特務機構仗權胡為，讓這個世界增添了許多冤魂，嚴重破壞著皇朝統治的秩序，成為王朝身上的一顆毒瘤腐蝕著朱家的統治。

08 五出漠北，維護北部邊境安寧

不管是為了維護北部邊境的安寧，還是為了傳國玉璽，朱棣五出漠北都是為了鞏固和加強朱氏家族的統治。

朱棣雖是以非傳統方式登上御座的皇帝，但他的確是一位治國安邦的好手。當他雄心勃勃地從朱允炆手中奪過大明江山的時候，所面臨的不僅是前朝舊臣的激烈反抗，還要對明朝周邊少數民族的侵擾做出及時而恰如其分的反應，以通好和防禦兩種策略鞏固和發展了大明朝多民族國家的統一事業。

自古以來就居住在白山黑水之間的女真族，是一個古老的民族，是滿族人民的祖先。在秦代以前，女真叫肅慎，隋唐時又叫靺鞨，遼代後始稱女真。朱棣繼位後，於永樂元年即派邢樞等使臣前往奴兒干地區詔諭。女真各部的首領相繼歸附，甚至連一些元朝故臣也入京進貢馬匹，朱棣下令在開原設立馬市，同海西、建州兩部進行交易。同時，還發給女真酋長許可證，每年都可到指定的地點做買賣。對於前來參加馬市貿易的女真族首領，朱棣還命當地官員賞以酒席以資鼓勵，因此女真族在整個永樂朝都按時入貢，奉職唯謹。明朝有所徵調，每調必赴。各族人民都能和睦相處，友好往來。

後來，朱棣繼父親在遼陽建立了遼東都指揮使司後，又下令設立了奴兒干都指揮使司，在當地先後設置了三百七十衛、二十所，任命當地部族酋長擔任衛所官員，且代代承襲。建州衛指揮阿哈出還以軍功被朱棣賜姓名李思誠，其兄弟子侄也一個個都當上了明朝的官。

為了便利運輸軍需、貢賦物品和傳遞公文，朱棣下令在元代驛站的基礎上擴建、新建了許多驛站，延長或新闢線路。當時從遼東通往東北各地區有六條交通幹線，形成了四通八達的交通網。

奴兒干都司設置後，宦官亦失哈等人曾多次奉命到此地，對當地的少數民族進行宣諭撫慰。永樂十一年（一四一三年），當亦失哈第三次到奴兒干時，在都司城的西南、黑龍江河口對岸的山上建永寧寺，記述設置奴兒干都司的經過和亦失哈等屢次宣諭安撫其地的情況。它記載了中國各族人民共同開發黑龍江、烏蘇里江流域的光輝業績。

儘管朱棣在發展大明和周邊各民族關係中做出了積極而傑出的貢獻，但真正展示朱棣雄才大略的是他五次遠征漠北的戰績。

元順帝逃往漠北以後，於洪武三年（一三七〇年）死於應昌（今內蒙古多倫縣東北）。春去秋來，幾代逝去，蒙古貴族內部逐步分裂成韃靼、瓦剌和兀良哈三部，其中韃靼部最為強盛。三部之間經常發生戰爭，更時常南下侵擾明朝邊境。朱棣仍然採取朱元璋「威德兼施」的政策，一面與之修好，封各部落酋長為王，賜予金銀、布帛、糧食等物品；另一方面積極防禦，從嘉峪關起沿著長城進入遼東至鴨綠江一線，先後建立了九個邊防重鎮，即所謂九邊。這九個軍事要塞都配有精銳軍隊，以抵禦蒙古貴族的南下侵擾。

永樂七年（一四〇九年）四月，朱棣遣都督指揮金塔卜歹、給事中郭驥帶著大量絹幣前往蒙古各部招安。其中，瓦剌接受招安，朱棣敕封其首領馬哈木、太平、把禿孛羅為順寧王、賢義王和安樂王。而韃靼可汗本雅失里，不僅拒不歸附，還殺了使臣郭驥並發兵進攻明朝邊境。

朱棣聞訊後即授淇國公邱福為征虜大將軍，統兵十萬北征韃靼。臨行前，朱棣叮囑邱福：「毋失機，毋輕犯，毋為所殆。一舉為捷，俟再舉，爾等甚之。」但邱福卻有負眾望，輕敵妄進，全軍覆沒於臚朐河（今蒙古人民共和國境內的克魯倫河）。噩訊傳到京師後朱棣怒不可遏，追奪邱福的封爵，以書諭皇太子監國，決意立即選練兵馬，來春親征。

永樂八年（一四一〇年）春，朱棣率領武將文官，督師五十萬出塞。命戶部尚書夏元吉留守北京、接運軍餉。五月，人馬行至臚朐河，本雅失里不敢接戰，北逃斡難河。朱棣揮師追殺，兩軍大戰於斡難河畔，朱棣率軍衝鋒掩殺，大敗敵眾。本雅失里丟棄輜重牲畜，只帶著七騎渡河逃走。

朱棣首次北征韃靼告捷後，又先後於永樂十二年（一四一四年）、二十年（一四二二年）、二十一年（一四二三年），三次親征漠北。朱棣數次發動對蒙古貴族的征戰，一方面有效地防禦和打擊了他們的侵擾，但也確實耗費了大量的人財物力。第三次出征，僅運輸糧草這一項，就用驢三十四萬匹，車十七萬七千五百輛，民夫二十三萬五千多人，計運糧三萬七千石。戶部尚書夏元吉、兵部尚書方賓等廷臣力諫罷兵、休養兵民、嚴敕邊將守備，但朱棣不聽，並且把反對北征的朝臣逮捕入獄，有的甚至迫害致死。朱棣在力排眾議的情勢下，於永樂二十二年（一四二四年），又發動了第五次親征阿魯台的戰爭。

征伐大軍在漫漫荒漠中日夜兼程，但放眼百里不見敵人的蹤影。後來又根據聞報多次撲空，將士疲憊死傷，勞而無功。朱棣方知邊報不實，心裡不免悵然。因軍糧將盡不敢久留，只好下令班師回京。大軍行至一處叫清水源的地方，朱棣見路旁有一石崖陡峭數十丈，便命大學士楊榮、金幼孜刻石記功。刻石記功後，朱棣突感身體稍有不適，幾日之後病情猛然加重。永樂二十二年（一四二四年）七月下旬，朱棣率師達到榆木川（今內蒙古烏珠穆沁附近）時已是氣息奄奄。他知道自己再不能親理朝政了，便召英國公張輔入內囑咐後命：傳位皇太子朱高熾，喪禮一律照父親朱元璋的遺制辦理。言畢，即與世長辭。

在中國歷史上，封建帝王率兵親征的情況時有所見，但沒有哪個帝王像明成祖接二連三地大規模親征。尤其是後三次，幾乎是馬不停蹄地連續親征，儘管這三次親征基本上都是無功而返。經過前兩次親征的打擊，韃靼和瓦剌都已無力大舉進犯，並不存在對明王朝的現實威脅，因此當時有許多大臣反對出兵。特別是安南戰事尚未完全平息，國內又屢興大工致使財力緊張，但明成祖仍固執己見。這不能不使人想到，其中當有更深層的原因。那麼到底是哪些因素促使明成祖連續出師呢？

一些學者認為，明成祖連續親征有三個非常隱秘的原因：

首先，明成祖從青年時起就與蒙古勢力周旋，幾乎是無往而不勝，並且頭兩次親征又是凱歌高奏。這種經歷使他對金戈鐵馬的戎馬生涯有了一種特殊的感情，這種揮師拼殺的生活比宮廷生活更充實、更刺激。實際上，他平時很少住在京師，而是大都住在稱作行宮的北京，遷都北京後又經常率師在外。這自然使人想到，他並不喜歡那索然乏味的宮廷生活，而願意盡情地到蒙古大草原上去馳騁。

其次，這也與明成祖的生理缺陷有微妙的關係。據朝鮮《李朝實錄》載，一個宮人和宦官私通被明成祖處死。這個宮人罵明成祖道：你自己年老陽衰，宮人與小宦官相好，有什麼罪過！這種內容在《明實錄》中是絕對見不到的。《李朝實錄》的這條記載透露了明成祖晚年體弱，雖難以斷言其性能力完全消失，但至少是極大的衰弱。這一點，聯繫到明成祖子女的情況就可以看得更清楚。明成祖有四個兒子（其中一子早死）、五個女兒，都是在他當燕王時生的。即位後，儘管後宮嬪妃成群卻沒有再生子女。由此可以看出，朝鮮《李朝實錄》中的記載還是可信的，生理的缺陷對人的心理是會產生影響的，所以他不願意生活在被嬪妃包圍的宮廷中，而寧願率兵在外。

再次，明成祖連年北征，也和他想得到傳國玉璽的心理有一定的關係。所謂傳國玉璽，相傳是中國古代皇帝的信物，由和氏璧雕成。西元前二二一年，秦始皇滅六國統一中原後獲得和氏璧，於是將其琢為傳國玉璽，命李斯丞相在和氏璧上刻了「受命於天，既壽永昌」八個篆字。秦二世死後，由子嬰把傳國玉璽獻給了漢高祖劉邦，授之為「漢傳國玉璽」。東漢末年各路諸侯討伐董卓時，率先攻入洛陽城的孫堅在井中得一宮女之屍，身上有一紅色盒子，匣中之物正是傳國玉璽。袁術稱帝失敗後，玉璽歸屬曹操。

之後，經過魏、西晉、前趙、東晉、宋、南齊、梁、北齊、周、隋，傳到唐朝，至五代後唐末帝李從珂自焚之時玉璽便失蹤了。後晉皇帝石敬瑭入洛陽後又另製一璽。後晉滅亡，此璽落入遼主之手，遼王耶律延禧將其遺於桑乾河上，元世祖時有人漁而得之，獻給元世祖。元朝皇室曾有玉璽的記錄，也有人說傳國玉璽是在元順帝手上再度失蹤的。明軍攻入元大都，「俘獲諸王子六人，玉璽兩枚，元成宗玉璽一枚，元朝共十一個皇帝，其他皇帝玉璽均沒有繳獲。」據《二十五史綱鑑》載：西元一三七〇年五月，明軍橫掃漠北直搗應昌之時，繳獲元順帝出逃所帶到漠北的一批珠寶。其中既沒有元朝諸帝的玉璽也沒有傳國玉璽。由於傳國玉璽下落不明，明、清兩朝均沒有傳國玉璽，因此明太祖朱元璋有三件憾事，其中首件就是「少傳國之玉璽」。

明太祖朱元璋在世時就接連對蒙古諸部用兵，其中也有想得到傳國玉璽的動機。洪武二十一年（一三八八年），解縉上萬言書，就有「何必興師以取寶為名」的話。如無此事，解縉絕不敢妄加評說。洪武二十五年（一三九二年）十月，太學生周敬心上書，對此說得更清楚：「臣又聞陛下連年遠征，北出沙漠，臣民萬口一詞，為恥不得傳國璽，欲取之耳。」

朱元璋因恥於未得到傳國玉璽而數度對蒙古用兵，朱棣欲得到傳國玉璽的心理更為焦急。

因為朱棣的皇位是從侄兒建文帝手中奪來的，被正統的封建士大夫視為「篡逆」，這一直是他的一大心病，朱棣的許多重大舉措都是為了改變這一形象。如果他能通過北征而得到這方傳國玉璽，這無疑會提高他天命所歸的天子形象。儘管朱棣口頭上說「帝王之寶在德不在此」，但他內心卻是十分想得到的，這與他連續北征有著隱秘的聯繫。

總之，朱棣五征漠北確實有力地抵禦了蒙古諸部的侵擾，在一定時期內維護了北部邊境的安寧。這在頭兩次親征中表現得最為突出，北邊韃靼和瓦剌的兵力經這兩次打擊受到極大打擊，兩部在相當長的時期內都無力對中原大舉進犯。但是連續大規模地勞師遠征耗費驚人，對人力、物力造成極大的損失，從征將士動輒五十餘萬，再加上運糧餉的民夫、車輛、牲畜和後勤補給，每次北征都要牽動全國。這對全國人民是一種何等繁重的負擔，對全國的經濟生活造成了極大的影響，加深了人民的苦難。

第四章　短命之君　仁宗朱高熾

朱高熾（一三七八——一四二五年），永樂皇帝長子，明朝第四位皇帝。永樂二年（一四〇四年）被冊立為皇太子，永樂二十二年（一四二四年）登基，次年改年號為洪熙。他的政策為後世之君守成豐業準備了條件，是位承上啟下的皇帝。但他從政不到一年，於洪熙元年（一四二五年）五月死於欽安殿。廟號仁宗。葬北京昌平獻陵。

01 兄弟相爭，曲折登基

皇位雖然是世襲的，但是玄武門之變卻留下後遺症，使皇位的繼承有時充滿了血腥味。

明仁宗朱高熾生於洪武十一年（一三七八年），幼年即讀儒家經書，生性仁厚儒雅、沉靜好文、言行識度，很早就知儒家治國之道，以聰慧仁德著稱，深受祖父朱元璋的寵愛。

據說，朱元璋曾讓秦王、晉王、燕王的嫡子同時進京要考察一番。朱元璋讓他們去檢閱部隊，只有朱高熾回來晚了。問他原因，朱高熾說因為天氣很寒冷想等軍士們吃完飯再檢閱，所以回來遲了。朱元璋很高興，誇獎說：「小子知道恤下了！」又有一次，朱高熾奉命批答奏章，批好後呈報給朱元璋，朱元璋發現奏章裡有一些錯別字和一些小毛病沒有改過來，就問朱高熾是不是沒有看到。朱高熾回答說：「孫臣以為小過不足以上瀆天聽。」朱元璋大喜，接著又問他堯舜時老百姓遇到水旱災害怎麼辦？朱高熾說要「恃聖人有恤民之政」，朱元璋很高興地說：「小子異日不可量也。」

美中不足的是朱高熾身體肥胖行動不便，總要兩個內侍攙扶才能行動，而且也總是跌跌撞撞，因此一生嗜武的成祖並不喜歡這個兒子，甚至可以說朱高熾一直沒有贏得過他的歡心。朱棣起兵靖難時，因為朱高熾身體肥胖不便隨軍作戰，朱棣就命他留守北京。雖然朱高熾生性仁厚但不懦弱，他奉命居守北平期間團結部下以萬人之軍成功地阻擋了建文帝大將李景隆的五萬大軍，保住了北京城。這一戰役對整個靖難具有極重要的意義，也是朱高熾在靖難中最耀眼的一筆。雖然當時上有母親徐氏，下有姚廣孝、顧成等人相助，但僅以萬人堅守孤城實屬不易，可見他絕非庸懦之輩。

在此期間，建文帝曾遣書信給朱高熾許以封王，爭取朱高熾歸順朝廷。但朱高熾仁孝如一，接到書信之後看也不看，忙派人把建文帝的詔書和詔使一起原封不動地送到朱棣面前，才免卻了父子相殘的悲劇，建文帝的反間計終告失敗。

儘管朱高熾以仁厚儒雅獲得了極好的名聲，但是他的日子並不好過，尤其是在通往皇位的路程上更是坎坷。靖難成功之後朱棣登上了皇位，但在立皇太子的問題上出現了猶豫：朱高熾仁愛、儒雅，深得文臣們的擁戴，而且他是朱元璋親自為朱棣選擇的燕世子，是皇位的合法繼承人，這一點是非常重要的；而皇二子朱高煦英俊武勇，性格頗像朱棣，在靖難中曾立下大功，朱棣登基後也曾親自許諾將皇位傳給他。就朱棣本人來講，希望立朱高煦為太子，因為他覺得朱高熾太過於仁弱，將來會遭人脅迫。而朱高煦在靖難之役中幾次冒死救護朱棣，朱棣當時很感動，對他說：「世子多病，勉之！」公開許諾要將皇位傳給他。朱高煦在軍中威望很高，淇國公丘福等高級將領也都擁護他，可是這個老二卻不討朱元璋的喜歡，朱元璋總說這個孫子將來要惹事。等到朱棣即位以後，朱高煦要求兌現承諾，朱棣徵求大臣、親信的意見。隆平侯張信是朱棣的救命恩人，朱棣叫他「恩張」，朱棣問他能不能換了太子，張信說這是天理人倫，能隨便更改嗎？氣得朱棣一劍砍掉了張信的兩顆門牙。朱棣最信任的大臣道衍和尚、兵部尚書金忠、楊士奇、楊榮、金幼孜等都不同意，朱棣勉強答應過一陣子再說。

朱棣登基後沒有立即冊立太子，對此朝臣多有覺察，於是紛紛上言請求建儲。不少勳臣貴戚都支持立朱高煦為太子，理由不外是「靖難有功」。文臣則大都支持朱高熾，代表人物是兵部尚書金忠和內閣學士解縉。金忠在朱棣面前列舉歷代立嫡的故事，勸他冊立嫡長子朱高熾。朱棣問解縉，解縉說：「皇長子仁孝，天下歸心。」朱棣聽罷低頭不語，解縉知道朱棣平素最喜愛長孫朱瞻基，於是頓首道：「好聖孫。」朱棣終於點了點頭。實際上這些文臣們所堅持的不僅是立嫡長的舊制，更重要的還是對皇帝的選擇，他們渴望一個像朱高熾那樣「好學問，從儒臣講論不輟」的仁君。

也許是文臣們不失時機地支持朱高熾起到了一定作用，也許是迫於明朝的內閣制度以及封建社會長幼有序的傳統壓力，更重要的是朱高熾作為燕世子其間確實沒有什麼重大錯誤，廢之無名，而且朱高熾的長子朱瞻基敏慧異常深得朱棣的喜愛。朱棣最終於永樂二年（一四〇四年）四月初四正式冊立朱高熾為太子。同一天，次子朱高煦、三子朱高燧被封為漢王和趙王。

然而，皇位之爭卻並沒有因為太子之位的確定而平息下來，朱高熾的兩個弟弟並不安分，反而變本加厲地陷害朱高熾。

高煦和高燧當太子的夢想破滅後，心中十分惱火，並不甘心就此失敗。高煦一方面迫害擁戴皇太子的大臣解縉等人，解縉不久就被害致死；另一方面，則想方設法尋找機會要加害朱高熾。朱棣把高煦封到雲南，他以地遠為由不肯就藩，後改封山東青州仍賴著不走。朱棣訓斥了他一頓，命他必須到封地去，他假意應允卻仍不離京，還趁朱棣北征之機私造兵器，招募士卒三千多人準備謀反。事情敗露後，朱棣將他囚於南京的西華門內打算廢為庶人，當時竟沒有一個大臣為他求情，反而是受盡了弟弟陷害的皇太子朱高熾出面講情。朱高熾不但不落井下石，而是向父親陳情力救，終於說服了父親保住了胞弟的王位。永樂五年（一四〇七年），朱棣把朱高煦封往山東的樂安州，並限令即日啟程。

皇二子高煦被封往山東以後，在朱棣心裡皇太子朱高熾的地位雖然已鞏固，但三子高燧仍不死心。朱棣經常因有病不能臨朝，內外政事都交與皇太子朱高熾來處理，這使朱高燧及其同夥更加心懷不滿，不但編造皇上有意傳位給朱高燧的謠言，還暗地裡策劃了一場宮廷政變。永樂二十一年（一四二三年）五月，常山中護衛指揮孟賢糾合羽林前衛指揮彭旭等人，秘密地串通朱高燧的心腹太監黃儼，圖謀用毒藥害死朱棣並偽造詔書昭示天下，擁立朱高燧為帝。

一切都布置停妥，常山中護衛總旗王瑜（黃儼的外甥）得知此事後，力勸舅父切勿參與這起誅滅九族的勾當，但黃儼不聽勸阻。王瑜急速報知朱棣，參與的人全部被處死，一場政變被徹底鎮壓下去，並搜出了偽造的詔書。朱棣怒氣沖沖地質問朱高燧，朱高燧嚇得渾身顫抖、不發一言。最後還是這位仁慈的兄長、皇太子朱高熾再次為三弟解脫，推說都是下面的人幹的與朱高燧無干，才保住了他的性命和王位。

永樂七年（一四〇九年）以後，成祖朱棣因北征和籌畫遷都常留北京，命太子朱高熾監國，處理國家日常政務，直至永樂十九年（一四二一年）才隨成祖到北京。監國時期的朱高熾，在父皇多疑、漢王朱高煦與趙王朱高燧的陷害中艱難度日。由於有楊士奇等大臣的大力協助，在處理日常政務及臣屬關係、皇家父子、兄弟關係諸方面都適宜無錯，再加上漢、趙二王奪嫡野心的暴露被朱棣貶斥，太子妃張氏和皇孫朱瞻基受到朱棣的寵信，使朱高熾度過了監國時期的危難。

十餘年的監國經歷，使朱高熾深切地認識到社會上存在的問題，提高了治國的能力，為登基後穩定統治秩序打下了良好的基礎。永樂二十二年（一四二四年）七月，朱棣死於北征歸途。做了二十年皇太子的朱高熾，當時已經四十七歲，在大學士楊士奇、楊榮、尚書蹇義等人的支持下繼位，次年改年號為洪熙。

02 在位一載，開盛世之先河

有志不在年高，有功不在於在位時間的長短。仁宗朱高熾在位雖然不足一年，但是在朱氏家族的統治歷史上起了重要的作用。

朱高熾登上皇位後針對朝政的弊病採取了一系列減輕民困、調整統治階級內部關係的措施，開始了他的一系列仁政改革。

「仁政」對於明初的士大夫來說，實在顯得有些陌生。自從明太祖朱元璋登基稱帝，施行的便是「剛猛之治」，那些將功臣宿將誅殺殆盡的冤獄大案，人們還記憶猶新。明太祖死後，建文帝朱允炆登基，這位近於懦弱的青年皇帝也曾想實施「仁政」，但卻被燕王朱棣發動戰爭奪了位。當朱棣從朱允炆手中奪得皇位之後，那些追求「仁政」的士大夫遭到了空前殘酷的迫害，恐怖政治代替了理想中的「仁政」。朱高熾幾乎親眼目睹了這一切，坎坷的經歷使他更加認識到了「仁政」的可貴，因而執政之後便從多方面進行改革。

首先，在政治上，赦免了建文帝時的舊臣和成祖時遭株連流放邊境的官員家屬，允許他們返回原籍。平反冤獄使得許多冤案得以昭雪，如建文朝忠臣方孝孺的冤案、永樂朝解縉的冤案都在這一時期得到昭雪，此外還恢復了一些大臣的官爵。選用賢臣、削汰冗官，任命楊榮、楊士奇、楊溥「三楊」輔政。修明綱紀，廢除古代的宮刑，對於流民一改往常的刑罰，採取妥善安置的做法。

其次，在經濟上，處處以唐太宗為楷模，下令停止寶船下西洋，停止了皇家的珠寶採辦以減輕百姓負擔。減免賦稅，對於受災的地區無償給以賑濟。開放一些山澤供農民漁獵。

另外，在思想上，崇尚儒學、褒獎忠孝，並善於納諫。他曾經給楊士奇等人一枚小印，鼓勵他們進諫，因此洪熙朝政治非常清明，朝臣可以各抒己見，皇帝可以擇善而行。在科舉制度上，為了保證北方人可以考中進士，規定了取中比例為「南六北四」，這一制度一直被沿用至清朝。

朱高熾即位後所推行的仁政，實質上就是一種寬鬆政治，這也正代表了當時文人士大夫的利益與追求，因此朱高熾的撥亂反正很受朝野擁戴。儘管朱高熾在位時間很短，但後人卻給予了很高的評價，稱其「在位一載，用人行政，善不勝書。使天假之年，涵濡休養，德化之盛，豈不與文、景比靈斯哉」。

03 暴卒身亡，死因成謎

位高權重導致許多古代帝王要麼死於非命，要麼被覬覦皇位的貴族所害。不管朱高熾死因如何，皇權並沒有旁落，仍然由朱氏家族所掌握著。

洪熙元年（一四二五年）五月，朱高熾暴卒，享年四十八歲，葬於獻陵。從登基到去世，朱高熾在位時間還不足十個月。去世前三天，他還在處理朝政，而從身體不適到「崩於欽安殿」，前後僅兩天時間，故明人黃景昉稱他「實無疾驟崩」。壯年天子登基未足一年而「無疾驟崩」，其中必有緣由。但《明仁宗實錄》《明史・仁宗紀》等都隻字不提其死因。究竟朱高熾是因何暴卒已成歷史之謎，多年來人們對此有下面兩種不同的看法：

一種觀點認為，朱高熾死於嗜欲過度。朱高熾的貪欲好色人所共知，大臣李時勉在他即位不久就曾上一奏疏，其中有勸他謹嗜欲之語。他覽奏後怒不可遏，當即令武士對李時勉動刑，李時勉險些因此喪命。直至垂危之際，他仍難忘此恨說「時勉廷辱我」。由此可見，朱高熾確實縱欲過度，李時勉奏疏觸及其痛處，否則不會如此耿耿於懷。宣宗朱瞻基即位後曾御審李時勉：「爾小臣敢觸先帝！疏何語，趣言之。」李時勉叩首答曰：「臣言諒闇中不宜近妃嬪，皇太子不宜遠左右。」朱瞻基歎息，稱李時勉「忠」，復其官職。

可見，朱瞻基對仁宗嗜欲之事也是一清二楚。朱高熾因縱欲過度而得不治之症，在明人陸釴《病逸漫記》中有記述：「仁宗皇帝駕崩甚速，疑為雷震，又疑宮人欲毒張后，誤中上。予嘗遇雷太監，質之，云皆不然，蓋陰症也。」「陰症」之說出自朱高熾時一太監之口，應當有一定可信度。限於當時的醫療水準，治療此等「陰症」恐無特效良藥，這使一些奸佞之徒有機可乘。對此，《明史・羅汝敬傳》中曾有記載，「……先皇帝（仁宗）嗣統未及期月……獻金石之方以致疾也。」由此看來，導致他死亡的直接原因，可能是服用治「陰症」的金石之方而中毒不治。

另一種觀點認為，朱高熾是被其長子朱瞻基，即繼他之後登基的宣宗害死的。朱高熾生性溫厚懦弱、嗜欲享樂，朱棣生前對他大為不滿，只因禮教和祖訓的關係才立他為太子，但朱棣一直有廢朱高熾儲位之心。

朱高熾長子朱瞻基剛好與其父相反，善騎射、諳武事、熱衷權力、工於計謀，深得祖父朱棣賞識。朱高熾即位後，雖立朱瞻基為太子，但已察覺他非安分之輩，故屢次勸誡於他。可是朱瞻基仍迫不及待地為自己早日登位籌謀。洪熙元年（一四二五年）三月，朱高熾命朱瞻基南行祭陵（**鳳陽的皇陵與南京的孝陵**），朱瞻基於四月十四日離京。隨侍朱高熾的宦官海濤是朱瞻基親信，按預先密謀於五月十三日加害朱高熾。

朱瞻基離京後，卻沒有按既定日程行進，而是直奔南京。但在離開南京前，南京城中就有傳言「仁宗上賓」。要知道，當時北京還未發喪，也沒有如今現代化的傳播工具，可見朱高熾「上賓」是在一些人的預料之中。當時，朱瞻基還說：「……予始至遽還，非眾所測。」顯示他有大家難以想像的重大安排。他匆匆北返，在途中等待齎詔而來，於六月三日抵北京。一到北京，就有大臣勸誡：人心洶洶，不可掉以輕心。朱瞻基答曰：「天下神器非智力所能得，況祖宗有成命，孰敢萌邪心！」顯示一切都在自己的掌握之中，流露出其對弒父謀位活動的自信和自得。

當然，這僅僅只是一種猜測而已。朱高熾死後，其子朱瞻基繼位，是為明宣宗，明朝由此步入了一個輝煌時期，朱氏家族也步入了鼎盛時期。

第五章 守成之君　宣宗朱瞻基

明宣宗朱瞻基（一三九九——一四三五年），明仁宗長子。永樂九年（一四一一年）立為皇太孫，數從成祖北巡、征討。仁宗即位後立為皇太子。洪熙元年（一四二五年）即位，年號宣德。元年（一四二六年）平定漢王朱高煦叛亂。二年，聽從閣臣楊士奇、楊榮等議，停止用兵交阯。他在位期間重視整頓吏治和財政，繼續實行仁宗為政以寬的措施，史稱「仁宣之治」，卒葬於景陵。朱瞻基是朱家王朝中一位比較稱職的皇帝。

01 又一齣叔侄相爭

皇位，不同姓氏的家族之間要爭，同一姓氏家族中不同的家庭之間也要爭，同一家庭中的成員之間還要爭，因為皇位只有一個，皇帝寶座上也只能坐一個人。宣宗朱瞻基與漢王朱高煦的皇位之爭是朱氏家族內部的紛爭，最後以宣宗朱瞻基的勝利而告結束。

據說在朱瞻基出生的那天晚上，當時還是燕王的朱棣曾經做了一個夢，夢見太祖皇帝朱元璋將一個大圭賜給了他，大圭上鐫著「傳之子孫，永世其昌」八個大字。在古代，大圭象徵著權力，太祖皇帝將大圭賜給他，說明要將江山傳給他。朱棣醒來以後正在回憶夢中的情景，忽然有人報告說皇孫朱瞻基降生了。朱棣馬上意識到難道夢中的情景正印證在孫子的身上？他馬上跑去看孫子，只見小瞻基長得十分像自己，而且臉上有一團英氣，他非常高興。這件事對以後朱棣下決心發動靖難之役也有很大的作用。

永樂九年（一四一一年）明成祖朱棣冊封朱瞻基為皇太孫，並親自挑選當時的著名文臣擔任老師。他認為皇孫是個可造之才，多次指示一定要盡心竭力地教誨，同時成祖朱棣也不忘親自教導。永樂中期以後的遠征蒙古漠北，成祖朱棣總是將皇孫朱瞻基帶在身邊，讓他了解如何帶兵打仗，這對後來明宣宗朱瞻基的親征有非常大的幫助。每次遠征歸來經過農家，明成祖朱棣都要帶朱瞻基到農家看看，讓他了解農家的艱辛，將來做一位愛民的好皇帝。成祖朱棣對皇孫朱瞻基的精心教導，對日後朱瞻基成為守成之君有著極其重要的意義。

在很大程度上，朱高熾被立為太子是沾了兒子的光，因此父子倆就成為朱高煦等人的眼中釘。青年時期的朱瞻基也被捲入了這場爭鬥，但是憑著祖父對他的喜愛、憑著他的勇氣與睿智總是能夠幫助父親化險為夷，最終使世子朱高熾登上了皇帝的寶座。但皇位還沒有坐熱，十個月之後仁宗就暴病去世了。

當時朱瞻基正在南京，聞訊後當日即動身北歸。聽說他的皇叔、漢王朱高煦要在半途截殺他，然後自立為帝，左右都勸他整頓兵馬以作防範。朱瞻基說：「君父在上，誰敢如此膽大妄為？」依然輕身出發，日夜兼程趕到北京。回到北京之後，他一方面妥善處理了父皇的後事，一方面加緊北京城的戒備，防止有人伺機作亂，然後從容登基，改年號為宣德，是為宣宗皇帝，自此開始了他的帝王生涯。

朱瞻基登基之後，擺在他面前的最大問題就是太祖皇帝留下的外藩問題。這個問題在建文、永樂、洪熙三朝都沒有得到根本解決。朱瞻基即位之後，馬上著手整頓軍務，準備迎接來自強藩的挑戰。他的皇叔朱高煦很會帶兵打仗，在靖難之役中就戰功赫赫，永樂朝被封樂安之後，從沒有放棄武力奪取政權的野心。機會終於來了，明仁宗病逝，年輕的宣宗剛即位，正是謀反的好時機。經過了精心的準備，朱高煦也像他的父親一樣扯起了「清君側」的大旗，矛頭直指五朝老臣夏原吉。早已準備就緒的宣宗皇帝在大臣楊榮的建議下御駕親征，在聲勢上一下子就壓倒了叛軍，以前同意與漢王朱高煦共同起兵的幾路兵馬見如此陣勢也都按兵不動，明軍很快地包圍了樂安城。漢王朱高煦見大勢已去，只得棄城投降。這次戰役以明軍大獲全勝，生擒漢王朱高煦而告終。群臣都勸朱瞻基將漢王朱高煦正法，朱瞻基念其是藩王而網開一面將他廢為庶人，軟禁在西安門內逍遙城。

御駕親征得勝回到北京後，朱瞻基馬上傳詔給另外一個皇叔朱高燧，暗示他交出兵權（當時的親王都有自己的軍隊，稱作衛）。朱高燧只好乖乖地交出了三衛兵馬，明朝的藩王問題就在宣德朝得到了徹底解決。

02 甩開包袱，撤兵安南

量力而行，有利於朱氏家族的江山穩定和長久。從撤兵安南這件事來看，宣宗的確是一個高明的皇帝。

成祖曾經興兵八萬征討安南，將其併為明朝的一個省，並設置官吏加以統治。然而安南並未臣服於明廷的統治，起兵反對明朝的戰爭時有發生，成祖曾多次派兵鎮壓簡定、陳季守、黎利等人的反抗。成祖死後，安南的情勢更加不穩定，而明朝連年派兵攻打消耗了大量的人力、物力。仁宗時期，朝廷改變了成祖一味剿滅鎮壓的政策以招撫為主。宣宗則主張剿撫並用的政策，派兵征討黎利，其實他內心裡更想息兵安南。

宣德元年（一四二六年）四月，宣宗就曾與蹇義、夏原吉、楊士奇和楊榮四人商議，他「反覆思之，只欲如洪武中、永樂初，使（安南）自為一國，歲奉常貢，以全一方民命，亦以休息中土之人」。這種想法是要改變直接統治安南的做法，恢復安南為附屬國的地位。楊士奇和楊榮持贊同的態度，而蹇義和夏原吉卻反對，擔心「若以二十年之勤力，一旦棄之，豈不上損威望，願更思之」，因此宣宗的這個想法並沒有立即實行。其實宣宗是在等待一場軍事上的勝利，然後再行招撫、談判才能體面地從安南撤兵。

宣德二年（一四二七年），明軍擊敗了黎利，斬首萬餘人。九月，黎利上書明廷，聲稱找到了陳氏後人（**當年成祖起兵的名義就是為原國王陳氏報仇復國**）請求明朝罷兵，冊立陳氏後人為君。宣宗有意答應，但是英國公張輔等人認為明廷如果沒有合適的藉口就答應，天下人會以為朝廷軟弱。宣宗召見楊士奇和楊榮尋求對策，他們二人贊同宣宗的想法，認為這是體恤民情並非示弱。宣宗在楊士奇等人的支持下欣然同意，派特使恢復陳氏政權，並宣布撤兵。然而黎利推說陳氏後嗣已死，請求明廷冊立自己。宣宗沒有理會，派人繼續尋找陳氏後人。

黎利於宣德三年再次進獻貢物並請求冊封，宣宗仍不理會。宣德六年（一四三一年），黎利再次請封。宣宗考慮到陳氏後人已經無從找起，黎利署理國事已成事實，就同意了他的請求，冊封黎利為國王。於是安南再次獨立，脫離了明朝的直接統治，但仍然是明朝的附屬國。從此到明朝末年，明朝和安南再也沒有發生過大規模的軍事行動。放棄安南不但免除了連年戰爭給人民帶來的痛苦，也為明朝節省了大量的開支，除去了一個沉重的包袱。

03 寵愛貴妃，逼妻退位

皇帝雖然有三宮六院七十二妃，但是與百姓一樣也會有不如意的時候。有時為了子嗣、為了江山社稷，不得不逼妻退位。

朱瞻基的第二任妻子孫皇后，原籍鄒平，她天生麗質又聰明伶俐。小小年紀已經名動一城，很多人都對這個小女孩的美麗讚不絕口，最後傳到了仁宗張皇后（這時還只是太子妃）的母親彭城伯夫人的耳裡。在好奇心的驅使下，她讓人將小孫氏帶到了自己的面前檢視，一看果然名不虛傳。

喜歡管閒事的彭城伯夫人立即想到了自己的外孫——皇太子朱高熾的兒子朱瞻基。雖然眼前的這個小姑娘尚未長成，但是美人難得，又是自己的同鄉，彭城伯夫人認定她與自己的外孫正是天造地設的一對，就不遺餘力地向女兒女婿乃至明成祖朱棣及掌宮王貴妃等人推薦小孫氏為太孫妃。

明成祖聽了彭城伯夫人的話也不禁好奇，決定召小孫氏入宮。看過之後，成祖對小孫氏確實非常滿意，只是鑑於她的年齡太小，成祖便做出了將她「養於宮中」等待成年的決定。小孫氏從此成為仁宗張皇后的養女，與自己未來的丈夫宣宗朱瞻基一起長大。

但明成祖不知為何忽然改了主意，決定要另行為孫子朱瞻基選妃。經過一番挑選，濟寧人胡善祥成為朱瞻基的嫡妃，而朱瞻基一心想要迎娶的「妹妹」孫氏卻只能充當姬妾成為「皇太孫嬪」。

在這樁婚姻裡，朱瞻基眼裡的胡善祥不但是可有可無的人物，更是一個從一開始就注定了被丈夫討厭的人物。婚後不久她就明白了所有的前因後果，從此在丈夫的冷淡中抑鬱寡歡，並因此而久病難癒。

八年後，明成祖和明仁宗先後去世，二十八歲的朱瞻基終於成為大明王朝的皇帝，宣宗登基後的第二個月便著手冊立皇后。如果按照他自己的心意，當然是要冊立孫嬪，然而胡善祥是成祖欽定的太孫妃、仁宗欽定的太子妃，是毋庸置疑的原配嫡妻。宣宗沒有別的選擇，他只得將皇后的鳳冠戴到胡善祥的頭上，將心愛的孫氏封為「貴妃」。

按照明初的定制，冊封皇后時授皇后以金印金冊；皇貴妃以下只有銀冊印章而沒有金寶。然而在冊封孫貴妃的時候，宣宗堅決要賭這口氣，一定要讓孫氏享有與皇后同等的待遇。宣宗的母親張氏這時已成為太后，孫氏自幼由她撫養長大，對於宣宗和孫貴妃之間的情形，沒有誰比她更清楚。這位被稱之為「女中堯舜」的太后，在理政時恪守先朝規制，但在這件事上終於沒有忍心讓兒子難過，她答應了宣宗的要求。

於是，大明王朝施行了幾十年的輿服規制到這裡發生了變化，孫貴妃成為明朝第一位得到金冊金寶的皇妃。

朱瞻基的子嗣一直不旺，胡皇后沒能為他生下一個皇子，孫貴妃雖然也沒能生子，但她想出了一條偷梁換柱的計策。她派人在宮中四處打探，看哪位宮女被皇帝臨幸後懷有身孕，就將找到的宮女藏在秘室之中與外界隔絕，派專人送飯、照看。然後買通御醫，對外宣稱懷孕，並偽裝了許多懷孕的跡象，由於當時孫貴妃深得朱瞻基的寵愛，因此沒人敢透露半點風聲。等宮女產子後，孫貴妃馬上派人將孩子抱到身邊，並秘密處死了宮女，這個小男嬰就這樣就成了孫皇后的親生兒子。這個小孩就是後來的大明英宗朱祁鎮，孫貴妃也因此得以正位後宮。

接下來，宣宗決定快刀斬亂麻，立即確定孫貴妃之「子」的地位，好讓孫貴妃母憑子貴。於是宣宗親自到坤寧宮，暗示胡皇后主動上表請立皇長子為太子。胡皇后萬般無奈，只得上表請求宣宗「早定國本」，盡快冊立皇太子。

宣德三年（一四二八年）正月，宣宗大祀天地，隨之而來的二月初六下詔冊立皇長子為皇太子。這位皇太子是明朝最小的皇儲，入居東宮時雖然號稱是「兩歲」，並且確實過了一個新年，但實際上僅有兩個月零二十五天，因為他實在太小了，所以就連太子冊寶都是由他人代領。

在冊立了這位皇太子之後，宣宗廢除胡皇后的心情越發迫切。他再次向胡善祥提出了主動請辭后位的要求。胡善祥萬萬沒有想到自己的一讓再讓最終將自己逼到了這般境地，然而身為萬乘之尊的丈夫一定要偏心，她又能有什麼辦法呢？她只得公開上表請求遜位，宣宗當然立即同意。在冊立皇太子一個月之後，宣宗發布詔書，廢胡皇后，冊孫皇后。

成婚十年、為后兩載，胡氏處處禮讓謙恭，從沒有做過任何有違規矩的事情，因此她的被廢實在是很冤枉，即使是宣宗的親生母親、一手將孫貴妃撫養長大的張太后也忍不住要為胡氏抱屈了。

胡氏被廢後，張太后經常將她從別院召回，將她安排在自己的清寧宮居住。除了國家典禮以外的朝宴儀禮，張太后都將胡氏的位置安排在孫皇后之上。孫皇后沒想到把自己養大的婆母在這件事上一定要幫胡氏出頭，自己做了皇后卻仍然像當初做姬妾時處於胡氏之下。孫皇后心裡自然很不是滋味，但是在彼此相見時她仍然執禮甚恭，不曾違拗張太后的意旨。總之，在張太后的主持下，胡善祥總算是沒有陷入其他廢后所經歷過的那種難堪境地。

然而這一點卻成了朱瞻基人生的一個污點，也對他的兒子執政產生了一些不良影響，或許這是他萬萬沒有想到的。

04 蟋蟀天子，開朱家盛世

與普通人一樣，皇帝也有自己的愛好，有時有些愛好甚至是稀奇古怪的。宣宗朱瞻基喜歡鬥蟋蟀，當然他並沒有因此而不務正業。宣宗朱瞻基在位期間，政治穩定、經濟發展繁榮，出現了著名的「仁宣之治」的盛世局面。

朱瞻基自幼喜歡鬥蟋蟀，並且達到了癡迷的程度，因此被稱為「蟋蟀天子」。上行下效，鬥蟋蟀一時間在全國風行起來，使得蟋蟀的價格扶搖直上。後來宣宗覺得北京的蟋蟀不好，便派太監四出採辦。相傳蘇州的蟋蟀特別好，宣宗為此還特意敕令蘇州知府況鍾協助本監採辦一千隻蟋蟀。上命下達，攤派給了當地的百姓，弄得雞犬不寧。雖然宣宗愛好鬥蟋蟀，但他卻不失為一個有作為的君主，於是明朝進入了被稱為「仁宣之治」的黃金時代。

朱瞻基周圍有一批著名的大臣，文有「三楊」（楊士奇、楊榮、楊溥）、蹇義、夏原吉；武有英國公張輔，地方上又有像于謙、周忱這樣的巡撫，可謂人才濟濟。

朱瞻基深知「水能載舟亦能覆舟」的道理，因而注意體恤民情、愛惜民力，實行與民休息的政策，尤其重視農業，力勸農桑、鼓勵墾荒。因此在他統治期間百姓安居樂業，生產生活都有所保障，商品生產程度得到很大提高，手工業相應發展，商路增闢，國內外貿易不斷活躍，社會財富迅速積累起來，時稱「宇內富庶，賦入盈羨」，是明王朝財力最雄厚的時期，出現了繼文景、貞觀、開元之後著名的「仁宣之治」的盛世局面。谷應泰說：「明有仁、宣，猶周有成、康，漢有文、景。」這樣的評論是有一定道理的。朱瞻基有一句名言，叫做「清心乃省事，省事可省官」，應該說這也是他為政治國的指導思想。

宣德五年（一四三〇年）三月，朱瞻基路經一處農田時，看見路旁有耕作的農民，於是下馬詢問農作物的生長情況。他興致盎然地取來農民耕田的農具親自犁地，沒推幾下便停了下來，回頭對身旁的大臣說只推了三下就有不勝勞累的感覺，何況農民終年勞作，說完就命人賞賜農民錢鈔。回到宮廷後，宣宗有感而發，親作一篇《耕夫記》，勉勵自己與群臣要時刻關心黎民百姓的疾苦。宣德七年（一四三二年）九月，又作《織婦詞》一篇，並命畫師將詞中的情景繪成圖畫懸掛宮中。他對朝臣說：「朕非喜好辭章，然農桑之苦，朕深憂之。為國君者有責任告誡儒者，激勵後世，朕所以作詞，意在於此。」

宣宗對農民的生活和處境是非常了解的，因此能夠在制定政策時考慮到他們的利益。有一年，京畿地區發生了蝗災，宣宗派遣官員前去指揮消滅蝗蟲。他仍不放心，就特意諭旨戶部告誡他們往年負責捕蝗的官員害民一點也不比蝗災小，因此要嚴禁這種事情的再次發生，還做有一首《捕蝗詩》頒給臣子。宣宗比較注意愛惜民力，反對向百姓強徵暴斂以供王室享樂的奢靡之風。在他統治的十年間，曾多次下旨為民解困。宣德元年（一四二六年）七月，罷湖廣採木。宣德五年（一四三〇年）二月，罷工部採木。宣德三年（一四二八年）十一月，錦衣衛指揮鍾法保請採珠東莞，宣宗不但沒有同意，還認為他是想用這種擾民的事情為自己謀求利益，將他逮捕入獄。他還多次蠲免稅額、積欠柴炭草，免除在京工匠中年老殘疾和戶內無丁力者的匠籍。有一個工部尚書奏請，宮中御用器物不足需要到民間採辦，宣宗制止說：「漢文帝服御帷帳無文彩，史稱恭儉，朕飲食器用，當從簡樸。」遂命人從宮中的庫藏器物中取用，不再重新購買。有一個和尚自稱要修寺廟為宣宗祝福長壽，宣宗認為這是擾民之舉，將其痛斥了一頓並趕出宮去。

減免田稅，開倉賑糧，這是宣宗對受災地區人民經常採取的救濟辦法。史書載：河南有一個知縣，沒有經過上報和請示，就發放了一千餘石庫糧救助災民。朝廷規定私自動用皇糧是犯殺頭之罪的，宣宗得知後不但沒有降罪，反而讚揚這個知縣辦事機敏果斷，是個能夠勝任的父母官。

朱家王朝傳到宣宗手裡的時候，離建國已經半個世紀了，穩定的政局、相對完善的機構和法律，使被元末戰爭破壞的生產力得到了恢復和發展，政治經濟日趨繁榮，朱家王朝進入了最鼎盛的時期。

第六章　轉折之君　英宗朱祁鎮

明英宗朱祁鎮（一四二七——一四六四年），明宣宗朱瞻基長子，明朝第六位皇帝。宣宗死後繼位，年號正統。英宗即位時年僅九歲，宦官王振專權擅政。正統十四年（一四四九年），蒙古貴族瓦剌進犯，英宗親征，王振不懂軍事，在土木堡戰敗，王振死，英宗被俘。在京監國的英宗弟朱祁鈺被于謙等大臣擁立為帝，是為代宗。不久，于謙率軍戰敗瓦剌軍。一四五〇年，英宗被釋，代宗尊他為太上皇，閒居南宮。一四五七年，英宗復辟，改年號天順。一四六四年，病死於文華殿，終年三十八歲，葬於裕陵。

朱祁鎮開啟了明朝宦官專權的先例，使明朝由早期的強盛轉向中期以後的衰敗。朱祁鎮當政時，最初寵信王振，後則重用石亨、曹吉祥，不僅導致了嚴重的禍亂，而且給以後的皇帝做了極為惡劣的示範，由此朱家天下開始走下坡路。

01 幼年登基，延續盛世

歷史是有一定慣性的。英宗在位期間，「仁宣之治」的盛事在延續著，朱氏家族的統治也在延續著。

朱祁鎮繼位時只有九歲，年幼的皇帝還無能力執掌皇帝的大權，朝臣們便紛紛上書請求太皇太后垂簾聽政。在明朝歷史上，尚無太后垂簾的先例，而且開國皇帝朱元璋在《皇明祖訓》中，對母后臨朝也做了明確限制。張氏不願落下敗壞祖制的惡名，她拒絕臨朝，只對施政大略做了三條指示：「悉罷一切不急務，時時勖帝向學，委任股肱。」所謂不急務，是指並非軍國急需、主要供皇室享用的物品的採辦活動，諸如採買綢緞、燒造器皿、打捕鳥獸等，停止這類活動可以減輕百姓的負擔。勖帝向學，是指要加強對幼年天子的教育培養。委任股肱，是指要依靠歷事永樂、洪熙、宣德三朝的老臣處理國事。

正統初年的一天，張氏御便殿，傳諭英國公張輔、大學士楊士奇、楊榮、楊溥、禮部尚書胡濙朝見，朱祁鎮在張氏一側站立，張氏教導朱祁鎮說：「此五人先朝所簡貽皇帝者，有行必與之計，非五人贊成，不可行也。」朱祁鎮應聲受命，於是確定了五大臣輔政的局面。輔政的五大臣中，張輔是一介武夫，不熟悉政務。胡濙雖自成祖以來就很受信任，但見識淺陋，發揮不了決策作用。真正處理國家政務的是內閣中的楊士奇、楊榮、楊溥，合稱「三楊」。

在施政方針上，三楊基本上是沿襲洪熙、宣德時代的政策，期望讓「仁宣之治」延續下來，對於宣德末年的弊政也在一定程度上進行了清理革除。宣德後期宮廷生活奢靡，宣宗去世後釋歸教坊樂工三千八百餘人，遣回朝鮮國婦女五十三人，放還添財庫夫役兩千六百四十餘人，減廚役六千四百餘人，各寺法王、國師、喇嘛等也減數存留。此外還對各類臨時徵派、採辦也蠲免、停罷了許多。正統初期的施政方針收到了預期效果，朱家天下的繁榮在繼續。這期間還有一件值得一提的大事，那就是解決了長期懸而不決的定都問題。

明朝開國，定都南京。成祖奪取皇權後，一來考慮到加強北部邊防的需要，二來北平是他的龍興之地，決定遷都北平，改名北京。永樂十八年（一四二〇年）北京宮殿建成，次年便將首都正式北遷於此。不料遷都還沒到一百天，奉天、華蓋、謹身三大殿就遭火焚毀，一時間朝廷內外議論紛紛，不少人要求還都南京。成祖力排眾議堅持定鼎北京，但未重修三大殿。仁宗長期在南京監國，對南京頗有好感，便以省免南北轉運的浩大費用為理由，即位後下令仍以南京為首都，北京稱「行在」。遷都之令尚未實施，仁宗就「龍馭上賓」。繼立的宣宗採取中庸態度，仍稱北京為「行在」，以示不違仁宗遷都之令，但也不遷回南京，繼續以北京為實際首都。正統改元，下令興修北京城門工程，至正統四年（一四三九年）完成。這是繼永樂之後對北京的再次大規模營建，標誌著朝廷已決心徹底解決定都問題。次年春，又開始了重建三大殿與乾清、坤寧二宮的浩大工程，至正統六年（一四四一年）十一月竣工。於是頒詔大赦天下，宣布定都北京。幾十年懸而未決的定都問題最終得到解決。

而在這期間，朱祁鎮的主要任務是接受教育，履行皇帝必須躬行的各項禮儀，並沒有起到決策作用。然而太皇太后張氏和大臣為他準備的《四書》《五經》讓一個孩子學起來十分厭煩。相反，太監王振為小皇帝準備的遊玩項目則深深吸引了他，從而深受小皇帝的信賴，為日後的專權打下了基礎，朱家王朝的隱患在盛世中滋生起來。

02 寵信太監，皇位易主

唐朝寵信宦官的歷史再次重演，英宗朱祁鎮寵信宦官，不但丟掉了皇位，而且成了俘虜。還好性命沒有丟，皇權仍然掌握在朱氏家族的手中。

朱祁鎮登位後，延續了「仁宣之治」的統治，社會穩定，經濟也有所發展，然而隨著太皇太后和重臣「三楊」的相繼去世與引退，後宮宦官的勢力急劇上升。大太監王振就是正統朝宦官專政的代表人物，英宗對他言聽計從，他也依仗皇帝的威嚴排除異己、樹立朋黨。大臣下獄者不絕，正統朝的政治日趨腐敗，土地兼併日益嚴重，激起了葉宗留、鄧茂七等起義。

而當時的元朝餘部（即北元）在漠北的勢力已經一分為二，瓦剌與韃靼兩個部落互相征伐。到了英宗時期，瓦剌日漸強大起來，不斷地騷擾明朝北方邊地。瓦剌部當時的實權掌握在太師也先的手裡，他經常派人以向朝廷進貢為名騙取賞賜。當時明朝對進貢國家的使者總是有非常豐厚的賞賜，而且是按人頭派發。也先正是看中了這一點，派出的使臣不斷增加，最後竟達到三千多人。王振對此忍無可忍，下令減少賞賜，也先以此為藉口對明朝發動戰爭。英宗年少氣盛想御駕親征，王振也想耀武揚威、名留青史，於是極力攛掇英宗親征。儘管當時明廷的主力都在外地作戰，一時難以調回，而且朝中大臣也都竭力勸阻，但最後還是沒能改變英宗的主意。於是從京師附近臨時拼湊了五十萬大軍，在英宗的指揮下浩浩蕩蕩開始北征。

正統十四年（一四四九年）八月，明軍抵達大同，也先佯敗誘明軍深入後重創其先頭部隊。王振因前方敗報踵至，力勸英宗撤兵。但是王振的老家蔚州離大同非常近，他決定大軍繞道蔚州。王振的提議立即遭到群臣的反對，認為這樣會耽誤撤退的時機，但是王振哪裡聽得進去，加上英宗也希望給王振衣錦還鄉的機會，於是大軍開始朝蔚州方向移動。這時王振又心血來潮，怕大軍經過會踩壞家鄉的莊稼而背上罵名，就建議按原路撤軍，於是寶貴的時間一再被耽誤了。當大軍行到懷來附近時，由於錙重還沒有趕到，王振下令原地駐紮等待。如果這時英宗能夠進懷來城駐守，那麼歷史也許會改寫。就在懷來城外的土木堡（今河北省懷來縣以東二十里處），明軍被也先軍趕上並包圍。也先切斷了明軍的水源，明軍被困死地。也先假意議和，趁明軍不備之時發動總攻。明軍全軍覆沒，英宗被俘，王振被明將樊忠殺死，英國公張輔、兵部尚書鄺野等大臣戰死。這就是著名的「土木堡之變」，英宗自此開始了他一年的北狩生活。在京監國的英宗之弟朱祁鈺，被于謙等大臣擁立為帝，是為代宗。

03 重新登位，殺戮功臣

英宗朱祁鎮寵信宦官，結果吃了敗仗、成了俘虜。重新登位後又殺戮功臣，使朱氏家族的統治走向了下坡。

英宗被俘後，也先覺得非常難辦，是殺是留無法決定。其弟伯顏帖木兒認為英宗奇貨可居，暫且留下英宗才得以保全性命。英宗被俘的最初一段時間，也先總是帶著英宗到處招搖撞騙，但都遭到了明朝邊將的回絕。不久之後，孫皇后與朝廷重臣立成王朱祁鈺為帝，年號景泰，於是朝廷上下才安定了下來。同時皇帝明發詔諭，不許私自與也先聯繫。也先想靠英宗大撈一把的希望破滅了，於是氣急敗壞地率領精銳騎兵浩浩蕩蕩地殺奔北京，明朝方面早已做好了準備，北京軍民在兵部尚書于謙的帶領下給了也先軍沉重的打擊，也先率隊敗回蒙古。

與明朝的戰爭不僅使也先損兵折將，而且失去了明朝的賞賜以及與明朝交易的機會。瓦剌是一個游牧部落，如果失去了明朝的生活必需品，民眾的生活將是異常艱苦的。也先在北京大敗之後開始著手與明朝講和，並宣稱「迎使朝來，大駕西去」，可是當時已經坐穩帝位的景泰帝不想派人迎回英宗，但在眾大臣不斷的建議下只得派遣使者先去探聽情報。第二次派往瓦剌的使者名叫楊善，他變賣家產買了許多奇珍異寶，並靠著他的巧舌如簧，硬是在沒有聖旨的情況下迎回了英宗。英宗皇帝終於結束了他一年的北狩，回到了北京。

英宗回到北京後，並沒有受到應有的禮遇，英宗在短暫的儀式之後就被軟禁在南宮，開始了他七年的軟禁生活。即便如此，景泰帝還是不放心，他將南宮的大門上鎖並灌鉛，加派錦衣衛看守，食物由一個小洞遞入，就是這點食物有時還被克扣，英宗原配錢皇后不得不自己做一些女紅，派人帶出去變賣了以補家用。景泰帝為了避免有人與英宗聯繫，還派人將南宮的樹木全部伐光，英宗就在驚恐與饑餓中度過了七年的軟禁生活。

景泰八年（一四五七年）正月，景泰帝得了重病，但是儲嗣的問題還沒有確定下來，眾大臣決定在第二天上朝時進諫，請求皇帝早建儲君。誰知就在這天夜裡爆發了「奪門之變」，原來五清侯石亨、徐有貞、宦官曹吉祥等人密謀幫助英宗復辟，希望成功後能夠飛黃騰達。事有湊巧，當時北邊傳來了瓦剌騷擾邊境的戰報，於是石亨藉機以保護京城安全為名調兵進城。這時忽然天上烏雲密布，伸手不見五指，眾人以為遭到天譴都非常害怕，徐有貞站出來勸大家不要退縮，眾人繼續前進，很順利地進入了皇城直奔南宮，石亨派人撞開了宮門，並請英宗登輦。這時烏雲突然散盡，月明星稀，眾人的士氣空前高漲，簇擁著英宗直奔大內。守門的軍卒本想阻攔，這時英宗站了出來表明自己的身分。守門的兵卒傻了眼，眾人兵不血刃地進入皇宮，朝著皇帝舉行朝會的奉先殿而來，並將英宗扶上了寶座。這時已是天色微亮，眾朝臣已經等在午門外準備朝見，聽到鐘鼓齊鳴，眾人按序走入奉獻殿，可眼前的一切讓他們目瞪口呆，寶座上的皇帝已經不是景泰帝了，而是八年前的正統皇帝。正在眾人猶豫之際，徐有貞站出來大喊「上皇復辟了」，眾朝臣見此只好跪倒山呼萬歲，英宗就這樣又重新坐上了皇帝的寶座。景泰帝正在後宮梳洗，聽到這個消息後險些癱倒在地，心知一切都完了。

英宗復辟後，改元天順。隨著英宗重新登基，一場政治屠殺也開始了，奪門有功的徐有貞、石亨必欲將于謙置之死地而後快。他們唆使黨羽彈劾于謙、王文等人，謂其圖謀迎立襄王朱瞻墡之子入京即位。在庭審時，王文辯白說：「召親王須用金牌信符，遣人必有馬牌，內府、兵部可驗也。」于謙則冷笑著說：「石亨等欲害我們，辯白又有何用。」經過查對，金牌信符都在內府，徐有貞卻說：「雖無顯跡，意有之。」主持審訊的人員阿附徐有貞、石亨，竟以「意欲」定案，判處于謙、王文謀逆，當凌遲處死、籍沒家產。案子上奏後，英宗頗為遲疑，說：「于謙實有功。」徐有貞說：「不殺于謙，此舉為無名。」英宗決心遂下。大理寺卿薛瑄奏請從輕處置，英宗令將二人處斬。于謙赤心為國，在國家危急存亡之際力定大計，使社稷轉危為安，一代功臣竟慘死刀下。于謙無辜被殺，天下冤之。殺害于謙是英宗復辟後最大的一個失誤，此後軍備廢弛、邊警不斷。一天，英宗憂形於色，在一旁的恭順侯吳瑾說：「使于謙在，當不令寇至此。」英宗去世後，其子憲宗才為于謙平反昭雪。

一朝天子一朝臣。對皇帝來說，為了自己的利益沒有什麼不能捨棄的，個人的利益要遠遠要高於家族利益、國家利益，只是可憐了那些忠臣良將。

04 誅殺曹石，朝政清明

在迫不得已又有能力殺掉宦官的情況下，英宗朱祁鎮最終還是殺掉了宦官曹吉祥等人，使得朱氏家族的統治得以鞏固。

英宗再度登基後大行封賞。石亨在景泰時已封侯，晉封為忠國公；張軏封為太平侯，其兄張輗封為文安侯；曹吉祥升為司禮監太監，總督京軍，其嗣子曹欽得授都督同知；楊善封為興濟伯。徐有貞於奪門之變當天即入閣，次日晉升兵部尚書卻仍不滿足，石亨將他的心意轉告英宗，遂封為武功伯。這些人還紛紛為自己的親屬和手下邀取官爵，以致未過多久以「奪門功」晉升者已達三千餘人。與此同時，景泰朝大臣則橫遭排陷打擊。刑部尚書俞士悅、工部尚書江淵、吏部左侍郎項文曜等發遼東鐵嶺衛充軍；大學士蕭鎡、商輅、兵部右侍郎王傳等罷職為民；吏部尚書王直、禮部尚書胡濙、大學士高谷等致仕；戶部尚書張鳳、左都御史蕭維楨等改任南京。一時閣部為空，而這些空出來的職位大多都被徐有貞、石亨的親信佔據。

英宗認為徐有貞富有才幹，對他十分信任。經過幾番折騰，政治局面總算安定下來，應該集中精力解決那些困擾著朝廷的經濟、軍事問題了。然而「奪門」功臣並沒有把國家大事放在心上，只為自己的功名利祿著想，沒過多久就為了權力展開了一系列鉤心鬥角的鬥爭。結果是彈劾曹、石的言官盡被謫戍，徐有貞遭曹、石陷害被發往雲南金齒衛為民，直到天順四年（一四六〇年）才被釋放回原籍蘇州。

曹吉祥、石亨在這次與徐有貞的較量中大獲全勝，於是更加肆無忌憚地專權亂政。二人一掌外朝，一掌內廷，權傾天下，朝野側目。雖然英宗復辟時動用的全部軍人不足一千，可石亨弟侄家人、部曲親故，以「奪門功」升遷者多達四千餘人。石亨又公開賣官鬻爵，對英宗也漸漸地缺乏人臣應有的恭謹，每日進宮都會肆意干預政事，英宗對他所請之事偶然加以拒絕，他就立即怫然不悅。

英宗對於曹吉祥和石亨的專權跋扈越來越感到難堪和不安，但他為人優柔寡斷，不知道怎麼對付他們才好。一天，英宗私下問李賢：「此輩干政，四方奏事者先造其門，為之奈何？」李賢回答：「陛下唯獨斷，則趨附自息。」

於是英宗就採用李賢的辦法來對付曹、石，並開始暗中著手清除他們的同黨。石亨之侄石彪驍勇善戰，景泰年間積功升至都督僉事。英宗復辟後升都督同知，以游擊將軍赴大同備敵，因屢立戰功先封定遠伯，晉為定遠侯。石彪自恃功高對部下驕橫，連上司總兵官李文也不放在眼裡。李文等人便傳播流言說石彪在大同擁精兵、懷異志，英宗果然對石亨、石彪內外掌握重兵產生了疑心。天順三年（一四五九年）三月，因黃河解凍，蒙古軍不易越河內犯，英宗召石彪回京，但石彪直到七月才抵達京城。他還指使千戶楊斌等五十餘人來京向皇帝乞請讓石彪鎮守大同。英宗產生懷疑就將楊斌等下獄，他們供出是受石彪指使，這更增加了英宗的猜忌。在英宗的授意下，科道官們紛紛彈劾石彪欺君罔上罪大惡極。英宗便於八月一日下令將石彪逮捕，命令錦衣衛、兵部、都察院、刑部等衙門嚴加審訊，石彪私置繡蟒龍衣和違禁寢床、強姦良家婦女、欺侮藩王、禁死軍士等一系列罪狀逐步被揭露出來。在審訊的同時，還對石氏黨羽進行了清查，因阿附石氏得以升遷的文武官員也分別受到革職、貶官、充軍等處罰。

石彪下獄，朝臣們也就摸清了英宗對石亨的態度，於是陸續上章彈劾石亨。不久英宗便下令逮捕石亨，石亨下獄僅二十一天瘐死。又過了四天，石彪亦被處決。

石亨、石彪敗亡，曹吉祥及其嗣子曹欽頓時驚懼不安。自英宗復辟，曹氏飛黃騰達，此時曹欽已被封為昭武伯，曹吉祥則軍權在握總三大營。曹吉祥的其他幾個侄子也都官至都督，掌重兵。曹家藏有大量器械甲杖，門下廝養著上千名精悍的蒙古軍人。石亨一敗，曹吉祥就覺得同樣的命運也快降臨到自己頭上了，決定孤注一擲發動軍事政變。沒想到事前有人將消息透露給了英宗，英宗立即藉故召見曹吉祥將其逮捕，並命令緊閉皇城與京城諸門。

曹欽知事情有變，不待凌晨便率眾提前行動，然而城門緊閉不得入，途中與恭順侯吳瑾相遇，吳瑾戰死。孫鏜投疏告變後，便召集軍士至太平侯張瑾家，張瑾恐懼不敢出，孫鏜又奔至宣武街，派兩個兒子孫輔、孫軏幫他召集西征士卒得兩千人，孫鏜立即率眾去攻打曹欽。工部尚書趙榮也召集到數百人前來助戰，此時天色漸漸放明，叛軍士氣隨之瓦解。各城門早已緊閉，曹欽衝突不出，只能率餘眾奔回家中拒戰。孫鏜督兵攻入，曹欽投井自盡，滿門皆被斬殺。三天後，曹吉祥被處以磔刑。

石曹之變後，英宗對李賢的信任有所增加，以李賢為首的閣臣們也盡心輔佐，朝政很快就恢復了正常。不久，他釋放了從永樂朝就開始被囚禁的「建庶人」（建文帝的兒子），恢復宣德朝胡皇后的稱號，下旨停止帝王死後嬪妃的殉葬制度，使得明朝帝王以活人殉葬的殘酷習俗得以結束。他的這些舉措被史學界稱為「盛德事可法後世者矣」，也算是做了件大好事。

天順八年（一四六四年）正月，朱祁鎮病逝於文華殿，享年三十八歲。朱祁鎮就這樣走完了他複雜的人生之路。

第七章　救時之君　代宗朱祁鈺

明代宗朱祁鈺（一四二八——一四五七年），宣宗次子，明朝第七位皇帝。宣德十年（一四三五年）封王。正統十四年（一四四九年）土木堡之變，英宗為瓦剌所俘，奉皇太后命監國，一月後即皇帝位，年號景泰，遙尊英宗為太上皇。

他任用于謙主持軍事，加強北京守禦，擊退瓦剌軍於京郊，於危險之中保全了朱家天下。景泰八年（一四五七年），英宗復辟，他被廢為王，死於西宮。成化十一年（一四七五年）復帝號，諡景帝。

01 臨危受命，力保天下不失

大明江山臨危之時，天上掉下「皇帝寶座」這張大餡餅，明代宗朱祁鈺以閃電般的速度登上了皇帝寶座。他重用于謙，挽大明江山於既倒。

朱祁鈺是明宣宗的次子，生於宣德三年（一四二八年）八月初三，比他的異母兄長朱祁鎮小九個多月。他的生母姓吳，是江蘇丹徒人，在宣宗為太子時選入宮中，生下朱祁鈺後被封為賢妃。宣宗子嗣不昌，就只有朱祁鎮和朱祁鈺兩個兒子。由於只有這一個弟弟，朱祁鎮對他比較關愛，所以朱祁鈺雖到了成年，朱祁鎮一直沒有為他選擇封地、建立王府，朱祁鈺也就一直在京城居留下來。如果不是事出意外，朱祁鈺終有一天會離開他的母親和兄長，在遠方的王府中悠閒度日。然而土木堡之變改變了他一生的命運。

正統十四年（一四四九年）八月十六日，京師接到懷來守將連夜送來的戰報，知明軍已於昨日在土木堡全軍覆沒、英宗被俘，蒙古人索要金帛。這一天，朱祁鈺聽政剛好一個月。皇太后孫氏、皇后錢氏打算先封鎖住消息，盡力籌措金銀珠寶、文綺彩緞把英宗贖回來。可壞消息總是傳得很快，朝臣們次日就聽到戰敗的風聲，齊集到闕下私相告語，愁歎驚懼。土木堡之役中僥倖逃脫的士卒也陸續奔回京師，瘡殘被體、血污狼藉，更增添了京城的恐懼氣氛。孫太后知道這件事瞞不住了，只得於十八日召集百官宣布了敗報，並命朱祁鈺監國。皇太后沒有提及英宗下落，但朝臣們從太后命朱祁鈺監國，旋又下詔立英宗之子為太子，已猜到皇帝被俘的傳言屬實。

孫太后和朱祁鈺讓朝臣們商議對策，朝臣們卻只知大哭、不知所為。這時，翰林院侍講徐珵急忙出班，藉言天象示警，鼓譟只有盡快南遷才能避開劫難。兵部侍郎于謙見人心危疑，站出來大聲說：「建議南遷的人應該斬首。京師是天下的根本，根本一動，則大勢去矣！大家都想一想宋朝南遷的慘痛教訓吧！」

于謙的激昂陳詞，立即博得吏部尚書王直、內閣學士陳循等大臣的回應，一些心存猶豫的朝臣也覺得于謙說得有道理。徐珵被太監金英叱退踉踉蹌蹌地走出左掖門。在主戰派朝臣的激勵下，孫太后和朱祁鈺也消除了心中的疑懼下定抗戰決心，並把戰守重任託付給于謙。于謙毅然受命，朱祁鈺全力支持讓他放手備戰。在于謙等人的建議下，朱祁鈺在短短的十幾天中發布了一系列命令：調集外地部隊赴京防守；任命政府各機構的主要負責人，其中于謙被任命為兵部尚書；派遣武將分鎮宣府、居庸關、紫荊關等要隘；發動京師百姓、軍士及文武官員有運輸工具的前往通州，將存放在官倉中的儲糧運進京城。

土木堡之變發生時，京師「所餘疲卒不及十萬，人心震恐，上下無固志」。經過于謙的悉心整頓，京城有了糧食儲備，各地勤王軍又陸續開到，人心這才逐漸安定下來。

皇帝是中樞決策機構的核心，缺少了這個核心政令的貫徹執行就會受到阻礙。朱祁鈺雖奉皇太后命以監國身分總理國政，但畢竟不是真正的皇帝，也難以像皇帝那樣發揮作用。而且英宗掌握在也先手中，也先藉此要脅對明廷也很不利。朝臣們普遍感到君位不可久虛，現在最急迫的是要立一位新皇帝。英宗的兒子雖然已被冊立為太子，但年方三歲，無法擔當軍國重任，合適的人選就只有英宗唯一的弟弟、正在監國的朱祁鈺了。九月一日，群臣聯合上奏孫太后，謂「國有長君，社稷之福」，請立朱祁鈺為皇帝。太后審時度勢，覺得也只有這樣做才能利於國家安定，遂下懿旨批准。朱祁鈺接奉懿旨頗為驚懼，再三遜讓，還退避到自己的府邸。于謙正色對朱祁鈺說：「臣等誠憂國家，非為私計。」群臣也紛紛勸進，說：「祖宗神器不可虛，聖母有命不可違。」當時恰好都指揮岳謙出使瓦剌回京帶來英宗的信，稱可由朱祁鈺繼承帝位，他才接受懿旨，並於九月初六日祭告天地、社稷、宗廟，正式即皇帝位，遙尊英宗為太上皇，改明年為景泰元年，頒詔大赦天下。

朱祁鈺在國家危難之際被扶上皇位，明朝又有了一位年富力強的君主，堅定了軍民抗戰的信心，也使也先無法利用英宗進行要脅。

朱祁鈺登上帝位後，更是全力倚任兵部尚書于謙，終於取得了北京保衛戰的勝利，挽救了朱家王朝的命運。

02 貪戀皇位，賄賂大臣立太子

「皇帝寶座」這張大餡餅有誰會不想吃呢？可惜的是，明代宗朱祁鈺沒能看住「皇帝寶座」這張大餡餅，最終「皇帝寶座」還是飛走了。

朱祁鈺在危亂之中登上了至高無上的皇帝之位，或許在他接位之時是不情願的，然而隨著在位時間的加長，他對皇帝的寶座愈加愛不釋手，再也不願意將皇位還給自己的兄長了。

英宗是大明帝國十多年的主宰，上至文武大臣，下至草野村夫，對於他的被俘無不覺得是奇恥大辱，希望他能盡快返回。但是此時坐在皇帝座位上的朱祁鈺對此卻不熱心，他的內心深處倒希望英宗能像宋朝的徽宗和欽宗那樣終老於漠北。他本能地感到英宗對億萬臣民仍有感召力，一旦回還會對他的地位構成威脅。還是于謙站了出來，他保證上皇歸來不會影響皇帝的位子，希望皇帝能遣使去迎接上皇。景泰帝終於被說服，但是他只是派出使者打探消息並沒有提出迎接，誰知派去的使臣楊善隨機應變竟將上皇迎了回來。生米煮成熟飯，景泰帝也只好接受了這個事實。但即便如此，在迎接的禮儀上朱祁鈺也減了又減，將英宗迎回北京後就軟禁在南宮內。

英宗回京之後，朱祁鈺派人嚴加看管，英宗的回歸果然如于謙所說沒有影響到朱祁鈺的帝位。但朱祁鈺並不以此為滿足，他不僅自己要做皇帝，還希望自己兒子朱見濟，也能夠取代英宗的兒子、太子朱見深成為皇位的合法繼承人。當年朱祁鈺即位之時，由皇太后發布懿旨冊立英宗之子朱見深為太子。這一舉動說明，由朱祁鈺即皇帝位是因為大敵當前，國不可無長君，是從國家安危的角度考慮，並非出自私人原因；冊立朱見深為皇太子，表示朱祁鈺百年之後仍由英宗子朱見深嗣位，從而維護了明朝皇位傳承的正統性。

隨著時間的推移，朱祁鈺改立太子的想法越來越強烈。但他知道此事不能從自己口中說出，且不能操之過急，只能待機行事。

為了試探一下身邊內侍對改立太子的態度，一天，他對太監金英說：「七月初十日是東宮生日。」金英聽了一愣，因為他清楚記得七月初十日是朱祁鈺的兒子朱見濟的生日。他急忙頓首說道：「東宮生日是十一月初二日。」朱祁鈺聽了默然不語，心裡對金英生出惱恨之情。不久有人彈劾金英縱家奴多支官鹽、杖死船夫等罪，朱祁鈺遂藉機將金英禁錮，其家人則分別處以死刑或充軍之刑。

轉眼兩年過去了，朱祁鈺仍找不到改易太子的理由，皇后汪氏再三勸他打消這個念頭，這使他越來越苦惱。太監王誠、舒良為朱祁鈺出謀劃策，勸他先收買閣臣和其他一些大臣，給他們一些好處堵住他們的嘴，於是一齣皇帝賄賂大臣的鬧劇登場了。左都御史王文與王誠有私交，王誠向他透露實情，他深表贊同，於是在景泰三年（一四五二年）正月，朱祁鈺將王文和掌鴻臚寺事左都御史楊善都加太子太保銜。四月初一日，又分賜內閣大臣陳循、高穀白銀各一百兩，吏部左侍郎兼翰林學士江淵、禮部左侍郎兼翰林學士王一寧、戶部右侍郎兼翰林學士蕭鎡、翰林學士商輅白銀各五十兩。

正當朱祁鈺有步驟地籠絡大臣為易儲做準備時，發生了廣西土官都指揮使黃竑上疏事件，把易儲問題公開化了，從而加速了易換太子的進程。

黃竑，廣西潯州守備都指揮，因襲殺廣西思明府知府而被捕入獄，為求自救，他派下屬進京上奏請求易改東宮。朱祁鈺抓住機會將奏疏發給朝臣討論，大臣見事已至此而且沒有人出來反對，王文等人先後簽名同意。景泰三年（一四五二年）五月，朱祁鈺冊立自己的兒子朱見濟為皇太子，改朱見深為沂王。

誰知天不遂人願，朱見濟早夭，朱祁鈺也因此在精神上受到了沉重打擊。於是立皇太子的問題馬上又成為朝中議論的中心，由於朱祁鈺沒有其他兒子，很多大臣就重新想到了朱見深。御史鍾同、禮部儀制郎中章綸先後上疏請求重新立朱見深為太子。章綸在奏章上說：「太上皇帝君臨天下十四年，陛下宜率群臣每月朔望及歲時節旦，朝見太上皇於延安門，以極尊崇之道。而又復皇后中宮，以正天下之母儀；復皇儲於東宮，以定天下之大本。」

恢復朱見深皇太子的地位就如同請太上皇復位一樣，對朱祁鈺來說是諱莫如深的事。章綸的這番話說得他勃然大怒，立即下令把鍾同、章綸關進錦衣衛大獄嚴刑拷打。結果鍾同被活活打死，章綸也被打得遍體鱗傷、奄奄一息。為了便於監視朱祁鎮，朱祁鈺下令將南宮附近的樹木全部伐去。時值盛夏，朱祁鎮平時經常倚樹休息，他得知伐去樹木的原因後更加恐慌。廢立太子的風波，使朱祁鎮和朱祁鈺兄弟之間的矛盾更加明朗化了。

不過好在朱祁鈺還在壯年，子嗣的問題對他來講還不用非常發愁。可是景泰八年，朱祁鈺突然得了重病，建儲的問題又成了重點問題並被擺上了朝堂。可是眾大臣的意見並不統一，有的主張復立沂王，有的主張立襄王，此時內宮傳來朱祁鈺病體好轉的消息，於是眾大臣準備第二天上朝與朱祁鈺商議。但是朱祁鈺由於大病初癒，第二天早上起床後不久就又睡著了，這一覺竟改變了朱祁鈺的一生，也改變了大明王朝的命運，更改變了歷史車輪的走向。就在這天夜裡，爆發了著名的奪門之變，英宗復辟。第二天，朱祁鈺被廢為親王，軟禁於西內，不久死於永安宮。他生前為自己營建的陵墓壽陵，被英宗下令拆毀。于謙、王文被殺，朱祁鈺的統治時期就這樣結束了。

朱祁鈺死後，於成化十一年（一四七五年）才被恢復帝號，被諡為景帝，廟號代宗。明代宗朱祁鈺支持于謙反對南遷，取得北京保衛戰的勝利，重用正統朝被迫害的忠直大臣挽狂瀾於既倒，並對明朝戰後的恢復做出了貢獻。但在對待迎回英宗的問題上他過於小氣，同時在太子問題上又顯得得寸進尺，最後他的一生以悲劇告終。

第八章　專情皇帝　憲宗朱見深

明憲宗朱見深（一四四七——一四八七年），英宗長子，明朝第八位皇帝。英宗死後即位，年號成化。

他在位期間重用宦官、寵幸貴妃，而且與民爭利，是一個典型的敗家皇帝。明朝在他統治期間，吏治腐敗、朝綱混亂。一四八七年，憲宗病死，在位二十三年，葬於茂陵。

01 儲位動盪，皇路曲折

明代宗朱祁鈺得到皇帝寶座，像天上掉餡餅一樣容易。明憲宗朱見深卻正好相反，他的皇帝之路是非常曲折的。

朱見深是英宗朱祁鎮的長子，當時與次子見潾、三子見湜均為庶出。「土木堡之變」英宗被俘，考慮到瓦剌的進攻和要脅，英宗的母親孫太后命朱祁鈺監國，令文武群臣凡合行大小事務均聽其發落，此舉起到了穩定人心的作用。可是僅隔一天之後，這位皇太后又下聖旨，欲立英宗長子朱見深為皇太子，此舉又令眾大臣都瞠目結舌。禮部有關冊封皇太子儀式的意見尚未提出，太后就正式頒布詔令：「邇因虜寇犯邊，毒害生靈，皇帝恐禍連宗社，不得已躬率六師，往正其罪，不意權留虜庭，尚念臣民不可無主，茲於皇庶子三人之中，選其賢而長者曰見深，正位東宮。仍命郕王為輔，代總國政。」

孫太后何以在此時急於立不滿兩歲的朱見深為太子？此乃事出有因，孫太后原為宣宗的貴妃，而皇后為胡氏。後來宣宗以胡氏多病無子為由，廢胡氏而立孫氏為皇后。宣宗第二個兒子，即英宗唯一的弟弟，便是郕王朱祁鈺，生母是賢妃吳氏。對孫太后來說，兒子祁鎮被蒙古人擄去生死難測，如吳氏之子祁鈺監國，一旦祁鎮有意外，祁鈺做了皇帝，母以子貴，那太后豈不是吳氏？豈能讓吳氏壓過自己？立自己的孫子見深為太子，即使英宗死於蒙古，那麼繼承皇位的不應是郕王，而是自己的長孫見深。經孫太后的這般苦心安排，年幼的朱見深便成了合法的皇位繼承人。

太子是皇位的法定繼承者，但是朱見深的儲位卻是不安穩的。正統十四年（一四四九年）八月十一日，即朱見深被立為皇太子後的第六天，在京百官聯名上疏說聖駕北狩、皇太子幼沖、國勢危殆、人心洶湧，國不可無長君，為安社稷請郕王即皇帝位。面對群臣的聯合行動，孫太后萬般無奈只得違心地做出讓步，於是郕王朱祁鈺即皇帝位，是為代宗景泰皇帝。

朱祁鈺當上皇帝之後，便想方設法立自己的兒子為太子。沒想到造化弄人，太子早亡，而朱祁鈺又沒有其他的兒子，太子之位便空著。雖然有朝中大臣想復立朱見深為太子，但朱祁鈺一直沒有同意。

英宗復辟，再次登上了皇帝的寶座，朱見深復立為太子是順理成章的事。但從當時的實際情況來看，朱祁鈺病重無子，他死後朱見深會順乎自然地繼承皇位，而英宗復辟反而使朱見深晚坐了七年的皇位，多當了七年的太子。

天順元年（一四五七年）三月初六日，英宗頒詔天下冊立見深為太子，但這份詔書竟把見深寫成見濡，群臣莫名其妙猜測不已，以為儲位又出了問題。《明憲宗實錄》說：「上初名見深，至是改名見濡。詔書失寫其故，頒行天下，人皆驚相問曰：『此非向所太子乎？何名之不同也。』」原來憲宗此前名見深，至此改名見濡，人不知其故，所以又是一場虛驚。從表面上看朱見深已經成為皇位的合法繼承人，但實際上英宗對這位庶出的長子並不滿意，所以病重期間，便「有問東宮於帝者」。此時英宗除見深外還有六位皇子，大有選擇的餘地。英宗為此曾召見大學士李賢商量此事，但李賢已不願皇儲再起風波而影響朝政，力勸英宗三思。英宗問道：「然則必傳位太子乎？」李賢乘機將此疑問語變為肯定語而答曰：「宗社幸甚。」因此朱見深的儲位又一次渡過了險情。英宗遂命召見太子見深，李賢急扶見深拜倒在英宗腳下，朱見深抱著病重父親的雙腳痛哭失聲，英宗見到自己的親骨肉如此也聲淚俱下，父子間的隔閡在這瞬間煙消雲散了。至此，朱見深儲位的動盪才告結束。

由於幼年即捲在皇位之爭的漩渦中，精神壓力非常大，因此朱見深留下了口吃的毛病，這也為他以後的執政留下了隱患。天順八年（一四六四年），英宗皇帝去世，朱見深繼承了皇位，成為了明朝第八位皇帝，第二年改年號為「成化」。

02 任用奸佞，朝政荒廢

皇帝治事在於用人，會用人則成事，不會用人則敗事。明憲宗朱見深任用奸佞，稱得上是一個敗家子。

憲宗即位後，平反了于謙冤獄，恢復了于謙之子的官職。又不顧明代宗曾廢掉自己的太子之位，以德報怨恢復代宗帝號，重修代宗陵寢，博得了朝野上下的一片稱頌之聲。朱見深任用李賢、彭時、商輅等人，可謂是人才濟濟，朝政也比較清明。

但以明君形象出現的朱見深只是曇花一現。隨著明朝土地兼併的日趨嚴重，官吏對百姓的壓榨也越來越嚴重，致使許多農民流離失所，並且情況還在不斷惡化。百姓終於忍無可忍，於是荊襄爆發了劉千斤起義、廣西爆發了少數民族起義。雖然這些起義最終都失敗了，但已經為朱家的統治敲響了警鐘。更值得一提的是廣西的少數民族起義雖然被鎮壓住了，但是它的影響卻非常深遠。因為成化朝最顯眼的兩位人物都是這次起義的俘虜，一個是孝宗皇帝的生母紀氏，另一個就是一手遮天的大太監汪直。

汪直，廣西人。明憲宗成化初年，他家鄉人民起義抗暴，明政府派兵鎮壓，汪直被明軍俘獲。官員見他長得機靈，便將他閹割送入宮中，後來被派到萬貴妃昭德宮中服役。萬貴妃是個城府極深、善於玩弄權術的女人，雖然比憲宗年長近二十歲，卻很得寵愛，還被冊封為貴妃。汪直入宮後一直在萬貴妃身邊服侍，他事事小心、處處討好，萬貴妃和憲宗對他十分滿意。汪直本來就很聰明，再加上宮中爭權奪勢生活的磨鍊，他漸漸地學會了玩弄心機。

汪直剛被提升為御馬監太監不久，宮中發生了一起陰謀刺殺憲宗未遂事件。為了加強防範，憲宗進一步強化了特務統治，不斷派出心腹四處偵探官民的動靜。成化十二年（一四七六年），汪直接受憲宗密旨，喬裝打扮穿戴成老百姓的模樣，開始了一年多的偵探活動。他行蹤詭秘、偵察細密，上自朝中大臣，下至平民百姓，從議論國事到街談巷議，全都被他搜入情報，定期直接向憲宗面奏。憲宗對汪直的賣力表現極為讚賞，對他更加寵信。次年正月，憲宗設立了嫡系特務機構——西廠，命汪直主管。汪直當上西廠特務頭子後，為向憲宗表示忠心以騙取更大的信任，便指揮手下如群狗般出動四處捕捉獵物。正巧南京鎮守太監覃力朋為非作歹，他騷擾州縣、毆打典吏、濫殺無辜激起了民憤。汪直得到這一消息後，想趁機為自己撈取資本，立即下令逮捕了覃力朋，並擬處斬刑。汪直通過這次事件名聲大振，被視為執法如山、秉公辦案的忠良義士，得到憲宗進一步的倚重。

為了擴大自己的勢力，汪直拉幫結夥，大力培植親信、剷除異己，與御史王越、錦衣衛百戶韋瑛等人結為心腹，策劃陰謀、製造冤獄、濫殺無辜，然後謊報給皇上邀功請賞。

成化十三年（一四七七年）二月到五月，汪直在短短幾個月的時間裡縱容手下特務張口定罪、舉手殺人，製造了十多起冤獄；並派爪牙四處肆無忌憚地抓人、殺人，鬧得全國上下雞犬不寧、人人自危。二月，他製造的楊泰、楊曄父子冤案中，楊曄慘死獄中，楊泰被處死刑，禮部主事董嶼、兵部主事楊仕偉及不少人都連坐遭貶。三月，他指使西廠特務開展了遍及全國的「捕妖言」運動，特務們上行下效，設置圈套誘使百姓「犯法」，然後加以「亂民」「要犯」的罪名逮捕入獄，無數生靈蒙冤而死，特務們卻邀功領賞、升官進階。後來，有人上疏告發西廠為害百姓、亂殺無辜，憲宗明知西廠弄虛作假騙取賞賜但並不追究，這就更加縱容了汪直一夥。四月、五月，汪直唆使韋瑛羅織了幾起大案，將禮部郎中樂章、刑部郎中武清、浙江布政使劉福、御史黃本等人或逮捕入獄、或革職為民。

隨著地位的上升、權力的擴大，汪直越來越不可一世，每次出行都是前呼後擁排場十足。只要他走在路上，不論官民都要主動下馬迴避讓路，否則將會大禍臨頭，輕者遭受皮肉之苦，重者性命難保。即使是朝中命官對這個無賴也只得忍讓三分。倘若與他路遇，大都慌忙地改道迴避，唯恐惹出是非。兵部尚書項忠是朝中重臣，一天早朝路遇汪直，他沒有主動讓道，汪直當場破口大罵，並指使爪牙圍住項忠百般凌辱。

汪直倚勢欺人、驕橫跋扈，使得朝廷內外一片烏煙瘴氣，激起了朝中大臣的強烈不滿。大學士商輅等大臣列舉了十一條大罪聯名上疏參劾汪直。憲宗仍然執迷不悟，商輅等人又當廷力諫，太監懷恩、兵部尚書項忠一齊回應，終於迫使憲宗下詔撤銷西廠，將汪直調回御馬監，放逐了汪直的心腹幹將。西廠被撤、汪直受挫但他並沒有所收斂，反而虎視眈眈地伺機報復。他向憲宗進讒言誣告跟他作對的朝臣，矯旨斥逐了黃賜、陳祖生，革除了項忠的官籍。

西廠被撤僅一個多月，憲宗又下詔恢復，仍委任汪直掌管。汪直變本加厲地打擊異己，明目張膽地報復，並大力安插親信，似一股捲土重來的陰風使全國又一次籠罩在恐怖之中。

汪直的行為終於引起了憲宗的反感，加上東廠的頭子尚銘暗中挑撥，憲宗開始慢慢疏遠汪直。成化十七年（一四八一年），憲宗命汪直和王越往宣府禦敵。敵退後，汪直請求班師回京，憲宗卻命他徙鎮大同，諸將還京獨留汪直和王越，汪直久不得還其寵漸衰。內閣大學士萬安等紛紛趁機劾奏汪直苛擾請罷西廠，於是憲宗調汪直為南京御馬監，罷除西廠。不久又降汪直為奉御，並褫逐其黨王越、戴縉、吳綬等，韋瑛也因坐事被誅，中外欣然、人心大快。西廠罷後，尚銘仍專東廠，「聞京師有富室，輒以事羅織，得重賄乃已。賣官鬻爵，無所不至」，憲宗發覺後謫尚銘南京淨軍，「籍其家，輦送內府，數日不盡」。

朝廷並沒有因為汪直的離開而安定下來，憲宗皇帝開始寵信佛道、任用奸佞。大批賢能之士或被貶逐、或罷官、或去世，朝廷中難有直臣容身。許多社會無賴、騙子得以混進宮中，而朝廷的重要官吏也腐敗到了極點，當時百姓就有「紙糊三閣老、泥塑六尚書」的說法，將這些朝廷的蛀蟲貶得一錢不值。這些大臣不但貪贓枉法，而且為了取悅憲宗經常以房中術進獻，明朝政治出現了前所未有的混亂。政治昏暗、奸臣當道、王室奢侈而官吏貪污盤剝，再加上連年的水、旱災，人民處於饑寒交迫、水深火熱之中。

03 遍設皇莊，毀壞王朝經濟基礎

為了一己私欲，憲宗朱見深遍設皇莊，瘋狂地搜刮百姓，這是在破壞朱氏家族的統治基礎。

「皇莊」之名，始於憲宗朱見深。天順八年（一四六四年），他沒收宦官曹吉祥在順義的田地，設為「皇莊」。明代皇莊的出現有可能比這還早，例如，仁宗朱高熾就曾有仁壽宮莊、清寧未央宮莊，英宗朱祁鎮為諸子設立東宮、德王、秀王莊田。而朱見深的這種做法，無疑使皇莊的設立名正言順，從而使皇室搜刮土地的風氣進入一個高潮階段。

不過，皇莊並不單是皇帝一個人的莊田，而是包括皇帝本身、后妃、皇太子及在京諸王的莊田。也就是說是皇帝及其妻、子的莊田。因此，皇子若分封後離京去了封地，在封地取得的田地就不算作皇莊了。

皇帝的莊田是由皇帝委派太監經營的「自行管業」的土地。收入的皇莊子粒或皇莊子粒銀都由管莊太監直接掌管，由宮廷自行支配。皇太后的莊田又名宮莊，在明代史籍中大多稱為仁壽、清寧、未央三宮莊田，每年所收子粒銀稱三宮子粒銀。所佔土地數量也相當多。皇太子莊田即東宮莊田。天順三年（一四五九年），英宗將昌平縣湯山莊、三河縣白塔莊、朝陽門外四號廠官莊賜給東宮（即後來的憲宗）。憲宗時也賜太子東宮莊田，計五莊。

皇莊土地的來源較多，其中主要來自原屬國家官田的牧馬草場地、奪還勳戚的莊田、侵佔的民田、「奸民」向管莊太監投獻的部分官民田地、未就藩的王府辭還地等。皇莊所佔土地的數目在史上沒有完整記載。弘治二年（一四八九年）戶部尚書李敏言，畿內之地，皇莊有五，共地一萬二千八百餘頃。正德九年（一五一四年）所設皇莊，佔地達三萬七千五百餘頃。皇莊內部的管理人員大多由宮廷直接委派管莊太監管理，另有官校、莊頭、家人等數十人。管莊太監倚仗權勢對農民進行殘酷剝削，引起京畿地區農民不斷地反抗。

嘉靖期間，明世宗派夏言查勘皇莊後，將一部分皇莊改稱官地，同時還撤回自行管理的皇莊管莊人員，由戶部派州縣官取代，即「有司代管」。但實際上由太監徵收皇莊子粒或皇莊子粒銀的辦法，一直維持至明末也沒改變。

皇莊的設立，其實是開了明代土地兼併的先河。土地兼併不但激化了社會矛盾，而且在皇莊內土地所有權與司法權、行政權相結合，皇莊的管理非常混亂。一般的皇莊都是派宦官去掌管的，宦官帶著一旗校，再豢養著一幫無賴，「佔土地，斂財物，汙婦女」，無所不為。由皇莊引發的社會問題，引起了一些官僚士大夫的注意。嘉靖初年曾在表面廢止皇莊，改稱官地，但不過是換湯不換藥，因此憲宗設置皇莊的做法無疑在與民爭富，是在毀壞王朝統治的經濟根基。

04 違背祖制，隨意任用官員

不會用人則敗事。憲宗不會用人，使當時國家奸臣橫行，百姓遭殃、國力衰退，大明王朝走向衰落。

吏制是一個國家政治制度的晴雨錶。吏制清明，國家則昌盛；吏制腐敗，國家則衰敗。一個國家的吏制是否腐敗，直接影響著它的發展和興亡。在明朝初期，朱元璋就親自制定了一系列的制度規定，目的是永保朱家江山。官吏的任用要求經過科舉或吏部考察推薦，再由皇帝任命，有著一套嚴格的聘用程序，但是憲宗朱見深登基後就推行了違背祖制程序的「傳奉官」。

「傳奉官」是當時人們稱呼那些不經吏部考察，不經選拔、廷推和部議等選官的正常管道，而是由皇帝直接批授，中宮太監傳旨任用的官員。這種違反程序的用人現象，使許多奸佞之人通過賄賂皇帝寵愛的嬪妃和太監獲取了官職，使賣官鬻爵在歷史上達到一個頂峰。當時以皇帝名義任命的傳奉官多達數千人，動輒一次任命數百人，竟然出現了「文職有未識一丁，武階亦未挾一矢」的荒唐現象。

對用人制度的破壞性舉措，帶來了三個惡果：一是皇帝視官爵為私物，只要高興便可隨意任用官員，破壞了皇帝與官僚士大夫之間的平衡。二是既然傳奉官可以直接由皇帝任命，也就說明其中大部分人不是通過正常管道獲得官職的，從而造成官員隊伍龐雜、素質低下，極大地敗壞了吏治。三是由於傳奉官是由宮中旨意直接傳授，不需經過吏部覆核，因此宮中掌權的嬪妃及太監就能「憑藉皇帝的名義」大行私利、胡作非為，從而助長了宦官專權、賣官鬻爵的政治弊政。

明憲宗這樣的作為，不但違背了祖制，還將官爵由「天下公器」變成了皇帝的「人主私器」。用人不當，極大地破壞了政治制度，使當時國家奸臣橫行，百姓遭殃、國力衰退，大明王朝向滅亡之地迅速滑去。

05 寵愛宮女，差點絕嗣

古有帝王不愛江山愛美人，而憲宗朱見深卻深愛美人而忽略了傳宗接代的重責。憲宗不但是個敗家子，而且還差點兒絕後。

在婚配年齡上，中國自古以來都以「丈夫年長於妻子」這一模式佔主流，即使妻子年紀稍大，一般也是在三兩歲之間。然而在明朝的深宮大院裡，一個比皇帝年長十九歲的母親輩女人高居專寵之位，甚至凌駕於皇后之上。更令人稱奇的是，皇帝對這個中人之姿、脾性粗俗、擾亂朝政內宮、被世人恨之入骨的女人不但專寵，甚至到了生死相隨的地步。她就是明憲宗的萬貴妃。

常言道，沒有無緣無故的愛，也沒有無緣無故的恨。萬貴妃能得到皇帝這樣的寵愛也是有原因的。萬貴妃乳名「貞兒」，生於宣德三年（一四二八年），原籍諸城人（今山東諸城），她的父親叫萬貴，本來是縣衙裡的一個小小「椽史」。由於親戚犯法株連，萬貴一家被迫離鄉，流放到了霸州。

霸州在現在的河北境內，明王朝的宮婢一般也就在這個範圍內選取。在萬貞兒四歲那年，由於家境貧困也參加了宮女之選，從此踏進了深幽的紫禁城。

萬貞兒本來就聰明伶俐惹人喜歡，家境和生活也逼使這個小小年紀的女孩子格外乖巧。她既善於察言觀色，又從不偷懶怕累，於是女官將她分配到了宣宗皇后的宮裡聽差——這位宣宗皇后就是第一個以貴妃身分得到金冊金寶、之後又晉升為正宮的孫氏。

萬貞兒很快就得到了孫皇后的喜愛。在她七歲那年，明宣宗駕崩，孫皇后成為皇太后，萬貞兒也就成了皇太后最喜愛的小宮女。她緊跟在孫太后的身邊，既學了書畫文墨，又極深地接觸到了宮闈內外種種爭鬥的內情，更對主人尊崇的太后地位羨慕不已。也許就從那時起，她心裡就暗暗下定了要出人頭地的決心。

土木堡之變後，年僅兩歲的朱見深被立為皇太子。朱見深的生母周氏身分低微，貴妃之位還是英宗復位後才得到的。當此局勢變亂之際，皇帝（代宗）又不是太子的生身父親，孫太后對於孫子不能不格外小心，她決定從自己貼身的宮女中選一個老練可靠的人去照顧朱見深。最後她選中了萬貞兒，二十一歲的萬貞兒就這樣由太后的貼身宮女變成了皇太子的貼身宮女。她比這個小男孩大整整十九歲，和他的母親年齡差不多。

萬貞兒對朱見深的保護和照顧，可以說是盡職盡責的。作為一個情竇初開卻無法擁有正常婚姻的少女，她把自己所有的希望都寄託在自己所照看的這個孩子身上。這時的萬貞兒還是很不錯的。尤其是到了景泰三年（一四五二年）以後，萬貞兒對於朱見深的意義就更為重要了。

這一年，帝位穩固的景泰帝開始變臉，想要將自己的皇位一勞永逸地傳給自己的兒子。這年夏天，朱見深由太子被廢為沂王。

這時候的朱見深才只有五六歲年紀，親生的父母被囚禁在南宮，疼愛他的嬸嬸汪皇后又被叔父皇帝廢掉，而皇太后奶奶也是顧了這頭顧不了那頭。宮裡宮外到處都是景泰帝的眼目，宮女太監沒有誰願意也沒有誰敢對他表示絲毫的關懷。這個小孩子不但生活得艱難孤獨，而且周圍還充滿了看不見的惡意和危險。只有萬貞兒寸步不離地守護在他的身邊，對他的衣食住行親力親為，保護他的安全。

天順元年（一四五七年）正月，英宗走出了南宮，復辟為大明皇帝。十歲的朱見深在三月又重新成為大明王朝的皇儲。

朱見深這一次當皇儲，和上次大不一樣，當時的皇帝是他的叔父，而現在換成了他的父親。可以想像有多少馬屁精拼命地往上湊，他身邊多了很多出色的新進宮女。然而五年的廢太子生涯已經使他和萬貞兒分不開了，其他侍女永遠也無法達到萬貞兒在他心中的分量，他的貼身宮人仍然是萬貞兒，而這時萬貞兒與自己所侍奉的小主人之間的關係也已經開始變味了。

朱見深漸漸地長大了。按照一般的慣例，宮廷不但不反對青春期的皇子皇孫在正式婚姻前與女人發生關係，而且還會在這方面給他們提供多種便利，那些精心挑選的各種類型的宮娥都承擔著這種義務。由於日久生情，皇子們的第一個女人一般都在這些小宮娥裡面，但由於她們出身太低，除非是生下兒女，否則是得不到任何名分和認可的。

萬貞兒這時已經三十出頭了，不過她畢竟身在宮廷而且保養得宜，比起天真稚氣的小宮娥還多了一些成熟的風韻，而她也非常明白只有朱見深才能改變她的人生。於是這個慣例在朱見深這裡打了個轉：他日久生情的對象不是小姑娘，而是一手將他養大、對他瞭若指掌、他從小依靠的萬貞兒，他甚至從心底希望能夠讓萬貞兒做自己的妻子。

然而除了朱見深的偏愛之外，萬貞兒實在不具備做未來皇后的資格。她的年紀足以做太子的母親，而且相貌平平、身材寬闊、性格潑辣，非但沒有什麼淑女氣質，反倒是膽大聲洪，喜歡出頭露面，很像一個管家婆，對朱見深的所有事情都要管（**也算是習慣成自然**）。

萬貞兒造成了明朝第一個外戚亂政的局面，他的親戚在她的庇護下到處搶佔民田，而且許多官吏也通過賄賂她而得到了提升。不過萬氏對於朝廷的控制，比其對內宮的控制就可謂小巫見大巫了。她緊緊籠絡住成化皇帝，使得後宮無人敢觸犯她的勢力。成化皇帝的正宮皇后吳氏被打入冷宮，就是因為與萬貴妃發生口角，並動手打了萬氏。新皇后王氏也只好曲意逢迎，才得以保住皇后的位子。由於萬貴妃的親生子早夭，她為了避免失寵開始控制被皇帝臨幸的宮女。一旦發現宮女懷有身孕，不是強迫打胎就是致死，險些使朱見深斷了子孫。

成化二年（一四六六年）正月，三十七歲的萬貞兒終於如願以償，為十八歲的憲宗生下了兒子。這個孩子是皇長子，在皇后沒有嫡子的情形下，他就是未來的大明皇帝。憲宗興奮不已，立即派使者遍祀國內諸多名山大川為皇子祈福，隨即又為萬貞兒賜了尊號。

在之前明王朝只有貴妃之位，到萬貞兒這裡卻成了「皇貴妃」。萬貞兒終於達成了自己的第一個目的，不但因子而貴，而且還超過了舊主人孫氏——當年孫氏不過是「貴妃」。

然而萬貞兒得意得太早了。儘管官員們四處祈福，老天仍然沒有站在她這一邊，皇長子連名字都還沒來得及取就夭折了。

或許是老天幫忙，憲宗終於有一個兒子在危機四伏的後宮中生存了下來，他就是未來的明孝宗——朱祐樘。

成化元年春天，廣西就曾經發生過瑤民動亂，當時剛即帝位的憲宗派趙輔為總兵官前往平叛。民亂平息之後，按「罪及婦孺」的原則，明軍將一些所謂的「罪人妻女」帶回了北京，一部分姿色較好的則被沒為宮婢送進大內，其中一個來自賀縣的小姑娘成了王皇后宮中的侍女。

這個小姑娘年紀還小，此前從來沒有離開過家，父母家人也在平亂中被殺，對有關家鄉的記憶都已經很模糊了，她入宮後被稱為「紀氏」。王皇后看她身世可憐又伶俐可愛，對她特別地關照。

依照明宮習俗，要選年長知書的內官教宮女讀書習字。宮女若學業有成，會被評為女秀才、女史，直至女官正。明宮中設六局二十四司，共有女官一百八十七人，女史九十六人，她們都有官印，在工作期間都有俸祿。若立下功勞還能在年輕時便被送歸父母聽憑婚嫁，即使年輕時沒能出得了宮，年長退休後也可以選擇出宮頤養天年。紀氏就在王皇后的關照下得到了這樣的機會，她首先是在內官的教導下很快掌握了大量知識，隨後由於「敏通文字」又被升為宮廷預備女官，到皇宮內庫去任「女史」之職。

成化五年（一四六九年）夏天，憲宗偶然來到內庫，對談吐閒雅的紀女史一見動情，這樣一次極偶然的機會就使紀女史懷上了身孕。大概是因為內庫眾宮女都是紀女史的下屬，她被皇帝召幸有孕的事情一直被隱瞞了下來，直到後來肚腹已經大得無法遮掩才被萬貴妃的耳目探知。

萬貴妃對於紀女史在自己眼皮底下竟能懷孕的事氣得大喊大叫，就立刻命宮婢拿烈性墮胎藥去給紀氏吃。宮婢來到內庫，看見紀氏肚腹已經隆起，若是此時強行墮胎一定性命不保。想到那個已經成形的胎兒，看著驚恐萬分的紀氏，宮婢實在不忍心做這樣的惡事。她只給紀氏服了少量墮胎藥——這自然不足以打下胎兒。於是這名宮婢便回報萬貴妃，說紀氏其實是「病痞」。痞，是中醫形容病症的常用字眼，但是並不固定在哪種病上，猜想在此處很有可能是說她肚裡長了腫瘤之類的異物。總之一句話，紀女史「沒有」懷孕。萬貴妃聽了回報也懶得詳加追究而就此罷手，只是下令立即將紀氏移居安樂堂而已。

安樂堂是收容老病宮女的地方，就在這個惡劣的生存環境下，紀氏於成化六年（一四七〇年）七月生下了一個非常瘦弱的男嬰。這位皇子剛出生的時候，頭頂竟有超過一寸的地方沒能長出胎髮，這也許是因為營養不良，更有人說是因為被強行灌下的少量墮胎藥所致。

對於後宮女人來說，能為皇帝生下兒子，而且還是排行最靠前的兒子，無疑是一件皆大歡喜的事情，然而紀女史在知道自己生下了兒子之後卻是驚恐萬狀。她害怕這件事一旦被萬貴妃得知，自己和安樂堂中所有的人都要性命不保，而嬰兒也一樣只有死路一條。她幾經思考只能流著眼淚把孩子交給太監張敏，求他替自己把嬰兒弄死。張敏對皇帝忠心耿耿，紀女史的決定使他大驚失色：「皇上到現在還沒有兒子，怎麼能把這個孩子放棄了呢！」他冒著生命危險將嬰兒藏到一處密室，每天拿一些麵食蜜糖來餵養。

萬貴妃雖然相信了宮婢的回報，但是多少還有些放心不下，時常派人去安樂堂察看紀女史的情況。由於嬰兒剛一出生就被張敏抱走，所以察看的人始終沒有得到確切的消息。時間長了，萬貴妃也就相信了紀氏「病痞」之事，對她不再過問。

廢后吳氏所居的「西內」住所，靠近安樂堂的位置，她很快就知道了紀女史生皇子的消息。吳氏確實不愧於當年英宗對她「足以母儀天下」的評價，雖然皇帝對她負心薄幸，但她卻始終為皇帝無子一事而憂慮。不久，吳氏冒著生命危險，每天往返於西內和安樂堂之間，精心地照料皇子朱祐樘。等到風頭過去之後，吳氏又將紀女史母子都接到自己的住處一起生活。在她的悉心照料下，朱祐樘終於艱難地長大了。由於不敢讓更多的人知道他的存在，直到五六歲都不曾為他剪過胎髮。

當憲宗知道之後，不久就將朱祐樘立為太子，大明江山終於後繼有人了。成化二十三年（一四八七年）春天，萬貞兒因為生氣，一口痰湧上她的喉嚨，頃刻之間就要了她的性命。

憲宗得知這個消息，哭得死去活來如喪考妣，宣布為萬貴妃罷朝七日，以皇后的禮儀將她下葬在天壽山西南，並給她上了一個上好的謚號：「恭肅端慎榮靖皇貴妃」。朱見深也因悲傷過度於數月後去世，為太子朱祐樘留下了一個千瘡百孔的江山。

在明代皇帝的一夫多妻制等級家庭中，皇帝擁有多位妃子，但真正談得上愛情關係的卻極少，皇帝的感情糾葛與家庭結構中的諸多矛盾也導致了許多戲劇性變化。如朱元璋和朱棣，對正宮皇后感情甚篤，因而在皇后去世之後再也不重立皇后，這是對夫妻感情的一種尊重。明憲宗與長他十九歲的妃子萬貞兒感情甚好以致擁有一生的寵幸，生了皇子後馬上晉為貴妃，並且這寵幸不因萬貞兒的年齡和胡作非為而衰減一分。憲宗當朝，「紙糊三閣老，泥塑六尚書」使得朝政紊亂，甚至護不了親生兒子的生死，但他對一個女人持久的感情算得上是至情至忠。

第九章　中興之君　孝宗朱祐樘

明孝宗朱祐樘（一四七〇——一五〇五年），明憲宗第三子，一四八七——一五〇五年在位，年號弘治。

即位後努力扭轉憲宗時朝政的腐敗狀況，驅逐奸佞、任用賢能、勤於政事、重視司法。執政期間，社會矛盾有所緩和，統治階級內部亦較穩定，平定外患，史稱弘治中興。弘治十八年（一五〇五年）五月七日逝於乾清宮，享年三十六歲。

01 勤政愛民，延緩衰敗步伐

孝宗朱祐樘勤政愛民，使弘治一朝政治清明、經濟發達，號稱太平盛世。

成化二十三年（一四八七年）八月，憲宗死去。九月，十八歲的皇太子朱祐樘繼承大統，大赦天下，以明年為弘治元年。孝宗登基後面臨的形勢相當嚴峻，憲宗時期朝政日趨混亂，社會矛盾日益尖銳。在這種情況下，孝宗改良政治，大力整飭吏治以振興王朝。

斥逐奸邪。太監梁芳為人「貪黠諛佞」，為了取悅憲宗和萬貴妃，「日進美珠珍寶」。不少奸佞如李孜省、僧人繼曉等，都是通過梁芳的門路而得到重用的。他們勾結起來作奸犯科、謀取私利，通過梁芳直接取旨授官（名為傳奉官）的就有數千人之多，有白衣而至太常卿者。對於這夥奸佞小人，孝宗即位第六天就採納六科、十三道御史的建議，貶梁芳為南京少監，謫李孜省等戍邊陝西。同年十一月，又下令逮捕梁芳、李孜省下獄。李孜省不勝拷打死於獄中，梁芳亦「卒廢以死」。弘治元年（一四八八年）十一月，作惡多端的僧人繼曉也被處以死刑，接著其他奸邪也相繼被罷斥，其中包括在成化年間只知獻媚取寵的內閣首輔萬安。而孝宗最大的舉措是下令汰傳奉官，將右通政任傑等兩千餘名罷免，同時還罷遣此類禪師、國師、真人等一千幾百人，先朝留下的奸邪小人經過這番清洗幾乎所剩無幾。

選賢任能。在罷斥奸邪的同時，孝宗還大力選拔賢才委以重任。王恕、馬文升、劉大夏、劉健、李東陽、謝遷等都先後當朝輔政，一時出現了「朝多君子」的盛況，這對孝宗改良政治起了保證作用。

王恕，陝西三原人。成化年間就以敢直言進諫而著稱。當時他曾先後應詔陳言二十一疏，疏論朝政三十九次，「侃侃論列無少避」「以直聲動天下」。每當朝廷政事委決不下時，廷臣們總是寄希望於王恕，時人有歌謠稱讚說：「兩京十二部，唯有一王恕。」如此直臣自然會遭到一些近幸顯貴的怨恨，昏庸的憲宗「亦頗厭苦之」，成化二十二年（一四八六年）竟迫其致仕。孝宗即位後，廷臣推薦因事而被罷官家居的大臣，王恕名列首位。孝宗即召用王恕為吏部尚書，直到弘治六年（一四九三年）閏五月休致為止。孝宗推心委用，王恕也盡心輔佐，還大力引薦賢才，他所薦用的耿裕、彭韶、何喬新、周經、李敏、張悅、倪岳、劉大夏、戴珊、章懋等都成了一代名臣。

馬文升，鈞州人，文武全才。成化二十一年（一四八五年）升任兵部尚書，第二年，因被李孜省進讒言改任南京兵部尚書。成化二十三年（一四八七年）十一月，被孝宗召入京師，任命為左都御史。弘治二年（一四八九年）再任為兵部尚書，兼督團營。其時軍政廢弛，邊境防禦空虛。馬文升上任後考核將校，罷黜貪詐、怯懦將帥三十餘人。這些被罷者十分怨恨，有的手持弓箭，伺守在馬文升家周圍企圖行刺；還有的書寫匿名信誹謗他，用箭射入東長安門內造謠惑眾。孝宗聞訊後，立即命錦衣衛逮捕這些不法之徒，同時派十二名騎士專門保護馬文升。皇帝的信任使馬文升更加盡心朝政，在屯田、馬政、邊備等諸多方面提出許多有價值的建議。王恕致仕後，馬文升改任吏部尚書，雖已年近八旬，但議政時仍侃侃而談，風采不減當年。

劉大夏，華容人，初任職方主事，後升為郎中。他熟知兵事，深得兵部尚書余子俊的賞識，「倚之若左右手」。弘治二年，遷為廣東右布政使，弘治六年（一四九三年）以吏部尚書王恕薦，擢右副都御史，弘治十五年（一五〇二年）正式就任兵部尚書。任職期間，劉大夏屢上章疏提出了許多改良朝政的好建議，孝宗也傾心相聽多有採納。一次，孝宗召見劉大夏問道：「卿前言天下民窮財盡，但祖宗朝徵收賦稅皆有定額，為什麼會弄到如今這個地步呢？」劉大夏答道：「這是因為政府徵斂沒有定額的緣故。如朝廷每年向廣西徵采鐸木，又向廣東索取香藥，動輒耗資數以萬計，其他的就可想而知了。」孝宗隨後又問詢士兵狀況，劉大夏直言不諱地說：「士卒同百姓一樣貧窮。」孝宗不解地問道：「士卒居有月糧，出征又發行糧，怎麼會窮呢？」劉大夏答曰：「雖是規定這樣，但將帥層層克扣剝皮，到士卒手中的實際還不到規定的一半，怎麼會不窮呢？」孝宗聽後，感慨萬分地說道：「朕即位這麼久，竟然不了解天下軍民的窮苦情況，怎麼配做萬民之主呢？」隨即下令革除弊端。

劉健、李東陽、謝遷等都是孝宗為太子時的講官。劉健，洛陽人。孝宗即位後，被提拔為禮部右侍郎兼翰林學士，入閣參預機務。弘治十一年（一四九八年），代徐溥為內閣首輔。他學問精深、直言敢諫、辦事精明果斷，人稱賢輔。李東陽，茶陵人，弘治八年（一四九五年）以禮部右侍郎兼侍讀學士入閣，後加銜至太子少保、禮部尚書兼文淵閣大學士。朝政每有缺失，李東陽都盡心力諫，每每切中要害。謝遷，餘姚人。孝宗即位後，仍為經筵講官。每次進講前他總要做好充分準備，進講時言辭懇切，寓規勸於講解之中，孝宗稱讚不已。後遷少詹事兼侍講學士，弘治八年與李東陽同時入閣，後加官至太子太保、兵部尚書兼東閣大學士。謝遷遇事頭腦清醒，分析問題深刻透徹。時人評論他與劉健、李東陽：「李公謀，劉公斷，謝公尤侃侃」。

嚴格考核官吏。孝宗認為要保證選賢任能方針的實施，對官員的考核審察就是十分必要的。弘治元年（一四八八年）三月，孝宗讓吏、兵二部把兩京文武大臣、在外知府、守備以上官員的姓名抄錄下來，貼在文華殿的牆壁上以便隨時觀覽，還將其為官實蹟記錄在姓名之下以備升遷罷黜。弘治八年（一四九五年）四月，孝宗還指示吏部、都察院要注意調查，掌握官員為政的實際情況以便做出公正的評語，「今後考察、黜退官員，各從公詢訪，必得實跡，不可輕信偏聽，以致枉人。」（《明孝宗實錄》卷九）

為提高考察的實效，孝宗還對官員考核制度予以完善和改進，首先是擴大考察範圍。弘治元年（一四八八年）正月，孝宗下令考察武職鎮守等官，「凡有疾者、戴罪待問者、年老政聲無聞者、不愜人望者，皆罷之；年及六十者，令致仕」（《明孝宗實錄》卷九）。在此之前，各處參將等武官都不在考察之列，以致他們中間有人貪贓枉法卻無人過問。這次由兵部會同科道官考察武官，罷免了鎮守寧夏東寧伯焦俊等十五人（《明孝宗實錄》卷九）。

與此同時，孝宗還命兩京五品以下的官員，包括欽天監和太醫院官員都參加考察。弘治元年八月，一次就黜退欽天監天文生及陰陽人等一〇八人。九月，孝宗又命王府輔導官也加入被考察行列。按明朝的舊制，王府官員是不參加考察的，而孝宗則規定「令巡撫、巡按官會同考察奏聞」。

除擴大考察範圍外，孝宗還對考察時間做了一些完善和改進。他規定「外官三年千朝覲，以辰、戌、丑、未歲，察典隨之，謂之外察」。對京官考察則由十年一考，改為六年一考。弘治十四年（一五〇一年），南京吏部尚書林瀚上言，在外司府以下官俱三年一考察，兩京及在外武職官，亦五年一考選，唯兩京五品以下官，十年才一考察，法太闊略。孝宗認為此議對加強京官的考察力度很有利，遂於弘治十七年（一五〇四年）六月正式頒令，「兩京吏部各會同都察院並各衙門堂上官從公考察，今後每六年一次，著為令」。考察制度的完善，大大提高了懲處貪殘和不稱職官員的力度，對吏治的整飭十分有利。弘治三年、九年、十五年經吏部考察後，老疾者致仕、疲軟無為者冠帶閒住、貪酷者為民，均達到兩千多人。而特別貪酷者則受到嚴厲處罰，福建邵武知縣高遷侵盜官庫銀五百餘兩，納賄一千餘兩，與家屬一起被發配廣東海南衛充軍。

為使吏治清明，孝宗還廣泛接受臣下建議，停開納粟事例。成化末年，因陝西、河南等省連年發生嚴重饑荒，憲宗詔開納粟事例，凡捐米粟入官者許為監生、吏、典等。弘治五年（一四九二年）十一月，吏部尚書王恕上疏抨擊這一制度：永樂、宣德、正統年間，天下也有災荒，各邊也需軍餉，當時沒有納粟之制，並沒聽說過糧食不足、軍民貧困。近年來，一遇災荒就行捐納，其結果一方面使正常仕途阻塞，有的人候選十五六年方才得到一官半職，及至上任鬢已斑白，早已無心從政；另一方面則是官以財進者，上任之後都貪財害民，致使官場日趨腐敗。孝宗認為他講得很對，立即下令停止納粟事例。

虛心納諫開言路。成化年間言路阻塞，直言敢諫之人屢遭罪罰。孝宗即位後，為及時糾正朝政缺失千方百計地疏通言路，首先對前朝因言事獲罪的官員進行甄別和平反。成化二十二年（一四八六年）十月，還將帶頭彈劾李孜省等奸邪的給事中韓重、王質等十二人晉升了職務。同時，下令科道官有空缺者悉數增補，充實言官隊伍。這些舉措不僅解除了人們心中的顧慮，而且很快就形成了人人踴躍上言的好風氣，「上更新庶政，封章旁午，言路大開」。孝宗即位之初，因其祖母、太皇太后好佛事，就賜給大慈延福寺六百多頃地作為香火田。御史紛紛上疏諫止，孝宗接受了眾人的意見將地收回，召民佃種。還有一次，孝宗準備在萬歲山上建一棕棚以便登高望遠，太學生虎臣得知後立即上疏勸諫，當時任國子監祭酒的費誾十分驚恐，害怕孝宗怪罪下來會受牽連，於是就將虎臣戴上枷鎖捆綁在樹下。過了不久，官校傳令虎臣到左順門聽旨。出人意料的是孝宗在諭旨中不但沒有責備虎臣，反而大加獎慰，說：「你說得對，棕棚已經拆了。」費誾聞訊羞愧難當，而虎臣卻因此名聞天下，不久還被任命為知縣。更為難能可貴的是，孝宗虛懷若谷能傾聽逆耳之言。吳一貫案是孝宗親自審理的，擬定為「大辟」罪。刑部尚書閔矽不同意，認為至多只能定為徒刑，二人為此爭執不下。左都御史戴珊進行調和，孝宗令閔矽重新擬罪，不料閔矽仍按己意奏上。孝宗很是生氣，召劉大夏商議，劉大夏說：「刑官執法是其職責，不可加罪。」孝宗默然，終於還是按閔矽的意見來處理。

興修水利。位於山東的黃河堤壩每年都會決口引發洪水，那裡正是黃河和大運河相交的地方，不僅危及大批人的生命也中斷了運河的運輸。一四九三年，當時在地方上任職的高級官員劉大夏經吏部尚書王恕推薦，負責這項水利整治工作。

劉大夏研究了河流管理工程的歷史，招收了地方上所能找到的最有經驗和技術最佳的人，採取了十四世紀中葉偉大的水利工程學家賈魯使用過的技術，經過長達兩年多的勞動，終於治理了因黃河水氾濫而帶來的水患。從離裂口很遠的上流（幾乎遠及河南的開封）開始，劉大夏堵塞了通過今河北南部和山東西部流向東北的黃河的幾條支流。這樣就使主河道轉向東南，流向江蘇北部的徐州，進而流向淮河的主管道入海。改變了黃河的主流，使它在山東半島南部流動，這一改變一直延續至十九世紀中葉。

在明代的諸多皇帝中，孝宗最為仁慈。他對於救荒的工作非常重視，要求各級官府都要設立常平倉以應付災荒。在刑罰方面，他要求慎重施刑，一些素以殘酷聞名的特務機構如錦衣衛都發生了改變。弘治一朝政治清明、經濟發達，文化上則出現了李東陽的茶陵詩派、邱濬的理學，史稱太平盛世。

02 寵愛皇后，包庇外戚

皇帝難為，由於他沒有將「小家」與「國家」平衡好，所以他只能是兩頭受氣。

明末清初的思想家黃宗羲曾寫過一篇專門批評專制君主的文章《原君》，其中有「離散天下之子女，以奉我一人之淫樂」一句。大概中國古代的成年皇帝很少有不淫蕩的，大都是三宮六院、嬪妃成群，明代的皇帝尤其如此。但有一個明代皇帝例外，那便是孝宗朱祐樘。有人說，他可能是中國皇帝中唯一實行一夫一妻制的帝王，他一生中只有一個皇后，而且沒有其他的嬪妃。皇后張氏，興濟（今河北滄州市北）人。按照明代中期以後選后的制度，皇后一般都出身於平民之家。張氏的父親張巒，原只是一個秀才，以鄉貢的名義進入國子監。也就是說，從地方學校保送進了國立最高學府讀書，成為國子監生。張氏出身於這樣的讀書人家庭，家教自然很好。成化二十三年（一四八七年）二月初六日，張氏與時為皇太子的朱祐樘成婚。

同年的九月，張氏被正式立為皇后。張皇后在弘治四年（一四九一年）的九月二十四日生下了皇長子朱厚照，即後來的武宗。朱厚照一生下來，面貌非常清秀，「粹質比冰玉，神采煥發」，因此孝宗對這個兒子非常疼愛，對於張皇后自然更是寵愛。晚明學者黃景昉說：「時張后愛最篤，同上起居，如民間伉儷然。」皇帝和皇后像民間的夫婦一樣，每天一同起居，這在封建皇帝的私人生活中是極為罕見的。

真是「一人得道，雞犬升天」。朱祐樘登基後，張皇后的父親張巒被封為壽寧伯。張巒死後，加贈昌國公，張皇后的弟弟張鶴齡襲封侯爵，另外一個弟弟張延齡也被加封。朱祐樘對張氏一家非常好，但張氏偏偏是那種得寸進尺、貪得無厭的人，而且她的這兩個弟弟比姐姐更加貪婪。張氏兄弟仗著自己外戚的地位到處為非作歹，兼併了大量的土地設立皇莊，使得許多農民流離失所。張氏兄弟還倒賣官鹽，當時的鹽是由國家壟斷的產品，是國家稅收的重要來源，張氏兄弟以此牟利，極大地影響了國庫的收入。張氏家族的許多堂兄弟、叔伯、養子和結拜弟兄都加官晉爵，整個明代沒有其他外戚享受過這樣的待遇。

弘治十年（一四九七年），朱祐樘聽說張氏兄弟在北京南部強奪農戶的田地，便派刑部侍郎屠勳和宦官蕭敬前去調查。屠勳和蕭敬如實地報告了情況，並要求將田地歸還給受害者。張皇后知道後勃然大怒，而據《明史》記載「帝亦佯怒」，朱祐樘進退兩難的心情由此可見一斑。但是他後來還是採納了屠勳和蕭敬的大部分建議，而且私下對蕭敬說：「汝言是也。」並賜給禮物作為他直言不諱的賞賜。

弘治十八年（一五〇五年），朱祐樘去世前的兩個月，年輕的戶部郎中李夢陽應詔上書，陳「二病、三害、六漸」，奏疏長達五千多言，批評了朝廷許多方面的弊端，極論得失。李夢陽在給朱祐樘的奏疏中特別指出了張鶴齡赤裸裸地濫用職權給朝廷造成的長期損害，在奏疏的最後說：「壽寧侯張鶴齡招納無賴，罔利賊民，勢如翼虎。」

張鶴齡發現李夢陽的奏疏中有「陛下厚張氏」的話，立即向姐姐張皇后告狀，說李夢陽竟敢稱呼皇后為張氏，論罪當斬。張皇后憤怒地向朱祐樘要求殺李夢陽，朱祐樘深感為難，最後還是下令將李夢陽投入獄中。但朱祐樘愛惜李夢陽的才華，最終只罰了李夢陽三個月的俸祿，然後釋放。

張皇后對朱祐樘的這種做法當然很不高興，左右太監都勸朱祐樘廷杖李夢陽，以洩皇后心頭之恨。朱祐樘不同意，對兵部尚書劉大夏說：「若輩欲以杖斃夢陽耳，吾寧殺直臣快左右心乎！」經此一事，李夢陽名聲鵲起成了朝廷和百姓心目中的英雄。不久後，李夢陽在路上遇見壽寧侯張鶴齡，李夢陽當面責罵張鶴齡，並打落了張鶴齡的兩顆牙齒，這事後來居然不了了之。

也許在孝宗看來，張氏兄弟雖然有過錯但畢竟是皇后的弟弟，所以一般的小過錯就寬免了。當然他也知道放任張氏兄弟的後果，所以希望通過自己的教誨使二人有所收斂。有一次，皇帝遊幸南宮，皇后、太子、皇后的母親金夫人以及張氏兄弟陪同。席間，皇后、太子及金夫人離席，孝宗便將張鶴齡單獨叫來，人們遠遠地看到張鶴齡摘下烏紗帽向皇帝叩頭，從此張氏兄弟的行跡較為收斂。後來在正德朝和嘉靖朝之交接期間，張氏兄弟因為擁護世宗登位而受寵幸。但是，二人最後的命運卻讓人嗟歎：張鶴齡被關在獄中死去，張延齡被殺於西市。這固然有世宗忘恩負義的因素，但二人的驕橫無法無疑是授人以柄。

03 溺愛獨子，權力傳紈褲

朱祐樘雖是個還算開明的皇帝，但教子無方，他將大明王朝交給他那浮誇又玩世不恭的兒子朱厚照，注定了明王朝的衰落。

朱祐樘的身體很不好，在他統治的後期常常不得不因病而不上朝，但他卻無法擺脫朝政。在朱祐樘統治的十八年間，自然災害顯得異常頻繁和嚴重，尤其在他生命的最後幾年。史書記載朱祐樘對黎民的苦難深感不安，各地的奏疏雪片一樣地飛來，催促朱祐樘做決定。

弘治十六年（一五〇三年）一月，大學士們上書責備朱祐樘，因為他的拖延耽誤了救濟南京澇災。但這時朱祐樘已經筋疲力盡了，他只在表面上對大學士們的建議表示感謝。

朱祐樘繼續虔誠地信奉道教，道士們定期在皇宮內舉行齋醮儀式。大臣們上書勸諫，認為朱祐樘這類背離理想帝王準則的行為將會造成天災，比如旱、澇、瘟疫和饑荒等，但朱祐樘卻置之不理。

弘治十七年（一五〇四年），朱祐樘封道士崔知端為太常寺卿，這在朝廷中引起了一片反對聲。朱祐樘統治的後期，李廣事件喚醒了那個沉睡多年的勵精圖治的孝宗皇帝，朱祐樘開始了生命中第二個、也是最後一個勤政時期。他任用劉大夏、戴珊等人重新整頓朝政，並告誡張氏兄弟收斂他們的惡行，但是這段曇花一現的時光隨著朱祐樘的駕崩被帶走了，終明一朝再也沒有回來。

朱祐樘的統治時期被史學家認為是大明王朝的迴光返照。大明王朝在成化年間就像已經得了重病的人，經過朱祐樘的治理精神為之一振，然後隨著朱祐樘的駕崩使得病情急劇惡化，最終一步一步地走向了死亡。他給王朝留下的最壞遺產就是他的繼承人。

朱祐樘臨終時，在病床上召見他自認為最重要的大臣——李東陽、劉健、謝遷，把他唯一的兒子託付給他們，並對他們說「東宮聰明，好逸樂……」。

太子這時才十五歲，無論是先天後天都跟朱祐樘大不相同。先天有四分之一的瑤人血統，從小茁壯非凡、活潑過人。後天是中宮皇后所出又是獨子，誰不視如稀世奇珍？皇后溺愛不在話下，皇帝朱祐樘則想到從小有如孤兒的淒涼歲月，要在兒子身上彌補自己的缺憾，所以明知縱容為非卻無法自制了。如今大限將近，朱祐樘想到太子是個特等紈褲、雙料頑童將難肩重任，後悔平時欠於教導，愧對祖宗臣民，然而為時已晚！唯一的希望只有寄託於顧命大臣：「知子莫若父。東宮很聰明，但是年紀太輕、好玩、好奇，諸位先生一定要輔之以正道，才能有望做個明主。」

他的兒子朱厚照，即正德皇帝，後來以浮誇和玩世不恭的態度，藐視他父親弘治皇帝朱祐樘真摯的儒家理想主義，拋棄了他父親樹立的榜樣，朱家的天下在他的手中開始迅速滑向深淵，這樣的後果是孝宗不可推卸的責任。

第十章　性情皇帝　武宗朱厚照

明武宗朱厚照（一四九一——一五二一年），明孝宗朱祐樘長子，孝宗病故後繼位，在位十六年。正德十五年（一五二〇年），武宗在南巡遊樂中翻船落水，回北京後於第二年三月故於豹房。葬北京昌平康陵，廟號武宗。

由於武宗沒有子嗣，皇位不得不落於皇室旁系之手，明孝宗一脈從此結束。武宗在位期間隨心所欲，吃喝玩樂、寵信太監、荒蕪朝政，成為朱家王朝最腐敗的皇帝。

01 高貴血統，承繼大統

有明一代，能以嫡長子身分繼承皇位的只有武宗一人，這樣的高貴血統當然由不得別人懷疑，製造謎案者自然要被處死滅口。

武宗是孝宗和皇后張氏的嫡長子，像他這樣既為嫡子又是長子的情況，在封建禮法社會中是天然的皇位繼承人。此前三朝的皇帝皆非皇后嫡出，明朝十六帝中以嫡長子身分承繼大統的也很少見。

朱元璋確立了明代的嫡長子繼承制度，本來要傳位於長子朱標，但朱標在朱元璋稱帝前就去世了。繼位的建文帝朱允炆是其長孫，而後奪得皇位稱帝的成祖朱棣是朱元璋的第四子。即使是長子，但出生時母親尚未被冊封為皇后，在「嫡」字上還要打一點折扣。英宗朱祁鎮是長子，生母孫氏時為貴妃。景帝朱祁鈺是英宗的弟弟，宣宗的次子，生母為吳妃，既非嫡子又非長子，在位八年終因「奪門之變」失去皇位。憲宗朱見深是英宗的長子，生母為周貴妃。孝宗朱祐樘是第三子，生母紀氏當時只是宮人。世宗朱厚熜以藩王入繼帝位。穆宗朱載垕是世宗的第三子，母杜康妃。神宗朱翊鈞是穆宗的第三子，母李貴妃。光宗朱常洛為神宗長子，母王恭妃，在位僅一個月。熹宗朱由校，光宗長子，母李選侍。思宗朱由檢為光宗第五子，以藩王的身分即帝位，母劉賢妃。

這樣算來，明代十六帝中只有武宗一人是真正以嫡長子的身分登臨大位的。就宗法社會的明代而言，在關係到皇位繼承的大事上，這具有極其重要的歷史意義，可以說武宗從一出生就注定要做皇帝。孝宗欣喜異常，取其名為朱厚照，希望他以後能照耀後世，五個月後就將其冊封為皇太子。

朱厚照的出生不論是對於國家社稷還是孝宗、張皇后都意義非凡。孝宗和張皇后的感情非常好，一直沒有選嬪妃，只有幾個級別很低的夫人，這在明代皇帝中是絕無僅有的。封建社會中有無皇子關係到皇權的順利承繼和國家的安定，而不是簡單意義上的傳宗接代。張皇后婚後四年沒有生育，當時朝臣上書請求選置嬪妃，孝宗並不理會。孝宗不選妃還有另外一種說法，有人認為張皇后是個妒婦，不許孝宗再寵幸其他的女人。但無論如何，張皇后生了皇子朱厚照，孝宗就更加寵愛了。

據說朱厚照孩提時「粹質比冰玉，神采煥發」，性情仁和寬厚，頗有帝王風範。八歲時，在大臣的請求下，朱厚照正式出閣讀書接受嚴格的教育。朱厚照年少時以聰明見稱，前天講官所授之書，次日他便能掩卷流利背誦。數月之間，宮廷內繁瑣的禮節就能了然於胸，孝宗幾次前來問視學業，他嫻於禮節率領宮僚趨走迎送。孝宗和大臣們都相信眼前的這位皇太子將來定會成為一代賢明之君。

武宗的生日也很特別。他的生年月日時為弘治四年九月廿四日申時，用干支表示是這樣的：辛亥年甲戌月丁酉日申時。如果按照時、日、月、年的順序讀，就與地支中的「申、酉、戌、亥」的順序巧合，在命理上稱為「貫如連珠」，主大富大貴，據說明太祖朱元璋的生辰與此有相似之處。而且當年張皇后夢白龍入腹而生朱厚照，按照傳統的說法，白者乃主西方，為兵象。武宗生而好動，自幼貪玩騎射。孝宗一心想把他培養成為太祖朱元璋一樣文武兼備的曠世聖君，所以對武宗騎射遊戲頗為縱容，這也養成了武宗日後尚武的習氣。孝宗恐武宗玩物喪志，在病逝前一天，特意把大學士劉健、謝遷、李東陽等召至乾清宮暖閣，委以託孤的重任：「東宮聰明，但年尚幼，好逸樂，先生輩常勸之讀書，輔為賢主。」

與前文所述不同的是，這個受到上天眷顧的真命天子的身世還有一些隱情，從武宗出生的那一刻起，關於他生母不是張皇后而另有其人的說法就不脛而走。張皇后在成化二十三年（一四八七年）選為皇太子妃，孝宗即位後被冊立為皇后。張皇后婚後四年沒有生育，心理壓力非常大。大臣們紛紛上書請求皇帝選妃以廣儲嗣，孝宗不聽，但心裡也是有些著急，就和張皇后一連幾個月在宮中齋醮求子。弘治四年（一四九一年）九月，宮中傳出喜訊，張皇后的皇子誕生了！舉國歡慶之餘，各種流言也隨之紛起，許多人猜測這個皇子不是張皇后親生的。因為張皇后生下皇子的消息過於突然，事先竟然一點消息都沒有，難道這次真的是感動神靈而得子嗎？有人懷疑張皇后不能生育，就抱養其他宮人所產之子為己子，這樣既避開了人們的指責，又可以鞏固自己的地位。這些流言或許有些事實依據，或許只是反映人們的一種態度。其實懷疑張皇后沒有生育能力是沒有根據的，事實上三年後她又生育過另外一個皇子朱厚煒（後來夭折了）。但是流言並沒有就此停止，之後還引發了一個轟動一時的大案。這個案子發生在弘治年間，稱為「鄭旺妖言案」。

鄭旺，是武成衛的一名士兵，家境貧寒。他有個女兒，叫鄭金蓮。金蓮十二歲時被賣給別人做婢女，聽說後來進了宮。鄭旺通過關係與太監劉山交往，時常託他將一些時鮮水果等物送入宮中女兒手中，鄭金蓮也託劉山送些衣物給鄭旺。鄭旺拿著宮中的衣物四處炫耀，吹噓女兒得皇帝的恩寵。別人為了討好他，就稱他為「鄭皇親」。張皇后生下皇子後不久，就有流言說皇子其實是鄭金蓮所生，並被張皇后強行抱了去。這件事鬧得滿城風雨卻沒有人去追究，這是不同尋常的，有人認為實際上是孝宗已經默認了這種說法。誰知十幾年後，即弘治十七年（一五〇四年），孝宗考慮到這種說法會影響到朱厚照的政治地位，遂命人將鄭旺、劉山等人捉拿到宮中。然而孝宗沒有讓司法機關插手此案而是御審，這又是不同尋常之事，難道是孝宗怕外臣知道宮中的秘密？御審的結果是劉山以干預外事的罪名被處死，鄭旺以妖言罪、冒認皇親罪被監禁，鄭金蓮被送入浣衣局。案件的結果也有幾處不尋常之處：這個案件中只有太監劉山被殺，被認為是殺人滅口；而比劉山罪情更重的鄭旺卻只是監禁，武宗即位後又被釋放出來，此中似有隱情。據翰林院王瓚的記載，他在司禮監教太監識字時，見兩個太監將一個女人押入浣衣局。浣衣局的看守見到來人肅立兩旁，態度十分恭敬，可見來人非同一般。至於這個人是不是鄭金蓮，可惜王瓚沒有看清楚。

然而案情隨著孝宗的去世和武宗的即位又有了新的發展。正德二年（一五〇七年），被釋放的鄭旺仍然堅持他的女兒生了皇子，因而謠言再起。他的同鄉王璽打通關節闖到了東安門，聲稱上奏當今天子「國母」被囚禁的實情，鄭旺、王璽因此而被捕入獄。

審判之時，鄭旺多次聲稱自己無罪，最終他以妖言罪被判為死刑。為何兩次都是妖言罪，結果卻大相逕庭呢？第一次審判時，孝宗與張皇后的關係緊張，因此判罰寬鬆，似乎有意保全鄭旺；第二次審判時，孝宗已經駕崩，武宗剛剛即位，而且嫡長子身分又是何等神聖的光環，對於自己的政權十分重要，因此即使武宗為鄭金蓮所生，他又怎會去相認？畢竟這對於自己、對於孝宗、對於張皇后乃至於對整個明廷而言，都不是一件光彩的事情。關於武宗身世的「鄭旺妖言案」就這樣無聲無息地結束了。

擺脫了身世問題的困擾，武宗以嫡長子的高貴血統名正言順地坐在高高的皇帝寶座上，享受著皇權帶來的種種特權。

02 藉助太監，鞏固權力

武宗朱厚照藉助宦官來鞏固權力，猶如找隻老虎來作伴。如此看來，朱氏家族的江山可真夠危險的！

朱厚照登基時，明朝的政治以內閣的三位顧命大臣為主導，他們統帥著外廷臣僚。但是在新皇帝的身邊正凝聚著一股力量，他們是一群經常圍繞在皇帝身邊的太監。明朝的大臣很看不慣太監，一有太監冒出頭就會全力打壓，所以他們挑出這群太監裡最重要的八個人，稱呼他們為「八虎」，比較著名的有劉瑾、谷大用、張永、丘聚等人。大臣們覺得皇帝應該是由自己來控制的，不應該有別的力量對皇帝進行干擾，所以必欲除掉「八虎」而後快。

剛繼位的朱厚照絕對是尊重並且聽命於顧命大臣的。時人評價三位大臣：「李公謀，劉公斷，謝公尤侃侃」，意思是李東陽比較能出謀劃策，劉健善於決斷，而謝遷善於提意見。然而不久顧命大臣和皇帝之間的矛盾就開始顯露出來，剛開始的矛盾主要在經筵上。所謂經筵，是明朝皇帝的一項日常活動，就是經常要在某個地方（一般是文華殿）召開一個群臣向皇帝講經說道的活動，如同給孩子上課一樣。朱厚照勉強能做到每天按時早朝，但是對那個經筵就實在沒什麼興趣了，大臣們的勸諫書不停地飛往臺前，三位顧命大臣又堅持力請。無奈之下，正德元年（一五〇六年）二月，朱厚照只好開經筵，過他「痛苦」的明君生活。

同年九月，朱厚照和大臣的矛盾終於爆發，這件事情是由太監崔杲奏討鹽引[1]而引起的。九月二日，被派往江南督造龍衣的太監崔杲以籌措經費為由，向戶部要求奏討往年支剩的鹽一萬兩千引，但是戶部拒絕了他的要求。戶部尚書韓文認為祖制規定鹽的收入應該用於軍餉，不能挪作他用。其次，皇家的支出不應該由戶部撥款。事實上這些理由有點牽強，因為雖然祖制規定了鹽政收入在用途方面的限制，但是明朝早有不遵守祖制的情況出現，往往有些事情已經形成了一些默認的慣例，現在卻突然把祖制拿出來壓人，難免會引起朱厚照的憤怒。

大臣們抓住了這個機會開始和皇帝進行鬥爭，要求停止奏討鹽引的事情。天真的朱厚照沒有意識到文官們的力量，對大臣的奏疏不予理睬而引發了更大規模的抗爭，幾乎所有的言官都參與進來。朱厚照並沒有畏懼，他擺出一副強硬的姿態，公開發表自己的意見，說：「鹽引的事情我已經下了旨，你們如果再來奏擾，必定嚴懲不貸！」可是，內閣也不甘示弱，內閣大臣同樣對外公開表示，如果皇帝堅持意見，那麼內閣將拒絕撰寫給予批准的特准鹽引敕書，所以要求皇帝收回成命。

一時間誰也不讓誰，夾在中間的戶部難以做人，只好提出了一個折衷的辦法，只給奏討鹽引的一半，就是六千引。這更引起了朱厚照的憤怒，因為從戶部的決定上可以看出，既然戶部能給就說明鹽引是可以給的，即證明自己並沒有錯。但是現在大臣們卻一直在這個事情上與自己討價還價，難道自己不是皇帝嗎？

當時的朱厚照還很天真，以為事情可以按照所謂的道理來做，而大臣們則認為這些道理在具體的實際中根本無法施行，大家就一直在這裡糾結著。但是大臣有一些想法朱厚照還是明白的，就是他們從心底裡鄙視太監，對太監做事根本不放心，認為他們帶鹽引出去就必定會私自買賣謀取私利。這種歧視性觀點讓朱厚照非常厭惡，他帶著怒火批評三位內閣大臣，說：「難道天下的壞事都是宦官做的嗎？」

三位內閣大臣並不理會皇帝的怒火，依舊拒絕執行皇帝的命令，朱厚照也不退讓。於是三人回去後使出殺手鐧，寫了一篇聯合奏疏集體要求辭職，這大大地將了皇帝一軍。奏疏送進去過了半天之後，朱厚照終於投降，傳出手敕說看了先生們的奏疏我心頓悟，鹽引就給一半吧。

通過這一次鬥爭，大臣們逐漸認識到皇帝已不像以前那麼好控制，於是他們很自然地把目光放到了皇帝身邊能影響到皇帝的人，只有把這些人除掉才能使皇帝絕對地聽文官的話。在朱厚照身邊且和大臣站在對立面的就是所謂的「八虎」。其實「八虎」這個詞是一個政治攻擊的名號，朱厚照身邊並不只有這八個人，而這八個人的地位也不是最高的，帶皇帝遊玩作樂的也

❶鹽引：又稱鹽鈔。鹽引法始於北宋，沿用至明清。鹽商必須向朝廷支付費用以取得鹽引，才可以合法販售食鹽。

並不只是這八個人，而且他們也不算是一個什麼小團體。為什麼要把他們挑出來呢？其根本並不是因為他們為非作歹得太厲害，而是他們站錯了隊，竟然站在了朝臣的對立面。

內閣大臣聯合九卿集體向皇帝上疏，彈劾谷大用、張永、馬永成、劉瑾、丘聚、羅祥、魏彬、高鳳八個太監，說他們在平時用各種遊戲誘惑皇帝不理朝政，要求將他們「明正典刑」，這個奏疏在內廷獲得了司禮監掌印太監王岳等人的大力支持。

這些太監都是陪著朱厚照長大的，皇帝對他們畢竟是有感情的，所以處死他們實在是朱厚照無法接受的。他多次向內閣表示希望可以把他們立即發配到南京閒住，而內閣態度很強硬，除了處死不作他議，朱厚照只好拖著，然後慢慢想辦法。

外廷和內廷這個時候聯合起來，準備繞過皇帝直接逮捕並處死八虎。事若能成，皇帝也只能被動地同意他們的意見了，但是歷史就有很多的意外發生。這個時候，大臣裡面卻出現了分化力量，吏部尚書焦芳對謝遷十分不滿，於是他把這個密謀告訴了「八虎」，這八個太監聽說之後都大驚失色。如果將他們發往南京，也許他們也就接受了這樣的命運安排，但是一定要將他們處死，反倒激發了他們求生的欲望。

朱厚照本來就隱隱覺得朝臣在這件事情上做得有失偏頗，再聯想到以前他被那些大臣們弄得身不由己，也認為確實應該整肅一下自己身邊的政治環境，否則這個皇帝基本就算白當了。

這個時候的朱厚照已經絲毫都不在乎了，內閣的辭職請求在他看來正是時候。按照慣例，大臣的辭職請求會有一個拉鋸的過程，要經過幾次申請才能獲得皇帝的批准，所以辭職往往成為大臣和皇帝討價還價的工具，但是朱厚照在此時顯示了他的個性，立即批准劉健、謝遷辭職回家，獨獨否決了李東陽的辭職申請。

這是正德初年一場沒有公開流血的政變，孝宗皇帝留下的輔政體系在這場政變後宣告完結，朱厚照鞏固了自己的權力，也由此變得更加成熟。他在大臣的權力對自己產生威脅的時候，毅然選擇了太監作為平衡大臣的工具，從而將皇權牢牢地掌握在自己的手中。而劉瑾憑藉著自己超強的政治能力，開始走上明朝的政治舞臺。他在皇帝的允許下，控制內廷、交結外廷臣僚，很快獲得了執政的話語權，開始了他三年零十個月的對明朝廷有著巨大影響力的政治生涯。

03 奴才欺主，「立皇帝」伏誅

武宗朱厚照成了「傀儡皇帝」是小事，皇帝沒掉腦袋，朱氏家族的江山幸好沒丟才是大事。

明朝的司禮監權力相當大，所有奏事都要先報司禮監。司禮監還控制著特務機關東廠、西廠，集行政監察權於一身。做了司禮監首的劉瑾還不滿足，他要自己發號施令。他深知小皇帝最怕在他玩得高興時別人來打擾他，他就大興土木給皇帝提供玩樂場所，在宮中建造了奢華的太素殿，在太液池建造了天鵝房船塢，又覺得宮內玩起來不方便，就又在宮外建造了一座極奢侈的「豹房」，在豹房中設置美女、妖僧、幻術士、摔跤手等，天天侍候皇帝玩樂。

劉瑾專門在皇帝玩得高興時捧來奏章要皇帝批示，終於引出了自己盼望已久的一句話，「以後這樣的事，你看著辦吧，不要再來問我。」從此，劉瑾可以堂而皇之地自己權衡一切了。

劉健、謝遷等前朝重臣因反對劉瑾而被迫辭職，朝廷中的許多忠貞之士都不斷地為他們伸冤，並冒死犯顏直諫，他們歷數劉瑾等人的罪行，向皇帝引經據典指出歷朝歷代宦官專權的危害。大權在握的劉瑾當然不肯放過這些人，他把五十三位反對者都列入奸黨，並大肆逮捕施以酷刑。劉瑾為懲治反對他的官員，還獨出心裁地違制使用新的刑具。明律規定套在犯人脖子上的「枷」，最重不能超過十三公斤，而劉瑾發明的枷竟然重達七十五公斤，不少官員當場就被枷死。

劉瑾排斥異己的同時也極力扶植自己的勢力，奸猾之徒紛紛投靠劉瑾之流，藉閹黨之勢青雲直上、作威作福。閣臣焦芳即是劉瑾最得力的人，他為了取謝遷而代之，賣身投靠劉瑾以學生自居，對劉瑾直呼千歲，最終得任尚書並授文淵閣大學士，與劉瑾互為表裡作惡甚多。劉瑾為了扶植同黨，大量提升投靠之人，所委派的官吏數不勝數。都指揮使以下的官員請求升遷者，只要投靠到劉瑾的門下，劉瑾草寫一張紙條上寫授官人名稱及所受官職，吏部即照准。用這種方式使劉瑾所繪製的閹黨網勢力遍及天下，當時朝廷內外曾有傳言說武宗是「坐皇帝」，劉瑾是「立皇帝」。

劉瑾的專權削弱了明朝的統治。正德五年（一五一〇年），安化王朱寘鐇以誅殺劉瑾為名舉兵造反，武宗重新起用了都御史楊一清、太監張永為總管討伐叛軍。楊一清因不依附劉瑾而多次受到劉瑾迫害，辭職後還被劉瑾誣告而入獄。張永則因劉瑾在宮中專橫跋扈而與其多有嫌隙。楊一清認為只有像張永那樣能隨意接近皇帝的人才可能相機勸諫皇帝剷除劉瑾，因此楊一清曉以大義力勸張永，道：「公公也是皇上寵信的人，這次討伐叛賊的任務不交付他人而交付公公就是最好的證明。如今功成奏捷，請您在彙報軍情時乘機揭露劉瑾奸情，極力陳說由於劉瑾擅權使海內愁怨、人心思變的嚴峻形勢。皇上英明，必定能聽從您的意見誅殺劉瑾。劉瑾被誅殺，公等用權，全部矯正以往的弊政，施惠天下、收買人心，歷史將記載您的功德。」聽了這一番話，張永慨然許諾。

張永首先需要說服武宗。昏庸的武宗竟然不了解大臣們為什麼要彈劾劉瑾，當他看罷張永彈劾劉瑾的奏章後糊裡糊塗地問：「劉瑾要幹什麼？」張永回答：「劉瑾要的是大明天下。」武宗又說：「就將天下給他好了。」張永應答：「將天下交給劉瑾，把陛下放在什麼位置上呢？」

張永的話並非危言聳聽。有位術士曾預言劉瑾的子孫日後會位極人臣，對占卜星相之說深信不疑的劉瑾由此產生了非分之想，他秘密地趕製了龍袍、玉帶，私刻了玉璽，並確定了發動宮廷政變的時間。有所覺醒的明武宗親自率兵搜查了劉瑾的住宅，從中搜出了一批違禁物品，把氣焰囂張的劉瑾關進了監獄。

劉瑾下獄後，朝中大臣紛紛上書要求誅殺劉瑾。此時，劉瑾集團內部也發生了分化，部分見風使舵的人也起來揭發劉瑾。最終武宗下令把劉瑾碎屍萬段，其族人和黨羽也多被處死，不可一世的權宦終於得到了應有的下場。

然而，武宗後來又寵信奸佞絲毫不下劉瑾的江彬、錢寧等人，朝野繼續烏煙瘴氣，這些人一直到武宗駕崩後才被誅除。

04 寧王造反，家族內部起紛爭

因為天子只能有一個，所以不只外人窺覦，就連自己的家人也時刻在尋找機會。寧王造反，朱氏家族內部又起紛爭。

寧王一系是皇室近親，第一代寧王朱權是朱元璋的第十七子。在太祖諸子中，「燕王（朱棣）善謀，寧王（朱權）善戰」，兩個人都不是省油的燈，但寧王本來的封地在喜峰口以外的大寧，朱棣起兵篡奪時設計挾制了這位十七弟。稱帝後，朱棣便把這位善戰的弟弟改封於江西，讓他遠離邊陲無法再發展。同時朱棣還對藩王進行了嚴格的限制，特別嚴禁他們擁有武裝力量，以免他們仿效自己昔日之舉重新上演「靖難」篡奪大戲。天順年間，當時的寧王多有不法之事，連護衛親軍也被削奪，改為南昌左衛。

由於劉瑾收賄後「通融」，寧王朱宸濠得以把南昌左衛軍又變回為自己王府的護衛軍，終於得到了一支像樣的武裝。三年後，劉瑾倒臺，兵部又把寧王護衛改為南昌左衛。如此倒騰，寧王朱宸濠異心更熾。

正德十年（一五一五年），感覺超好的寧王因江西都指揮戴宣惹怒他，竟然命手下人把戴宣當場打死。這事鬧大了，明朝的王爺再囂張也不能擅自殺掉朝廷委派的地方官員，時任江西按察司副使的胡世寧馬上奏了他一本，「（朱）宸濠頗懼，委過近屬以自解」。但朝中有錢寧等人幫襯，寧王本人不僅沒事，他還反誣胡世寧「離間皇親」，使得當時已升任福建按察使的胡世寧被捕入錦衣獄拷掠幾死。

一般人對朱宸濠的諸多異常都不敢明說，但巡撫江西的都察院右副都御史孫燧，與巡撫南贛等地的都察院右僉都御史王守仁早就看在眼裡。特別是孫燧，由於他駐派南昌深知大變將作，就均徵賦、飭戒備、實倉儲、散鹽利，漸次削除不利於朝廷的賦稅，偵逮奸黨送獄以削剪寧王的羽翼。因為有胡世寧的前車之鑑，孫燧只能暗中行事，不敢明奏朝廷寧王要造反。

到了正德十二年（一五一七年），寧王府中的官員又有幾個人上奏朱宸濠不法之事。又是通過京中的錢寧，寧王把這些人發配的發配、下獄的下獄，並因懷疑屬官周儀告密，派人屠滅周儀一家，殺六十多人。

同時，朱宸濠加緊了造反前的物資準備工作，招募巨盜數百人，四處劫掠軍民財貨物資，收買皮帳、製作皮甲、私製刀槍、趕製佛郎機（火銃）等火器，「日夜造作不息」。為了能取得廣泛支持，他派人秘密聯絡漳州、汀州以及南贛一帶的少數民族，相約起事時群起回應。這年年底，太監畢貞被朝廷派來監撫，此人乃錢寧一夥，到江西後與寧王臭味相投，附之為逆。寧王以進貢方物為名派出多人馳往京城，沿途設置健步快馬，限十二日把京中之事報知自己，偵伺京城動靜。

江西巡撫孫燧日夜憂心寧王突然造反，便以防盜為名在進賢、南康、瑞州等地修建新城，並在九江兵家重地增設防備，各設通判官加以防備。為避免寧王起兵時搶劫南昌武庫，孫燧又以討賊為名把衛城兵庫內的武器皆調派到外地。他曾對手下人講：「寧王造反，即使我滅不了他，他也會因為我現在的安排而最終為朝廷所滅。」

寧王一夥人本來還有耐心，準備等明武宗哪天出遊時摔死，或在豹房玩樂時被虎豹咬死後再趁機舉事。但是，北京方面有太監張忠、江彬等人與錢寧爭權，又都知道寧王與錢寧私下有不法勾結，就想趁揭露寧王逆謀之事把錢寧拉下臺。東廠太監張銳、大學士楊廷和先前曾收受了寧王的大批珍寶，但得知寧王有造反之心後，怕日後事發牽連自己也落井下石，一起進奏朱宸濠「包藏禍心，招納亡命，反形已具」。

明武宗見有這麼多人說寧王想造反，立刻派太監賴義及駙馬崔元等人攜帶敕書趕往南昌警告朱宸濠，並削其護衛。由此寧王朱宸濠只得提前造反。

最早聲討寧王的是當時正提督南贛軍務的王守仁。而他這次所以能倖免於南昌之難，未與孫燧、許逵等人一起被殺，是因為當時的兵部尚書王瓊有遠見。王瓊知道寧王早晚要反，恰值福州有三衛軍人發生小規模叛亂，就把王守仁暫時派往福州處理此事。王瓊對手下講：「福州軍人亂本是小事，不足煩王守仁如此大才之人去平定。但他可以藉此掌握一軍，又有敕書在手，以待他變（**指寧王隨時可能的造反**）。」

王守仁果然因外出，未被寧王在南昌宴會時逮住。寧王於正德十四年（一五一九年）六月十四日正式造反，王守仁在豐城知道消息後立即往江西趕。臨江知府歡喜無限，忙把他迎入城中商議對敵之策。

王守仁雖為文臣，但通曉兵法大略，他說：「宸濠若出上策會出其不意直搗京師，則社稷可危；若出中策直趨南京，則大江南北一時會盡為其所據；如出下策則只據守江西省城，可一舉擒滅之！」

於是他立即派人在通往北京、南京的要害處設置疑兵，又偽造朝廷早就派兵嚴備的假公文，故意讓寧王的手下人撿到，造成各處皆有準備的假象。寧王朱宸濠果然中計，沒敢立即出兵擊襲，由此就給了王守仁非常多的調動和喘息時間。

王守仁與吉安知府伍文定會兵後，商議道：「兵家之道，急衝其鋒，攻其有備，皆非上計。我們現在假裝在各個城府自守不出，寧王不久就會集結大兵自南昌出發，到時我們再尾隨躡追。依我之計，待寧王兵出，我等應該立刻發兵收復省城南昌。他聞老巢被收肯定回救，我們正好集結兵力在他回軍途中襲擊，此乃全勝之道。」

偵知江西王守仁等人據城不出，寧王朱宸濠的膽子越大了，僅留數千人守南昌，自己則與劉養正、李士寶等人率領六萬人，號稱十萬人，出擊安慶。

王守仁得知寧王出南昌的消息，知道一切皆在預料之中，便與伍文定在臨江樟樹鎮會兵，不久寧王被擒。

而這時的武宗正興奮地藉親征之名率軍南下，大隊人馬剛到達涿州就接到王守仁平叛得勝、生擒朱宸濠的捷報。武宗得知後怕失去親征的藉口，悄悄將捷報收起，命令不許聲張，大軍繼續前進。至十二月初才抵達揚州。

武宗在江南一帶盡情玩樂。荒唐的是為了顯示自己平亂的本領，竟命太監張忠傳令王守仁放掉朱宸濠以便親手活捉叛賊。王守仁未敢遵命，而是將朱宸濠等叛軍首領交給了太監張忠。

武宗到達南京，因沒有親自捉到朱宸濠，心中總是感到不滿足。於是在正德十五年（一五二〇年）八月，搞了一場極為可笑的受俘儀式。武宗命人在廣場上豎起一面威武大將軍的大旗，指揮士卒擂鼓鳴金，並去掉朱宸濠身上的枷鎖。武宗身著戎服、手持利劍衝進場去將朱宸濠抓獲，然後接受獻俘，以演出一場「生擒」叛首的鬧劇而告終。

這次南巡，武宗以「親征」為名實為遊樂，在江南各地巡遊長達一年多的時間。武宗親自「活捉」叛賊的鬧劇結束以後，隨從的大學士梁儲、蔣冕等人一再苦苦相勸，武宗才有回師之意。十二月，車駕到達通州，遂賜朱宸濠自盡並焚屍揚灰，親屬十人被斬首。寧王之亂終於塵埃落定，朱家又渡過了一次易位危機。

第十一章　中材之主　世宗朱厚熜

明世宗朱厚熜（一五〇七——一五六七年），其父為明憲宗朱見深第四子，明孝宗朱祐樘胞弟朱祐杬，被封為興獻王。正德十六年（一五二一年），武宗朱厚照駕崩，無子繼位。按照「兄終弟及」的祖訓，朱厚熜承統，為世宗皇帝，年號嘉靖，時年十四歲。

嘉靖執政前期，為了緩和社會矛盾採取釐革縮弊、振興綱紀等改革措施，下令退還一些被侵佔的民田，汰除軍校匠役十萬餘人，開創了嘉靖年間的「新政」時期，得到朝野上下的擁護。然而到了後期，朱厚熜迷信道教祈求長生不老，二十餘年不敢回大內，置朝政於不顧，使貪贓枉法的首輔嚴嵩橫行亂政二十年，有識的官員不能為國出力，甚至慘遭屠戮。另在宮內外興建大量宮殿廟宇，加重了百姓的負擔，使得國家財政危機日益深重，朱家王朝在下坡路上越走越遠。

01 倫序當立，兄終弟及

如果皇帝一夫一妻的話，朱氏家族至此就該斷子絕孫了，朱氏家族的江山也該改姓易主了。

明世宗朱厚熜是憲宗的孫子，孝宗的侄子，武宗的堂弟。那麼，皇帝之位是如何傳到他手中的呢？

正德十六年（一五二一年）三月十四日，武宗在豹房壽終正寢。武宗臨終前心中似乎有所悔恨，斷斷續續地對身旁的人說：「國家治理成這種樣子，都是誤在我的手中。」看著病榻上衰弱不堪的皇帝終於醒悟，大臣們相繼進言寬慰了一番。武宗自知來日無多，命司禮太監轉告皇太后：「天下大事順與內閣大臣審議處置。」武宗荒淫一生，竟沒有留下一個兒子，誰來繼承皇位成了一個大問題。皇太后張氏派太監張永、谷大用到內閣與閣僚們議論迎立皇帝事宜。大學士楊廷和從袖子裡拿出《皇明祖訓》昭示於眾，說：「擁立皇帝的大事應以祖訓為本，與獻王長子入繼大統順理成章。不知眾位以為如何？」在座的閣臣梁儲、蔣冕、毛紀等一致贊同迎興獻王長子朱厚熜入京登極。當然，楊廷和的決策並非是他對朱厚熜有什麼偏愛，而是執行傳統宗法制度的必然結果。

所謂宗法制，主要是指西周以來為了維繫統治集團的內部秩序而制定的一種繼承制度，它的核心是「嫡長子繼承制」。具體表現為「立嫡以長不以賢，立子以貴不以長。」再就是大宗小宗之別。西周時，周天子自稱是上天的長子，在政治上是天下的「共主」，在宗法上是家族的「大宗」，王位由嫡長子世襲，世世保持大宗的地位。嫡長子之諸弟受封為諸侯，對周天子而言是小宗，但在其封國則又為大宗，君位仍由嫡長子世襲。諸侯的餘子受封為卿大夫，對諸侯而言是小宗，在其封邑之內則又為大宗，君位仍由嫡長子世襲，其餘庶子為士。士與庶人的關係也都可照此類推。

所謂嫡長子就是由明媒正娶的嫡妻所生的長子，只有他才有資格承襲王位，妾媵所生之子即便年長，如遇正妻有子，也不具備承襲的資格。在宗法制度下，大宗要比小宗尊貴。嫡長子要比其他諸子尊貴，只有嫡長子才能被立為太子世襲君位，由此形成了一套父死子繼的繼承原則。同時宗法制又和等級制相配合，在宗法原則上是以兄統弟，在政治原則上是以君統臣，這就起到了抑制統治集團內訌、鞏固貴族的等級統治的作用。為了彌補父死沒有嫡長子繼承的缺陷，又有相應的兄終弟及的規定作為補充，但仍然以嫡母所生為其繼承的依據。西周的這一套宗法制度為歷代統治者所繼承，並且廣泛深入到民間，形成悠久的宗法文化傳統。

朱元璋建立明王朝以後，特地在《皇明祖訓》中規定：「凡朝廷無皇子，必兄終弟及，須立嫡母所生者，庶母所生雖長不得立。」這就是按照宗法制而制定的一套繼承法。

但是，朱厚照和朱厚熜之間的皇位繼承卻有些特殊，它超出了朱元璋《皇明祖訓》中「須立嫡母所生者」的規定，卻仍屬於「兄終弟及」的原則。楊廷和在這裡採用了一種上推法，即武宗是孝宗的獨子，沒有辦法執行「嫡母所生」這一原則，就只好上溯到憲宗。憲宗的長子、次子早死無後，三子即位為孝宗，四子即是興獻王朱祐杬。按照「兄終弟及」的原則，興獻王朱祐杬應該以孝宗長弟的身分繼承皇位。但是此時興獻王朱祐杬已經去世，如果他沒有兒子，就要在憲宗十四子中再往下推，可巧的是興獻王還真留下了這麼個兒子。按照宗法制的推斷，「立嫡以長」，朱厚熜就以興獻王嫡長子、憲宗「嫡長孫」的身分獲得了皇位繼承的資格。

朱厚熜是幸運的，正是這「倫序當立」的宗法原則，最終使他登上了皇帝的寶座。

02 禮儀之爭，皇權至尊無上

登上了皇帝寶座理應執掌皇權，誰願意坐在皇帝寶座上當擺設呢？朱厚熜在長達二十餘年的時間裡把精力都投入到嘉靖禮上，絕不僅僅為其父母爭奪皇考及皇太后的空虛名位，其真正目的在於加強皇權、衝破內閣制約。就其實質而言，嘉靖大禮之爭實為皇權與閣權的爭鬥。

朱厚熜被確定為皇帝繼承人之後，皇宮派去接他的人也到了，他還來不及品味這從天而降的喜悅便隨著接駕的車隊出發了。四月二十一日，朱厚熜的車駕千里迢迢來到京郊良鄉，禮部官員迎候多時，長史袁宗皋呈上禮儀狀告知進京後的典禮儀式，請朱厚熜過目，沒想到朱厚熜勃然而怒：「我是遵照大行皇帝遺詔繼承皇帝位的，不是做皇子來的，為什麼制定這樣的禮儀？」

是什麼樣的禮儀惹得他這麼不高興呢？禮部在制定禮儀前也曾爭論過，有的主張用天子之禮奉迎朱厚熜入京，有的主張用太子繼位的禮儀。楊廷和最後裁決，朱厚熜一行從東安門入皇城，暫居文華殿，等到群臣三次上箋勸進之後，再舉行登基大禮。這顯然是太子繼位的禮儀。朱厚熜堅決不同意，固執地駐紮在城外行宮不肯入京，並請長史袁宗皐回報楊廷和：「我不是皇子，不能容忍這樣的禮儀。」

楊廷和堅持禮部的安排寸步不讓，皇太后怕雙方僵持不下無法收場，便下令群臣到郊外迎接，在行殿上箋勸進。朱厚熜這才接受了百官的覲見，當日中午從大明門直入奉天殿，登基做了皇帝，史稱世宗。楊廷和等草擬了即位詔書奉上龍案，只見上面寫著：「奉皇兄遺命入奉宗祧。」朱厚熜凝視良久一語不發，最後勉強批發了詔書，第二年改元嘉靖。

朱厚熜即位的第六天，指示禮部商議如何崇祀自己的父親興獻王與上尊號的問題。禮部尚書見事關重大，不敢自作主張，便去請示大學士楊廷和，楊廷和引經據典，說：「從前漢成帝無子，立定陶王之子劉欣為嗣，而以楚王的孫子劉景繼承定陶王位。當今皇帝入繼大統，可以益王之子朱崇仁繼承興獻王位。至於尊崇的事，也有宋英宗的事可做參照。稱孝宗為皇考，改稱興獻王及王妃為皇叔父母，凡祭告興獻王及上箋王妃則稱侄皇帝某某就可以了。」

禮部官員照此意見上書皇帝。朱厚熜閱過後大怒，說：「親生父母的稱呼，難道可以輕易地改變嗎？」責令群臣們退出去再行商議。禮部尚書孔澄召開會議，廷臣們再次上書維持原議，朱厚熜又一次駁回。就這樣五次三番，從五月到七月君臣之間為尊崇興獻王稱號各持己見。

皇帝與內閣之間的氣氛日益緊張。有個叫張璁的觀政進士看準了時機，力排眾議上疏皇帝，稱言：廷臣援引漢、宋故事不能成立。今陛下以天倫之序立為皇帝，不必指為孝宗的後嗣，陛下作為興獻王的長子，哪能斷絕父母之義。建議在京師特立皇考廟，表達聖上尊親的美德，同時尊崇興獻王后為皇后。

入京兩個月，朱厚熜鬱鬱不樂，深感勢單力薄不能制服內閣勢力，忽然得見張璁的奏疏，不禁大喜，說道：「張卿議論一出，我們父子得獲恩義兩全了。」

皇帝親自手書詔旨，命楊廷和、蔣冕、毛紀等追尊自己的生父為興獻皇帝，母親為興獻皇后，祖母為壽安皇太后。詔書傳下，楊廷和等內閣大臣堅持不讓，索性將詔書封還皇帝。給事中朱鴻陽、御史王溱等紛紛上書極力彈劾張璁。朱厚熜氣憤難平，按下彈劾表章不作處置。

一波未平，一波又起。九月二十五日，朱厚熜將生母蔣氏從湖北安陸接到通州。如何舉行奉迎的儀禮又成了激烈爭論的中心。內閣建議興獻王妃蔣氏等經由內城崇文門進入東安門到達皇宮，朱厚熜不答應。禮部只好做了修正，改為由正陽左門入大明東門，朱厚熜還是不答應。

為什麼朱厚熜一點也不肯含糊呢？因為內閣擬定的全是外藩王妃進入皇宮的禮儀，沿途走的都是偏門。滯留通州的興獻王妃聽說朝廷爭論欲以孝宗為皇考，憤憤地說：「怎麼能把我的親生兒子，當作他人之子！」轉過身來又指著前來迎接的朝中官員，說：「新皇即位，你們都榮寵披身，為什麼興獻王的尊稱卻遲遲確定不下來？」興獻王妃哭哭啼啼發了一通火，乾脆坐住通州，不打算東進一步了。

朱厚熜在金殿上得報說母親在通州痛哭流涕傷心不已，便啟稟皇太后堅決請求退避皇帝位，親自奉送母親回歸湖北安陸。朱厚熜這樣做是廷臣們無論如何也沒有想到的，朝廷中引起一陣躁動，唯有楊廷和不為所動堅持原議。進士張璁孤注一擲，他知道自己的舉動博得了皇帝的讚賞，於是衝破內閣的攔阻直接上書左順門，為皇帝尊崇興獻王尋找理論根據。朱厚熜在孤立無援之際對張璁的支持萬分感動，將奏疏留在了身邊。

老謀深算的楊廷和為了防止內閣與新立皇帝的衝突擴大，以皇太后的名義傳詔禮部，追尊興獻王為興獻帝，興獻王妃為興獻后。這樣既暫時緩和了矛盾，又充分表明了內閣的立場。

拖到十月初四，朱厚熜的母親興獻后才姍姍由大明中門進入皇宮。照朱厚熜的意願，興獻后進謁奉先、奉慈二殿後又要拜謁太廟。內閣大臣又站出來抬出祖訓：「婦女不得進太廟」，堅決地制止住了。

不知不覺，朱厚熜做皇帝已經八個多月了，所謂的大禮之爭才暫時平息下來。坐在龍案前的朱厚熜與朝廷大員們著實較量了一番，雙方似乎各有勝負。朱厚熜最不能容忍的是做臣子的那股咄咄逼人的氣勢。這年年末，朱厚熜又傳下諭旨要在興獻帝和興獻后的尊稱上再加個「皇」字，好像不如此就不夠名正言順。內廷楊廷和等自然不同意，又一次採取了封還詔書的強硬做法。楊廷和等再三封還御札，幾乎使朱厚熜無法下臺。按照漢唐以來的制度，內閣對於皇帝的詔旨敕令，凡認為不合時宜的都有權封駁。但是像楊廷和內閣這樣屢次三番違忤聖意，在明代歷史上還是極其少見的。朝堂上即將掀起一場軒然大波。

嘉靖元年（一五二二年）正月，清寧宮後殿燒起無名大火。楊廷和不失時機地上書，聲言：「宮殿披火，恐與興獻帝后加稱有關。天意示儆，不可不慎！」

這一派危言聳聽的說辭，再加上大小官員隨聲附和，弄得素來迷信天道的嘉靖皇帝不得不有所收斂，暫時將加稱號的事情擱置起來。隨著朱厚熜閱歷的增長，他越來越感到以楊廷和為首的內閣像是一副枷鎖捆綁著自己的手腳。大禮議之爭，讓小皇帝與內閣之間的矛盾日趨尖銳。

一直密切注視著朝廷動向的張璁看破了此中的奧妙。自從前次上書支持朱厚熜被楊廷和打發到南京以後，張璁一直耿耿於懷、伺機報復。張璁年輕時七次應考都名落孫山，直到四十七歲那年才考中進士步入仕途，為了平步青雲，他把晉升的希望全部押在皇帝身上。嘉靖二年（一五二三年）十一月，張璁與南京刑部主事桂萼合謀再次上書北京，攻擊楊廷和等內閣官員，建議朱厚熜循名求實稱孝宗為皇伯考，稱興獻帝為皇考，並單為興獻帝在皇宮內立廟祭祀。奏疏呈上，果然博得朱厚熜的歡心，但是施行起來，楊廷和仍然是個障礙。朱厚熜假借事端向楊廷和頻頻施加壓力，楊廷和別無選擇，只好在嘉靖三年（一五二四年）正月，辭去了內閣的職務。

張璁、桂萼因為議禮一事力排眾議迎合皇帝，建立了功勳，因此朱厚熜特意把他們召回京師，擢升翰林學士。嘉靖三年（一五二四年）七月，張、桂二人刻意謀劃，在左順門當著皇帝的面拋出指責內閣官員欺君罔上的十三條罪狀，咒罵他們朋黨為奸。朝廷官員們被激怒了，紛紛上書抗爭。朱厚熜針鋒相對，所有上書一律扣留不予答覆。

朱厚熜朝罷之後，回歸文華殿歇息。楊廷和的兒子楊慎在金水橋南攔住散朝的官員，他振臂高呼：「國家供養文人武士一百五十餘年，今天是需要我等仗節死義的時候了！」

二百餘名官員返回左順門紛紛跪倒，更有一些激情難耐的官員痛哭疾首，大呼「高皇帝」「孝宗皇帝」。中官傳話到文華殿，朱厚熜毫不理會，傳下聖諭只說請諸位先行退去再說。

左順門前群情激昂，絲毫沒有退卻的跡象。朱厚熜沒想到自楊廷和罷官而去，朝廷官員依然如此不識時務。盛怒之下，令錦衣衛動手逮捕為首的八名官員。楊慎眼睜睜看著八名官員被逮捕，奮不顧身搶上左順門，但被守門衛士強行攔住，楊慎手撫大門失聲痛哭，臺階下二百餘名官員也嗚嗚咽咽伏地悲鳴。剎時間，紫禁城內哭聲震天。朱厚熜在文華殿內也大發雷霆，傳下聖旨將門下強諫的官員一一錄下姓名，一百九十餘名朝廷大員全部逮捕入獄。數日之後，楊慎等為首的官員遠配戍邊，餘下的一百八十餘人慘遭棍棒辱打，編修王相等十七人被活活打死。

議禮反對派哭左順門的悲壯義舉，被朱厚熜一頓大棒打得煙消雲散，皇權是唯一的勝利者。但是這件事並沒有就此結束，直到嘉靖七年（一五二八年）三月，議禮的餘波依然未平，朝廷一紙發文追究了當年參與議禮的官員的罪責。首當其衝的楊廷和，朝廷念其迎立朱厚熜有功免去了死罪，儘管已無官職，但仍指定他為罪魁削籍為民。其餘內閣官員不論死去或健在，一律嚴厲處置。

接下來，嘉靖皇帝又開始琢磨著將自己的父親稱宗祔廟。按照封建宗法的規定，只有生前在位的皇帝，死後才可以有廟號，稱祖或者稱宗。在古代帝王的世系中，一般是始祖稱祖，繼祖者稱宗。朱厚熜的父親生前沒有做過皇帝，雖然已經追尊為皇帝稱號了，但根據宗法原則稱宗要入太廟則完全不行。嘉靖皇帝再一次打破了常規，將自己的父親稱宗祔廟，嘉靖十七年（一五三八年）九月十一日，朱厚熜率領群臣給太宗朱棣上尊號為「成祖啟天弘道高明肇運聖武神功純仁至孝文皇帝」，給興獻帝尊號為「睿宗欽天守道洪德淵仁寬穆純聖恭儉敬文獻皇帝」。十三日，奉興獻皇帝的神主進入太廟。二十一日，在大內的玄極寶殿舉行了明堂秋享之禮，以睿宗配祭。到了這個時候，持續十八年之久的大禮議之爭才宣告結束。

大禮議由議禮之爭發展成政治鬥爭，是封建宗法制和君主專制制度的必然產物。「大禮議」的起因和表面目的是世宗的父母該如何稱呼，先皇孝宗及其皇后又該如何稱呼，以及相關的一系列禮儀稱謂問題。朱厚熜主張給予自己過世的父母以一般皇帝的父母的崇高待遇，應該把生父興獻王追封為「恭睿獻皇帝」。而孝宗的一些舊臣，以首輔楊廷和為代表則力主視世宗為孝宗的繼子，以維持皇家血統的大宗地位。其根本原因在於對封建宗法制度和皇位繼承制度的理解不同。議禮反對派以宗法制中的大宗、小宗為根據，力圖維護封建綱常和朱明皇統中大宗為主的地位。議禮派則主要以封建禮制中的「孝道」為根據，認為聖人之治國當以「孝敬」為先，「聖人之孝尊親為大」，則進一步強調「非天子不議禮」「務以明天子尊，復國威」相號召，這正是以小宗入承大統的朱厚熜最需要的。所以嘉靖帝依靠議禮派在理論上的支持，運用皇權的無上威力，徹底打敗了議禮反對派。

嘉靖藉大禮議風波加強了皇位，此後的四十五年中沒有人再敢觸動他的權威。

03 樹權威，改革祀典

皇帝需要樹立權威，以此來加強自己的統治。有的皇帝是通過剷除異己來樹立威信，有的則是通過改革吏制來抬高自己，而嘉靖皇帝卻是通過改革祀典這一系列活動，將朝臣都換成了能夠對自己的意願心領神會的人，使其皇權進一步得到了鞏固。

在爭大禮的過程中，朱厚熜在議禮派的支持下，用皇權壓制了反對派。同時在雙方的爭論過程中，朱厚熜自己也閱讀了很多有關禮制的書籍，從儒家經典《十三經》到漢、宋諸儒對禮制的注解，朱厚熜都進行了研究，對封建禮制的認識更深刻了。朱厚熜越來越認識到理論宣傳和禮制建設的重要性。為了改變自己在左順門事件中留給臣民的不良印象，為了通過禮制的改革樹立自己作為中興之主的英明形象，朱厚熜開始了更定祀典的改革。

明王朝的建立者朱元璋很注重禮制建設，從洪武元年開始，他就命中書省組織翰林院、太常司定擬祀典。經過禮官和儒官們的努力，制定了有明一代的禮制規模。

中國古代對天、地、日、月的崇拜由來已久。天又稱「昊天上帝」，是古人想像中人間萬事萬物的主宰者，自從先秦時期天命觀形成以後，歷代帝王無不自認為受命於天，人間的皇帝乃「上天之宗子」，因此稱為天子。地指大地，也稱「皇地祇」，大地是自然萬物生長的所在，因而古人把皇地祇想像為與「昊天上帝」相對的神。

朱元璋在建國之初擬定祀典，首重祀天之禮，洪武元年由中書省臣李善長奏進《郊祀儀》，其開篇就說道：「王者事天明，事地察，故冬至報天，夏至報地，所以順陰陽之義也。祭天於南郊之圜丘，祭地於北郊之方澤，所以順陰陽之位也。《周禮・大司樂》：『冬日至，禮天神，夏日至，禮地祇』。《禮》曰：『享地於郊，祀社於國』。又曰：『郊所以明天道，社所以明地道』。《書》曰：『敢昭告於皇天后土』。按古者或曰地祇，或曰后土，或曰社，皆祭地，則皆對天而言也。」

根據中書省臣的考證，朱元璋折衷古禮，在鍾山之陽建圜丘，鍾山之陰建方丘。冬至在圜丘祭祀昊天上帝，夏至在方丘祭祀皇地祇。洪武時期配祭的祖先是朱元璋的父親仁祖，建文時期撤仁祖，改奉太祖朱元璋，洪熙元年又在朱元璋之下增設太宗朱棣配祭。

在洪武十年以前，太祖朱元璋對天、地一直是按冬至、夏至分別祭祀於圜丘和方丘，並有陪祭的自然神靈。洪武十年秋，由於在祭祀齋居期間陰雨連綿，朱元璋細讀漢代京房的災異之說，感到天地分祭不太合適，又命在南郊建大祀殿，從洪武十二年（一三七九年）正月開始合祀天地於大祀殿。永樂十八年（一四二〇年）朱棣遷都北京之後，在北京也建成大祀殿，規制一如南京，從洪熙元年（一四二五年）以後合祀天地、二祖並配之制也就一直沿襲下來。

當朱厚熜感覺自己對古禮已經了解了不少，可以「斟酌古法，釐正舊章」之時，他首先就把目光投向了郊祀大禮，因為這裡是最能取得突破的地方。同時為了使更定祀典能夠順利進行，他先和自己頗為信任的大學士張璁進行了商量，然而他萬萬沒想到當初在禮儀之爭中出過大力的張璁居然反對自己的意思。這讓朱厚熜十分沮喪。

正在朱厚熜欲罷不能之時，嘉靖九年（一五三〇年）正月十五日，吏科給事中夏言上了一封奏疏，「請帝親耕南郊，后親蠶北郊，為天下倡。」這一奏疏正中朱厚熜下懷，古代的天子親耕南郊、皇后親蠶北郊之禮正與他想更定的南、北郊之禮相合，便讓夏言就南北郊之禮提出建議。

夏言是嘉靖朝的重要人物，日後的飛黃騰達正是因為他的這次奏疏。不久嘉靖皇帝就採取了夏言的建議，並命夏言監工協同戶、禮、工三部在南天門（即正陽門）外擇地興建圜丘。

夏言通過更定郊祀之制而得到朱厚熜的青睞，在興建圜丘時自然十分賣力，擇好地址後馬上興工。在嘉靖九年十月完工，朱厚熜親自將圜丘壇殿定名為皇穹宇。第二年夏天，北郊安定門外方丘、東郊朝陽門外朝日壇、西郊阜成門外夕月壇的壇垣也相繼完工。

四郊工程竣工，分祀之制就此確定。朱厚熜更定祀典最重要的一項內容——改革郊天大禮終於成功了。緊接著嘉靖又將「皇后親蠶禮」納入祭祀範圍，並更定了孔子的祀典。

04 換首輔，控制內閣

明世宗朱厚熜通過換首輔的方式來控制內閣，從而將皇權牢牢地控制在自己手中，進一步加強了朱氏家族的統治。

明代的內閣是皇權專制的產物。從英宗以後到朱厚熜即位之際，明代的中樞權力機構呈現出內閣和司禮監權力迭相消長的形勢。內閣的地位之所以重要，就在於它掌握了「票擬」大權。所謂票擬就是群臣所上的章奏在送給皇帝審批之前，先由內閣學士閱看後用一張小紙寫上應該批示的意見貼在奏疏的封面，再進呈皇帝批准。由於有了內閣票擬的意見，皇帝覺得可以時用紅筆批准，就可以照票擬的意見執行。所以內閣在制定和執行各種方針政策時起著極大的作用。但是在很多時候皇帝由於種種原因而不願「批紅」時就讓司禮監的宦官代勞，由此而使司禮監得以乘機挾制內閣，造成宦官干政的局面。英宗時的王振、武宗時的劉瑾，就是用司禮監批紅大權箝制內閣權力的典型。

儘管內閣受到皇權和司禮監權力的控制，明代內閣仍然在中樞機構中扮演著越來越重要的角色，並且在內閣中形成了首輔制度。朱厚熜即位之時，楊廷和正位居首輔，定策迎立、除大奸、決大策、扶危定傾，把明代內閣的作用發揮得淋漓盡致。朱厚熜即位以後，他對內閣發揮的作用卻感覺有些不滿意了，其主要的矛盾就在於大禮議之爭。

朱厚熜在即位的過程中就和當時的首輔發生了衝突，接下來的大禮議之爭更讓皇帝和首輔的衝突白熱化，並導致了楊廷和隱退。這些事情讓朱厚熜感到了內閣對自己行動的制約，因此在大禮議之爭結束後就開始把自己喜歡的人換到內閣。

左順門事件之後，朱厚熜在張璁、桂萼等人的支持下議定了大禮，所以對張、桂二人十分寵信就想把他們調入內閣。這兩個人雖然得到了朱厚熜的信任，卻受到內閣首輔費宏及閣臣石瑤的壓制，於是張、桂二人就上章奏攻擊費宏。費宏對二人的攻擊難以忍受，就上疏朱厚熜請求退休，終被批准。與其同時，內閣成員石瑤也被准予退休。

內閣因費宏和石瑤的去職空出了位置，本來朱厚熜的意思是想讓張璁進入內閣，當他請繼任首輔楊一清推薦人選，楊一清卻推薦了致仕在家的弘治朝大學士謝遷。張璁由此怨恨起楊一清來，因為楊一清當年是由他的推薦而重新入閣的，現在楊一清卻知恩不報，於是兩人產生了嫌隙。由於張璁沒能入閣，朱厚熜又讓廷臣推薦入閣人員，結果仍然沒有張璁，朱厚熜只好從中檢用了吏部右侍郎翟鑾，讓他以吏部左侍郎兼學士銜入值文淵閣參預機務。

朱厚熜很明白廷臣不推薦張璁，主要是因為張璁在議禮問題上和朝臣積怨太深。為了使自己親信的人能進入內閣，朱厚熜終於在嘉靖六年（一五二七年）十月徵得了首輔楊一清同意，用中旨任命張璁以禮部尚書兼文淵閣大學士銜進入內閣。後來在嘉靖八年（一五二九年）二月，用中旨任命桂萼以少保兼太子太傅、吏部尚書、武英殿大學士銜入內閣。這樣，兩個議禮之臣終於得到了重用。

張璁進入內閣後便將楊一清排擠出朝，自任首輔。當朱厚熜感覺到張璁「頤指百僚，無敢與抗者」，並且在改革郊祀大禮中不支持自己之後又開始提拔夏言。夏言得到朱厚熜信任後，在更定祀典中發揮了很大作用，官途也十分順利，從都給事中的官位不到一年就升為禮部尚書，這在明代歷史上是從未有過的事。夏言因自己受到皇帝的信任，又見大家都厭惡張璁便與之對抗，於是兩人產生了矛盾。朱厚熜在張璁和夏言之間進行了調和，但是為了控制並制止張璁的跋扈行為，他曾三次通過批准張璁致仕而加以裁抑。及至夏言任首輔之後，朱厚熜又通過提拔嚴嵩來和夏言對抗，進而保持自己對內閣的牢固控制。

明代的內閣大臣一旦受到攻擊或者與皇帝意見相左時每每求退，一方面是對皇帝施加壓力，使其尊重閣臣們的意見，特別是首輔的意見；另一方面也是閣臣們為了保持自己的榮譽和節操。但是朱厚熜卻從中學會了一套政治手腕，他批不批准誰致仕、對閣臣的爭鬥表不表態，完全根據自己的政治需要和個人情感而定，從而把內閣牢牢地控制在自己手中。

05 財政危機，制定《宗藩條例》

世宗在國家財政出現危機後才想要亡羊補牢，已經太遲了。嘉靖雖想力挽狂瀾，但其效果甚微。

在嘉靖中後期的財政危機中，宗藩歲祿的不斷增長是一項重要因素，因而促使朱厚熜對此進行改革，產生了《宗藩條例》。

宗藩制度是中國封建時代家天下的必然產物，封建帝王為了防止國家大寶落入他人之手，往往將自己的子孫分封為王，出鎮各地，依靠他們對地方軍政官吏加以限制和監督。明代從朱元璋開始定制封藩，他分封了二十四個諸侯王遍布全國各地，對以後歷代的皇治、軍事、經濟、文化產生了巨大的影響。

朱元璋在分封藩王的同時，又對諸侯王的各種待遇做了一系列的規定，這些規定為後世所遵循，因而形成宗藩制度。按制度規定，諸侯王享有優厚的政治、經濟待遇。朱元璋為了篤親之宜，將整個宗室變成坐食歲祿的寄生階層，整日過著遊手好閒的生活。

明代宗室所享受的各種待遇，在靖難之役以後經過成祖朱棣的整頓，其政治權力以及軍事權力不斷被削弱，朝廷對宗室的防範也越來越嚴密，以致形成嚴格的藩禁。宗室不得參與兵事，參政、出仕，從事四民之業有禁、出城有禁、藩王相見有禁、入朝有禁、與官府打交道有禁、王府置官屬有禁等。與政治上、軍事上的藩禁相伴隨的，是宗藩經濟特權的膨脹，即每出生一個宗室人口，就要享有一份宗藩歲祿。隨著時間的推移，宗室人口每隔三十年左右就翻一番，宗藩歲祿也就成倍地增長，終致成為明朝廷不堪忍受的重負。

朱厚熜即位以後，明朝宗室人口和宗祿的增長已經給朝廷的財政造成了沉重的壓力。嘉靖八年（一五二九年）正月，戶部尚書梁材奏報嘉靖七年的情況說，「太倉所入止一百三十萬金，而支出卻達兩百四十一萬」，造成財政超支的弊端有五項，「一宗室，二武職，三冗食，四冗費，五逋欠」。此時邊疆的危機還不嚴重，所以梁材將宗室祿米耗費列為弊端之首，他強調百姓的稅糧有限，而宗支的繁衍無窮，以有限之土地而增無限之祿糧，如不早做打算將來不堪設想。到六月，詹事霍韜也建議將洪武初年藩王人數、所支祿米和今日藩王人數、所支祿米如實核查。梁材和霍韜的奏疏提出了宗室歲祿日益增長的危害，促使朱厚熜不得不認真尋找辦法。

由於朱厚熜是以藩王入繼大統的，不願意改變朱元璋「祿之終身」的老辦法，但是宗藩歲祿給政府的壓力實在是太大了。嘉靖初年國家支給每一宗室的歲祿在四百石左右，而這時的宗室人口基數已在十餘萬以上，這是一個王朝所難以承受的，朝中的有識之士紛紛上書指出宗藩歲祿的危害。

經過兩年多的討論，在禮部尚書李春芳的主持下，終於擬訂了「議處王府事宜六十七條」，朱厚熜審閱之後下詔頒行，賜名《宗藩條例》。《宗藩條例》是嘉靖皇帝為解決宗室歲祿問題的沉重負擔而進行的重要改革，其主要內容是：通過限制妾媵的數目來抑制宗室人數的急劇上升；通過奏減和折支等辦法減少原定的祿米數額；削減宗室一些無關緊要的浮費。儘管可減省的開支很有限，但畢竟在一定程度上限制了宗室人數和祿米的急劇增長，也為萬曆時期制定《宗藩要例》奠定了基礎。

但是，由於朱厚熜不想徹底廢除宗藩的寄生性生活，不能採取讓宗室入民籍、開應舉之途、弛商賈之禁等讓宗室自食其力的措施，因而他的改革也只能是修修補補，並不能從根本上解決宗藩歲祿給朝廷財政帶來的壓力，宗藩問題也就由大明朝廷一直背負到它的滅亡。

第十二章　悠閒天子　穆宗朱載垕

明穆宗朱載垕（一五三七——一五七二年），明世宗朱厚熜第三子，世宗病死後繼位。

朱載垕即位後，倚重高拱、陳以勤、張居正等大臣的鼎力相助，實行革弊施新的政策，一改世宗時的弊政，使朝政為之一振。他用人不疑，放手讓他的臣子去發揮才能，使得隆慶朝和萬曆朝前十年成了明王朝迴光返照的時期。這一時期社會比較穩定，經濟比嘉靖朝有了重大發展，可以說明王朝向最後一個繁榮時期發展的過程中，朱載垕起到了重要的過渡作用。

01 二龍不相見，忐忑十幾年

明世宗朱厚熜只為自己考慮，連皇太子都沒有立，忽視朱氏家族的利益，國家的利益就更不用提了。

嘉靖皇帝在位四十多年，在位期間寵信嚴嵩等一干奸臣，搞得朝廷烏煙瘴氣。世宗皇帝有兩大愛好，一是青詞，二是丹藥。這兩大愛好又和他寵仙好道、追求長生分不開。世宗在位的後二十年基本上沒上過朝，並不斷服用龍虎仙丹，很多宮女不堪折磨，導致後來發生了宮女謀刺世宗的事件。當時幾個宮女合謀勒死世宗，眼看就要大功告成卻因為一個宮女臨時膽小告密，世宗這才從鬼門關上撿回了一條命，但終因元氣大傷，沒過幾年就駕鶴西歸了。

世宗共有八個兒子，除三子、四子外，其他兒子都早死。三子朱載垕[1]（後來的穆宗）生於嘉靖十六年（一五三七年），生母是杜康妃，早年失寵，因此其幼年很少得到過父愛。嘉靖三十二年（一五五三年），杜康妃去世，剛滿十六歲的朱載垕出居裕邸，開始了獨立生活。未來的天子卻沒有太子的身分，這讓他的心靈深處蒙上一層陰影。四子景王朱載圳與朱載垕同歲，僅小一月。景王生母盧靖妃比穆宗生母杜康妃多幾分姿色，因此為世宗所寵愛。景王出生時，世宗曾親作《嘉善歌》抒發心中的喜悅。嘉靖四十年（一五六一年）景王就藩德安府，那是世宗生父興獻王的藩府故地，也是世宗的龍興之所。

朱載垕一直為太子之位惴惴不安，在世宗面前更是倍加小心。他並沒有因景王之藩而減少內心的壓力，說不定什麼時候他的父皇就會下一紙詔令召回景王立為皇儲。嘉靖四十二年（一五六三年），朱載垕得子，按照古事百日當給小孩命名，可是他不敢向父皇請名，更不敢在裕邸舉辦喜慶活動。直到他即位時，其子近四歲才命名朱翊鈞。朱載垕的疑懼直到嘉靖四十四年（一五六五年）景王去世才算解除。一個人心靈上受到壓抑，往往會走向兩個極端：或放縱自己的行為，或更加約束自己的舉止。朱載垕屬於後一種，他也因此獲得了良好的聲譽。他在裕邸期間常常微服外出，北京的街頭巷尾大都留下他的足跡。史載：穆宗即位不久，一日突然想吃果餅，叫身邊內侍去辦。不一會兒尚食監和甜食房各開來做果餅的單子，需採買松榛、麵粉、糖料等物，價值千兩白銀。穆宗笑著說道：「這種果餅何需千金，只要銀五錢，便可在東長安大街勾欄胡同買一大盒。」內侍聞言都縮頸而退。這說明他在這一時期有比較多的機會接觸社會了解國計民生。

❶朱載垕：《明實錄》記載明穆宗的名諱是朱載坖（ㄐㄧˋ），萬曆年間被武緯子誤記爲朱載墍（ㄐㄧˋ），崇禎年間被朱國禎等誤記爲朱載垕（ㄏㄡˋ），本書採《明史》記載以朱載垕稱。

隨著年齡的增長，朱載垕也開始關心時事朝局。他親眼看到明朝面臨著日益嚴重的危機。內部是嚴嵩專權、朝綱頹廢、官吏腐敗，民不聊生。外部則「南倭北虜」之患愈演愈烈，特別是嘉靖二十九年（一五五〇年）庚戌之變，蒙古韃靼部首領俺答汗竟然兵臨北京城下焚殺搶掠，給他留下了難以磨滅的印象。而他的父皇明世宗自嘉靖二十一年（一五四二年）在遭宮娥謀殺逃生之後，就移居西內崇奉道教，與朝臣的接觸越來越少，與自己兒子的接觸也越來越少，這也讓父子二人的思想越來越遠。萬幸的是朱載垕身邊有徐階、張居正、高拱等幾位賢明大臣的扶持和教誨，這對他未來的執政產生了深遠的影響。這些人在朱載垕即位後都受到了重用，使穆宗一朝的發展保持了積極的方向，也為朱家王朝贏得了更多的時間。

明世宗之所以在太子亡故後，不立朱載垕為太子倒不是想換人，只是因為他迷信方士陶仲文「二龍不相見」的說法。所謂「二龍不相見」，是說皇帝乃「真龍天子」，皇太子亦未來之「真龍天子」，前者是大龍，後者是小龍。如果早立太子，二龍相遇就會相剋。在嘉靖看來，自己的生命是最重要的，所以他一直沒有再立太子，沒有為自己確定繼承人。這種一心只為自己考慮，不顧家族和國家利益的做法，在歷朝歷代也很鮮見。

而朝臣們也不知道自己該如何站隊，很多大臣們都在掂量著應該這個時候支持誰。這種政治猜測非常危險，尤其是對朱載垕相當不利。幸好沒有發生什麼意外，朱載垕最後還是登上了屬於他的皇帝寶座，也給朱家帶來了一段短暫的光明。

02 執掌天下，革弊施新

穆宗朱載坖登上皇位後，實施了一系列新政，使明朝的社會經濟有所發展，延緩了明朝衰亡的步伐。

朱載坖從父親手裡接過來的是一個千瘡百孔的天下，嘉靖皇帝寵信道教，二十多年不理朝政，朝廷奸臣當道、政治腐敗。明穆宗即位後，第一件事就是發布遺詔，革弊施新，「百姓萬民莫不感動號哭」。所謂革弊，第一件事就是平反冤獄。朱載坖即位後立即宣布釋放海瑞，並恢復官職。之後，明穆宗又先後給彈劾嚴嵩、諫止齋醮、大禮議、李福達獄及議復河套等案被迫害被貶斥的臣僚平反，或恢復名譽、起復官職，或平反昭雪、安撫恤錄。穆宗出於勵世之心，平反嘉靖一朝大量案件，收到了兩個明顯的效果。

首先是疏通了嘉靖朝閉塞的言路。只要是有利於朝廷安定、有利於農田水利、有利於整飭邊備的建議大多採納。隆慶元年（一五六七年）十二月，滄州鹽山縣縣丞王邦直條陳十事，明穆宗以其言多切中時弊，令吏部詳議以聞，並叮囑「勿以官卑廢言」。所以隆慶一朝言路比較暢通，許多重要的決策均來自下面，竟有「群議畢收」、眾思咸集之稱。

其次是相對地緩和了統治層的內部矛盾。嘉靖朝的閣臣一旦失寵，不僅名聲掃地，而且還有被殺抄家的危險，甚至有時還要連累不少官員。明穆宗則「優崇輔弼」，隆慶一朝先後有閣臣十人，閣權之爭也時常發生，他從不輕率支持其中的任何一方。其初，徐階為首輔，人心向慕，羽翼亦廣。高拱以藩邸舊臣自居與之爭衡，勢力較為孤單。明穆宗調和無效，只得暫罷高拱。隆慶二年（一五六八年）七月徐階致仕後，穆宗才又起復高拱，任為內閣首輔。他懂得多數朝臣的傾向和內閣的協調一致對穩定局勢、推行新政是不可或缺的條件，所以每逢內閣出現意見分歧總是設法調解，從而保證了最高統治層在重大決策上的一致性。

革弊的第二項內容是頒詔削奪故真人邵元節、陶仲文官爵及誥命；罷除一切齋醮，撤西苑內大高玄殿、圍明等閣、玉熙等宮及諸亭臺齋醮所立匾額；停止因齋醮而開徵的加派及部分織造、採買。穆宗清除這些弊政，使朝綱整肅、法度修明，同時也減輕了平民百姓的負擔。

至於施新，明穆宗在登極詔書中概括為「正士習、糾官邪、安民生、足國用」等項，實際上這四句話已成為隆慶新政的綱領。

「正士習，糾官邪」，也就是抓吏治。穆宗即位後十分重視吏治整頓，他認為各級官吏是否忠君報國、廉潔奉公是治理國家的關鍵，嚴格考察制度則是吏治清明的保證。明代對官吏的考察有京察和外察之分。京察是考察京官的制度。弘治以後，一般六年舉行一次，於巳、亥之年進行。外察又稱朝覲考察，是考察地方官的制度，一般三年舉行一次，於辰、戌、丑、未之年進行。隆慶朝對官吏的考察次數遠遠超過了制度的規定。如隆慶元年（一五六七年）考察京官，二年朝覲考察地方官，三年考察京官，四年考察言官，五年朝覲考察地方官。依明朝舊制，王府官不予考察。中期以後，親王在地方上侵田佔土、為非作歹，家僕仗勢欺人、魚肉百姓、橫行鄉里。隆慶三年（一五六九年）明穆宗規定王府官除良醫、典樂、引禮舍人外，一律參與考察。像穆宗這樣重視官吏的考察，在明朝皇帝中還是很少見的。由於穆宗嚴格了考察制度，所以隆慶朝的吏治比較清明，士風也相對純正。

在推行新政中，明穆宗還注意採取一些「安民生，足國用」的措施。主要有三個方面：

其一，蠲免救濟。穆宗即位後，立即宣布蠲免全國一半的田賦，同時免除嘉靖四十三年（一五六四年）以前的逋賦。據統計，隆慶元年減免天下錢糧九百多萬石，以後每年蠲免也在二三百萬石左右。隆慶年間自然災害較多，特別是河患、地震頻仍。災害發生後，穆宗一般都能夠做到即時救濟，這對於災後的百姓多少起到了一些安撫作用。

其二，抑止兼併。明朝中期以來，大土地所有制惡性發展。穆宗即位不久曾一度清理莊田，限制了一部分皇族大地主無限度地擴充土地，但土地兼併的趨勢並未從根本上扭轉過來。如黔國公沐朝弼，不僅在雲南有莊田一百七十四所，而且在甘肅平涼界內也佔有大量草場土地。大地主階層一方面兼併土地，另一方面想方設法隱瞞田土、逃避賦稅，把各種名目的賦稅加派轉移到貧苦農民身上，穆宗對此採取了兩項措施。其一是限田；其二是清田。之後，張居正繼承他的做法，在萬曆初年對全國土地進行了清丈，又把清田向前推進一步。

其三，體恤商人。重農抑商是中國封建社會傳統的國策，朱載垕是明朝皇帝中比較注意恤商的。在京師，對中小商人「橫索多門，剝膚錐髓」的還是宦官控制的各監局，他們公開索取鋪墊錢，而戶、工二部不能據理而爭，穆宗對此多次親加訓飭，使「商困少紓」。隆慶四年（一五七〇年）六月，穆宗又批准了戶部條議恤商事宜，其中規定各監局「有需求抑勒者，悉治其罪」，他還屢屢下詔察革官府私自在橋梁、道路、關津路口抽稅。這些做法都有助於當時封建社會內部商品經濟的發展。

03 開放邊禁，促進蒙漢交流

穆宗朱載垕認清了明蒙邊境的形勢，適時開放邊禁，促進了蒙漢人民之間的經濟文化交流，解除了蒙古各部對朱氏家族江山的外部威脅。

朱載垕最大的功績還是在邊務方面。從明初到嘉靖末年，明朝邊防的主要威脅來自北方的蒙古部族。其間雖有封貢、互市但為時短暫，邊患未從根本上得到解決。朱載垕即位後，邊務方面面臨著兩個問題。第一，明朝中期以後，政治腐敗、軍事積弱，瓦剌、韃靼相繼揮戈南下形成嚴重邊患。明朝必須起衰振靡加強軍事實力，才能在解決北邊問題上掌握主動權。第二，明與蒙古各部的戰爭最終不能割斷蒙漢人民之間經濟上相互需求、互為補充的聯繫。從嘉靖中期起，稱雄於蒙古各部的是俺答汗。他在與明王朝的對抗中開始了重要的轉變，要求與明王朝改善關係、通貢互市。而朱載垕的父親民族偏見很深，多次斬殺來使，「絕彼通貢」，使本來可以緩和的民族矛盾不斷激化。唯有改變國策才能適應蒙漢關係的新形勢，而這對於朱家的統治是大有裨益的，朱載垕清楚地認識到了這一點。

朱載垕即位後，對北部邊防主要做了三件事。第一件是選拔最優秀的軍事將領統任北方邊防總督、巡撫、總兵官等職務。隆慶元年（一五六七年）十月，升王崇古為兵部右侍郎兼右僉都御史，總督陝西、延綏、寧夏軍務。四年（一五七〇年）正月，又改調總督山西、宣府、大同軍事。隆慶二年（一五六八年）三月，升譚綸為兵部左侍郎兼右僉都御史，總督薊州、遼東、保定軍務。隆慶元年十月，召福建總兵戚繼光入京協理戎政，第二年五月改命總理薊州、昌平、保定三鎮練兵事。譚、戚是明代著名的軍事家，在抗擊倭寇的戰爭中戰功卓著。王崇古也曾參加過抗倭戰爭立有軍功，嘉靖四十年（一五六一年）調任寧夏巡撫，親歷行陣、善修戰守、功勞顯聞。張居正在給他的信中稱讚說：「夫世必有非常之人，然後有非常之事，然後有非常之功。公所謂非常之人也。」此外，用李成梁鎮守遼東，方逢時為大同巡撫均可獨當一面，可以說是委任得人。

朱載垕在用人方面是一經委任信而不疑。無論是譚綸、戚繼光，還是王崇古、方逢時都多次被人彈劾，而穆宗卻始終不改初衷，只要是正確的主張都支持到底。如譚、戚曾提出在居庸關、山海關間修建三千座墩臺加強邊塞的防守，他當即批准，這是明朝繼成化後又一次修長城。在建臺過程中流言四起，都說建臺無用，譚、戚對此也惶恐不安。張居正則去信表示支持，朱載垕更明確表示自己不會改變決定，於是流言始得平息，墩臺終得修成。王崇古、譚綸、戚繼光等都注重練兵，經過近兩年的整頓邊防守禦已具備。這與其父嘉靖皇帝用人「忽智忽愚」「忽功忽罪」截然不同，從而起到的效果也是不一樣的。

第二件事是大閱。大閱是一種軍禮，亦稱閱武，是指皇帝親自檢閱武裝力量。洪武、永樂、宣德、正統、天順、成化幾朝都舉行過，但規模不大。成化十一年（一四七五年）後有九十四年未行此典，張居正在隆慶二年（一五六八年）提出在京師舉行大閱，檢閱京軍。其目的一是整頓京營，二是擴大影響，從而扭轉明朝軍隊的積弱之勢。張居正的建議也曾受到過部分言官的責難，但明穆宗力排異議，斷然決定舉行大閱，並限期一年整頓京營。隆慶三年（一五六九年）九月二十日，大閱在京城北郊舉行。大閱雖說只是一種形式，但在整飭軍務方面卻收到了顯著的效果。首先京營戰鬥力加強，其次是振奮了軍心、民心。從隆慶三年（一五六九年）九月起，至隆慶五年二月俺答封貢前，韃靼各部雖不時南下騷擾，皆被明軍拒卻，邊境得以無事。後來王崇古在與俺答的談判中即以大閱為例，宣傳明朝軍事的振興，促進了談判的順利進行，從此明政府在處理北方蒙古問題上逐步取得了主動權。

第三件事是調整對蒙古各部的政策。首先調整了對蒙古地區漢族居民的政策。漢族居民的來源：一是蒙古各部每次入侵中原搶掠去的人口，天長日久在塞外定居；二是山西、宣大等地軍民不堪忍受明政府的殘酷壓迫，逃亡塞外謀生。大批漢人來到蒙古地區後，對開發蒙古地區起了積極的作用。嘉靖時對這些居民雖然也下達過招徠的命令，但實效不大。穆宗即位後採取多種方式進行招徠，規定「率眾來歸者，厚加撫恤」。隆慶二年（一五六八年）八月，逃民白春等五人聞風各率所部前來歸附，穆宗當即予以獎賞。此事影響很大，據王崇古統計繼此之後僅山西、宣大等地一年之間歸降人數就超過了兩千人，其中不僅有漢族居民，而且也有蒙古族人民。

穆宗調整政策更主要表現在把漢那吉事件中。把漢那吉是俺答第三子鐵背台吉之子，幼年喪父，由俺答的妻子——克哈屯撫養。成年後，娶俺答婿比吉女為妻。不久又下聘準備迎娶兔扯金之女。此時，俺答的長女啞不害所生三娘子也接受襖兒都司的聘禮。俺答見三娘子豔麗多姿，就將其奪為己有。襖兒都司聞訊憤怒，要起兵與俺答為敵。俺答不得已將把漢那吉所聘兔扯金之女嫁給襖兒都司。把漢那吉為此與俺答結怨，聲稱「我祖妻外孫，又奪孫婦與人，吾不能為若孫」，於是率眾投奔明朝。把漢那吉來降頗有影響，朝中大臣對如何處置把漢那吉有所爭論。王崇古、方逢時主張接收把漢那吉，而御史饒仁侃、武尚賢、葉夢熊等則以敵情叵測反對收留。穆宗、高拱、張居正都支持王崇古、方逢時，認為把漢那吉是一部之長有軍事實力，對其他各部也有影響，於是朱載垕下詔優撫把漢那吉，封他為指揮使。這時葉夢熊再次上疏反對，為了平息異議，朱載垕指斥葉夢熊妄言搖亂，降二級、調外任。經過王崇古、方逢時的調解，把漢那吉與俺答重歸於好。隆慶四年（一五七〇年）十二月，俺答為了與明朝改善關係以實現多年的貢市願望，把趙全、李自馨等執獻明朝。明朝也勸說把漢那吉重回俺答部。雙方在改善關係方面都主動向前邁出了一步。

明朝與蒙古部關係要進一步發展，必須解決三個問題：一是封，指封俺答為王及其昆弟子侄為官；二是貢，指俺答及其部下向明朝入貢；三是互市，指俺答及其屬部在限定日期、限定貨物與明朝擇地通商。王崇古主封、主貢而不主互市。隆慶五年（一五七一年）三月，穆宗封俺答為順義王，其他各部首領也先後封為都督同知、指揮同知、指揮僉事、千戶、百戶等官職。至於通貢互市，在經過一番爭論之後，穆宗採納張居正、高拱的建議，表示立即執行封貢之議。總之，穆宗比世宗較少民族歧視思想，主張「華夷一家」「胡越一體」，應當「並包兼育」，在當時這種思想是難能可貴的。

俺答封貢，首先結束了蒙古各部與中原王朝近兩百年兵戈相加的對立局面，這是兩百年來未曾有過的形勢，這種局面一直延續到明朝末年。其次，俺答封貢也促進了蒙漢人民經濟、文化的交流。隆慶時的互市不同於嘉靖時的馬市。馬市是官市，不准軍民生儒閒雜人入市。互市有官市，也有私市，私市准許邊民貿易，於是交易擴大到了民間。隆慶六年（一五七二年）冬又開月市，每月市一二日。互市、月市深受蒙漢人民的歡迎，成為連接兩族人民友好關係的紐帶。

04 甩手掌櫃，垂拱而治

「伴君如伴虎」形容君主如老虎一樣，對人很難信任。但穆宗朱載坖卻是對身邊的人信任有加，這樣才不用自己費心勞神地去處理政務，他的統治已經達到了「不統而治」的最高境界。

如果只就政事而論，朱載坖在朱家的十幾位皇帝中還是不錯的，為朱氏家族的延續做出了較大的貢獻。朱載坖最大的一個特點是能聽得進去各種對國家有利的建議，從不與內閣成員相對抗，他可以說是一個能忍的皇帝。朱載坖將朝政大事委託給自己信任的大臣，自己每天在後宮花天酒地。由於明朝的權力結構比較合理，即便是皇帝不在，朝政依靠內閣照樣能夠正常運行，所以朱載坖是一個名副其實的甩手掌櫃。

朱載坖很幸運，當時滿朝人才濟濟，文有徐階、張居正、高拱、楊博；武有譚綸、戚繼光、李成梁。穆宗還有些齊桓公的風範，非常信任自己的老師高拱，在後期將所有政事都交給了高拱和張居正來打理。在軍事上，遼東有忠勇奮發的李成梁，戚繼光鎮守薊州也井井有條。

朱載坖常以桓公自詡，把高拱當成管仲，這樣一來給了朝臣很多自由發展的空間，二來高拱也不負厚望，大明國事也就有了中興之相。不過終穆宗一朝只召見過兩次閣臣，總體來說在勤政方面穆宗還是比較懶散的。

朱載坖在即位後很快就將權力交給高拱為首的內閣，自己有了空閒就廣修宮苑在後宮享樂。野史上講，穆宗皇帝這人特別好色，曾服用大量春藥，每天要數名美女陪伴，隆慶帝在宮中的用品從小到茶杯，大到龍床，全部刻上了男女歡愛的雕塑和彩繪。由於不上朝，隆慶帝把大量閒置時間用在享樂。對於隆慶帝的縱情聲色，很多大臣都曾上書進諫，朱載坖聞言總是很溫和地說，國事有先生我就放心了，家事就不勞先生費心了。由於縱欲過度，外加長期服食春藥，隆慶帝的身子沒幾年就江河日下、搖搖欲墜了。

朱載坖能做甩手掌櫃也有他的條件，明朝中晚期的政治體制和思想道德在中國封建社會歷史中是非常特殊的，國家的治理已經逐漸由文官階層來完成，皇帝在行政管理上的權責越來越少，而逐漸成為大臣用來爭取立法的工具和道德象徵。通俗地說就是，當大臣們意見一致的時候，皇帝就可以丟到一邊去，這個時候大家最不喜歡皇帝出來干預任何事，否則就有成為暴君的危險；而當大臣們意見分歧的時候，皇帝就被拿來做最後的裁決人，這個時候大家最希望皇帝出來為自己撐腰，否則就有被罵是昏君的危險。同時大家還要求皇帝要做道德的典範，孝、仁、禮、信、勤、義缺一不可，否則也有被罵為昏君或者暴君的危險。比如正德皇帝朱厚照，在他祖母去世的時候廣場上因為下雨積水，就好心地要大臣們可以免於跪拜，結果卻反而被大臣們抓住了「孝」字罵得狗血淋頭。在明代中後期當皇帝是非常可憐的，如果說有誰能比較符合這個標準，也就明孝宗能算得上了，畢竟這位皇帝忍功相當強，你要我做什麼我就做什麼還不行嗎？即便如此，孝宗閒暇時候想研究一下佛學，最後也被逼承認錯誤。當然，在文人的筆下就寫成了皇帝幡然醒悟，回頭是岸。

朱載垕和孝宗一樣，他絕大多數時間配合大臣們的要求，絕對不去干預他們做事情。因為他知道內閣和各部院可以把事情做得很好，大明王朝的國家機器即使沒有皇帝也能照常運轉。但他也不像孝宗那麼壓抑自己而求全於大臣，該尋歡作樂的時候絕不約束自己。所以朱載垕在位期間，國家開始出現中興之象，而他的生活卻比孝宗悠閒得多。綜觀中國兩千年的封建社會史，古人理想中的「聖天子垂拱而治」，估計也就朱載垕最為接近了。

第十三章　亡國之君　神宗朱翊鈞

明神宗朱翊鈞（一五六三——一六二〇年），明穆宗朱載垕的第三子，隆慶六年（一五七二年）六月即位，以次年為萬曆元年。

即位初，朝事主要依靠內閣大學士張居正。張居正從事改革，使明王朝在政治、經濟、軍事等方面都有所振興。萬曆十年（一五八二年）朱翊鈞親政後，追奪張居正官階，逐步廢止其改革措施。他晏處深宮、不常視朝、聲色犬馬、荒廢政事；又大肆兼併土地，溺志於財貨。萬曆帝在位期間，圍繞立太子發生的「國本之爭」更是將明王朝進一步推向深淵。後人評論：明代亡國始自朱翊鈞。

01 幼年繼位，權力易他人

少年天子朱翊鈞能夠將朝政打理得井井有條，靠的就是「垂拱而治」。「垂拱而治」靠慣性在延續，朱氏家族的統治也靠慣性在延續。

朱翊鈞生於嘉靖四十二年（一五六三年），生母李貴妃原為裕王邸宮女，後被當時還是裕王的朱載垕看中，隆慶元年（一五六七年）被封為貴妃。據說她對兒子朱翊鈞教育頗嚴，一心想讓他成為有為之君。

朱翊鈞自幼就聰慧過人，讀經史過目不忘，而且頗為早熟。六歲時，他看見朱載垕在宮內騎馬奔馳，便上前擋道諫阻說：「父王為天下之主，單身匹馬地在宮中奔馳，倘若有一個疏忽，那可不得了。」朱載垕聽後深受感動，當即下馬立他為太子，自此更加喜愛他。隆慶六年（一五七二年）五月二十六日，朱載垕病逝。六月初十日，年僅九歲的朱翊鈞即皇帝位。

朱載垕去世時，為朱翊鈞留下了很好的內閣班子，內閣大學士張居正、高拱、高儀都是極善謀略的正直之士。而此時的內宮也非常安定，朱載垕的正宮陳皇后與朱翊鈞生母李太后相處得非常融洽，並且當時的大太監馮保也是明朝不可多得的好太監之一。

儘管朱翊鈞當時還是一個非常年輕的「少年天子」，但在這些人的支持下勵精圖治、推行新政，頗有英主氣象。朱翊鈞任用張居正為內閣首輔，並大力支持張居正的變法改革，從而換來了經濟發展和社會相對安定的局面。這段時期不僅是朱翊鈞人生的輝煌時期，而且也使當時瀕於崩潰的大明帝國獲得了短暫的復甦和繁榮。這一切當然與李太后、馮保等人的支持是分不開的，但主要還是張居正忠心耿耿努力侍君的結果。

張居正原本和高拱、高儀二人一樣，同是朱載垕去世時的內閣顧命大臣。只不過由於種種原因，高拱、高儀先後都離開京城還鄉，使得朝中三位顧命大臣只剩下張居正一人，李太后在朱載垕去世後就把教育培養朱翊鈞的任務交給了張居正，因此張居正就不得不擔當起輔弼小皇帝的重任。張居正一方面治理國事，另一方面非常注重對朱翊鈞的教育，親自為他安排周詳的課程，選拔有素養的大臣主持教學，培養其治國安邦的本領，因而朱翊鈞也與他建立了深厚的師生之情。

據說，朱翊鈞平時非常尊敬張居正，言必稱張先生，從不直呼其名。冬天上課時，朱翊鈞總是囑咐小太監將厚厚的毛毯放在張居正的腳下以免凍著腳。張居正生病後，朱翊鈞更是親自為他煎藥，而張居正為了感激皇帝的知遇之恩更是加倍努力、事必躬親，將大明王朝治理得井井有條。

02 閣臣相爭，製造千古疑案

權力的誘惑力實在是太大了，高層的閣臣之間為了權力也相互爭鬥。當然他們爭的只是相位，而不是皇位，因此朱氏家族的江山不會改姓。

朱載垕給自己的兒子留下的班底可謂人才濟濟，但是這些人在穆宗朝就已經開始鉤心鬥角了，然而朱載垕只是一味地調解，並沒有採取有力的措施，這為日後的黨爭埋下了伏筆。神宗即位後，閣臣們之間的矛盾終於爆發了。高拱和張居正相互排擠，一門心思地想把對方趕出內閣獨攬大權。

高拱、張居正都是託孤重臣。張居正工於心計，藏而不露。高拱則性格外向，在文淵閣不時向同僚發出「十歲（虛歲）太子，如何治天下」的慨歎，但他萬萬沒有料到幾天之後這竟成了自己的罪狀。

就在主少國疑之際，一股新的政治勢力正在迅速崛起，這就是宦官馮保。馮保，深州人，自幼入宮，在嘉靖年間已經是司禮監秉筆太監。司禮監是明代宦官二十四衙門之首，設掌印太監一員，秉筆和隨賞太監八九員或四五員。其中掌印太監的地位最高，其次就是兼掌東廠事務的秉筆太監。隆慶初期，司禮監掌印太監空缺，按資歷當屬馮保。但是他只得到了秉筆提督東廠兼御馬監事。原因是高拱推薦了御用監太監陳洪。陳洪被罷免後，高拱又推薦尚膳監太監孟沖。朱載垕去世後，馮保在皇后和貴妃的幫助下才當上了司禮監的掌印太監，由此馮保與高拱積怨日深。

在神宗即位後的最初六天中，發生了高拱和馮保兩種力量的抗爭。在高拱看來，內閣有張居正與他志同道合要除去馮保豈非易如反掌。在他的鼓動下，言官們紛紛上疏彈劾馮保。但高拱錯誤地估計了當時的形勢：以前他戰勝過許多對手，實際上是仰賴於穆宗的支持；現在對手的背後卻是站在母親一方的神宗，儘管他只有九歲。何況這時的張居正早已另有打算，而與馮保秘相往來了，言官的奏疏很快就落到了馮保手中。馮保又到皇后、貴妃和神宗面前挑撥是非，把高拱在內閣所說「十歲太子，如何治天下」改為「太子為十歲孩子，如何做人主」。皇后和貴妃一聽驚呆了，神宗也被激怒了。

於是皇室內部做出了清除高拱的決定。六月十六日，朝臣紛紛來到會極門，這是神宗即位後第一次接見臣僚。馮保宣讀了皇后、皇貴妃和皇帝的旨諭，大意是高拱藐視幼主將其逐出朝廷，高拱就這樣在張居正和馮保的陷害下離開了朝廷。但馮保心裡還不踏實，於是他又緊接著策劃了一起以誣陷高拱為目的的王大臣案。

事情是這樣的：萬曆元年（一五七三年）正月十九日清晨，小皇帝朱翊鈞按例出宮視朝。

皇帝的轎子剛出乾清門，有一著內使巾服的男子突然由西階下衝到皇帝前，當即被守衛人員抓住。從此人衣中搜出刀、劍各一把，經初步審訊後知道此人名叫王大臣，是常州府武進縣人。太監馮保立即將此事奏告皇上。

三天後，正月二十二日，張居正向朱翊鈞上奏此事，他的態度很清楚，就是指向所謂「主使勾引之人」，其用意是要皇帝順藤摸瓜查出王大臣的幕後主使人，「永絕禍本」。年幼的皇帝隨即同意了張居正的建議，王大臣被送東廠究問，而東廠正是馮保主管的部門，事件的發展正按馮保的謀劃在進行著。

一面是東廠去捉拿高拱的家人，一面是張居正向皇上奏請追查主使者，兩人配合密切。一時間，朝廷內外直到京城閭巷小民莫不洶洶駭愕。太僕卿李幼滋是張居正的同鄉，一聽此事不顧疾病纏身趕往張府，對張居正說：「你怎麼能幹此事？」張居正說：「為何說是我幹的？」李幼滋說：「朝廷抓得外人，而您即令追究主使之人。今東廠稱主使者即是高老。萬代惡名必歸於您，您將何以自解？」當時科道各官頗為不平欲上疏陳明此事，但又畏懼張居正不敢貿然上奏。而刑科諸給事中互相議論：「此事關我刑科，若無一言，遂使國家有此一事，吾輩何以見人！」於是寫好奏疏，建議將王大臣從東廠送出由法司審理。為取得張居正的首肯，這些刑科給事中赴朝房向張居正做了解釋，張居正竭力阻止他們上奏。科道官們連等五日，從朝至暮不見張居正的蹤影，御史鍾繼英最終按捺不住便上疏暗指此事。

然而張居正此意已決，便令錦衣衛左都督朱希孝等官員去東廠，會同馮保一起審訊。廠衛審訊犯人按照慣例必先加刑，於是將王大臣打十五板。王大臣痛得大叫：「原說與我官做，永享富貴。如何打我？」馮保立即打斷他的話，問道：「是誰主使你來的？」王大臣瞪目仰面說：「是你使我來，你豈不知？卻又問我。」馮保氣得面色如土，又問：「你昨日說是高閣老使你來刺朝廷，如何今日不說？」不料，王大臣逕直答道：「你教我說來，我何曾認得高閣老？」

朱希孝見狀不妙，恐怕王大臣把隱情和盤托出，便厲聲喝道：「這奴才，連問官也攀扯，一片胡說，只該打死。」又對馮保說：「馮公公，不必問他。」會審到此草草收場。

馮保還不甘休，進宮後還是以「高老行刺」奏明皇上。皇帝身邊一個年逾七旬的殷太監聽後，跪下啟奏：「萬歲爺爺，不要聽他。那高閣老是個忠臣，他如何干此等事！他是臣下，來行刺將何為？必無此事，不要聽他。」隨後又對馮保說：「馮家，萬歲爺爺年幼，你當幹些好事，扶助萬歲爺爺。如何干這等事！那高鬍子是正直忠臣，受顧命的，誰不知道。那張蠻子奪他首相，故要殺他滅口。你我是內官，又不做他首相，你只替張蠻子出力為何？你若干了此事，我輩內官必然受禍，不知死多少哩？萬萬使不得，使不得。」馮保聽了大為沮喪，又無言以對。馮保才省悟到此事難行，即差人報告張居正：「內邊有人說話，此事不好辦矣。」

張居正知道事已不濟，便對科道官們說：「此事我當為處，只不妨礙高老便了，你們不必上本了吧！」

到了二月二十日夜裡，把王大臣送法司審訊時，王大臣不知為何已中毒而啞，不能說話了。二十一日，三法司同審並不提問，當即宣判處決，草草了事。

經過以上這些幕後活動，王大臣匆匆處死，此案不了了之。事隔十年，到了萬曆十一年（一五八三年），張居正已死，馮保已下臺，皇帝朱翊鈞對當年的王大臣案發生疑問，便命刑部錄進王大臣招供詳加審閱，然後發出諭旨：「此事如何這就了了，查問官與馮保質對！」當時的內閣元輔張四維是了解內情的，便委婉地勸告皇上：「事經十年，今罪犯已決，希孝又死。」意思說此案追查不清了，朱翊鈞才放棄了重新追查的想法。

此案對高拱來說，可算是因禍得福。因這次誣陷失敗，張居正與馮保後來一直未再向高拱下手，高拱因此得以享受一個平安晚年，在故鄉整理和寫作了大量著作，給後世留下了一些頗有價值的文獻。

高層明爭暗鬥的結果是大權最終歸於張居正一人之手，從此張居正開始實施他的改革計畫，朱家王朝最後的鼎盛時期終於來到了。

03 清算張居正，斂財害天下

明神宗朱翊鈞把「國家」當成了「皇帝的小家」，把國家的財產聚斂到了皇帝的小家裡。國家衰敗了，皇帝的小家還能存在嗎？朱氏家族的江山還會存在嗎？

萬曆十年（一五八二年），一代名臣張居正去世，終年五十七歲。朱翊鈞為張居正輟朝一天，並給予崇高的待遇：諡文忠，贈上柱國銜，蔭一子為尚寶司丞，賞喪銀五百兩。然而兩年之後的萬曆十二年（一五八四年），朱翊鈞的態度卻發生了一百八十度的大轉變：生前「忠貞不貳」的「元輔張先生」，死後變成了「謀國不忠」的「大奸臣」。原因何在？由於張居正為人非常正直，得罪了不少大臣，而他所推行的改革也觸動了不少守舊勢力。一些變法期間失勢的守舊派大臣在他死後乘機反撲，紛紛上奏朱翊鈞要求彈劾張居正和他的支持者馮保。也許是朱翊鈞隨著年齡的增長對昔日威柄震主的張居正日益不滿，也許是在張居正的嚴格管理下有些厭倦了。當守舊派大臣提出這些要求時，朱翊鈞覺得自己真的應該這樣做了。

朱翊鈞深知要樹立自己的權威，就必須擺脫張居正的影響；而要徹底擺脫張居正的影響，就必須清算張居正、推倒張居正。只有這樣才能為自己開始親政、獨攬大權打下牢固的基礎，因而清算已死的張居正成為朱翊鈞親政之後所做的第一件大事，但朱翊鈞心裡明白自己曾重用張居正並許下了許多諾言，而今要實現這個轉變必須要有計畫、有步驟地尋找時機。可從哪裡下手呢？經過權衡利害得失，他決定先拿馮保開刀。

萬曆十年（一五八二年）十二月，朱翊鈞以欺君蠹國之罪免去馮保東廠提督之職，抄沒其家產。張居正在世時，與馮保互為依存，誰也離不開誰。馮保垮臺，張居正必然在劫難逃。果然不出所料，朱翊鈞隨後將張居正重用的人統統罷免，同時為從前反對張居正的人一一恢復名譽或官職。不久又詔奪了張居正所封官職、謚號，其家產被查抄，家人被謫戍。

全面否定張居正改革，是朱翊鈞全面廢棄勵精圖治的標誌。當朱翊鈞徹底擺脫張居正的束縛之後就開始了他的獨裁統治，從此朱翊鈞完全變成了另一個人，昔日少年天子的氣派與風采已經不復存在，取而代之的是長年深居禁宮，他嗜酒、戀色、貪財、私欲膨脹、恣意妄為。

獨裁統治的背後，必然隱藏著嚴重的危機。萬曆二十年（一五九二年）二月，寧夏副總兵起兵反叛；五月，日本發動侵朝戰爭；同時大明的西南地區又發生叛亂。朱翊鈞被迫三路出征，史稱「萬曆三大征」，歷時十餘年。雖然最終取得全面勝利，但也喪師數十萬，耗銀千萬兩，致使國庫空虛、百姓遭難。自此開始，明朝一步一步由盛轉衰。

在朱翊鈞親政之後的二十年，他基本上是一個不理朝政的皇帝。此時，東北的後金迅速崛起，努爾哈赤以三十年時間統一了滿洲女真各部落，並於萬曆四十四年（一六一六年）建立了後金政權，形成了與明王朝相對立的地方政權。朱翊鈞為了應付遼東戰事，先後三次下令加派全國田賦，時稱「遼餉」。此舉非但無濟於事反而使得民不聊生，階級矛盾進一步激化，明王朝滅亡的危機已然形成。因此後人評論：「明之亡，不亡於崇禎之失德，而亡於神宗之怠惰。」

同時，朱翊鈞親政的晚期不僅僅是「怠於臨朝，勇於斂財」，更重要的表現是過度縱情於酒色財氣之中。朱翊鈞的貪財在明代諸帝中可謂最有名了。關於他貪財的事例極多：在親政以後，他查抄了馮保、張居正的家產，讓太監張誠全部搬入宮中歸自己支配；為了掠奪錢財，他曾以採木、燒造、織造、採辦為名搜刮民財。萬曆十九年（一五九一年），僅景德鎮御窯廠燒造的瓷器就達二十三萬多件；他還曾多次派遣宦官為礦監稅使，四處搜刮人民，而且徵稅的項目千奇百怪，無物不稅，無地不稅，使百姓怨聲載道。官逼民反，因此起義不斷，動搖了朱家統治的基礎。

04 神宗昏庸，黨爭亂國

黨爭是歷朝歷代封建統治集團內司空見慣的現象。是黨爭亂國嗎？恐怕不是。應該是統治者昏庸無能。

明神宗貪婪無止境，一部分內閣大學士和官吏又委容轉圜其間；另一部分在政治上受到排斥的中下級官吏，他們看到明朝政治日趨腐敗，社會危機日益加深，要求改良政治，挽救危機。前者是當時統治階級中的主流派，後者是非主流派。主流派與非主流派之間進行了長期的較量，史稱為「東林黨議」。神宗反對臣下結黨，一再強調「不許借言奸黨攻訐爭辯」，對無止無休的黨爭更是深表厭惡，殊不知黨爭的總根源恰恰是他自己。

萬曆二十一年（一五九三年），論干支則為癸巳，這是明朝規定對京官進行考察的年份。明朝中葉以來，內閣權勢上升，主持計典的人每逢考察總要先向內閣打招呼，當時人稱「請教」。內閣信任的人，即使是不肖者也必留用；內閣厭惡的人，雖然有才幹也必罷黜。張居正以後的內閣，對皇帝因循苟且，但干預考察的權力卻不肯放棄。這一年，主持京察的是吏部孫金龍、左都御史李世達和考功司郎中趙南星，他們一心奉公、銳意澄清吏治，決定廢去「請教」的慣例。考察一開始，他們先罷免了自己的親屬，割情捐愛毫不徇私，這樣做的目的就是希望以自身的廉潔奉公給當時的官吏做個榜樣。接著他們罷黜了一批貪官污吏，降調了一批碌碌無為的平庸官吏，其中包括內閣大學士趙志皋的弟弟，以及內閣大學士王錫爵、張位的親信。趙南星等嚴於自身、嚴於要津、貪吏必察的做法受到許多朝野人士的讚許，癸巳京察被稱為明朝二百多年來辦得最好的一次計典，但內閣大學士們卻向神宗上疏指責說「抑揚太過」。

昏聵的明神宗竟然是非不辨，把趙南星貶官三級，並停止孫金龍俸祿。這當然就激起朝中一些有正義感的官吏的不平，他們紛紛上疏為趙南星等人伸冤。神宗又以臣下結黨為由，把趙南星革職為民，孫金龍只得無奈地告老還鄉，為趙南星抱不平的官員也陸續遭到謫遣。

為了澄清吏治，這些有正義感的官吏紛紛地被神宗驅逐出政府，卻於暗中逐漸形成了一股政治力量。顧憲成回到家鄉無錫後，與高攀龍、錢一車、顧允成、安希范、劉元珍、葉茂才、薛敷教等人開始了講學活動。萬曆三十二年（一六〇四年），他們在常州知府歐陽東風的支持下重新修復了無錫東門的東林書院，從此顧憲成等人講學其中。顧憲成認為：「官輦轂，志不在君父；官封疆，志不在民生；居水邊林下，志不在世道。君子無取焉。」因此他們在講習之餘，往往「諷議朝政，裁量人物」、抨擊當權派。一時「士大夫抱道忤時者，率退林野，聞風響附」，東林之名於是大振。與此同時，馮從吾在關中書院講學，鄒元標在江右書院講學，余懋衡在衡州書院講學。四大書院之間聯繫密切，彼此支持、相互聲援，與在朝的李三才等人

「遙相應和」。後來這些人就被朝中主流派稱為東林黨。

除了東林黨外，還有內閣輔臣沈一貫、方從哲和給事中姚宗文的浙黨，給事中亓詩教為首的齊黨，給事中應震為首的楚黨，以宣城人湯賓尹為首的宣黨，以昆山人顧天峻為首的昆黨。上述各黨都在朝廷裡你爭我奪，黨爭涉及的問題很多，但多數都與明神宗有關。神宗懈怠政事，東林黨人希望他能親政，重握紀綱，與天下更始。但是明神宗已經聽不進這些呼聲，東林黨人要求他御朝的呼聲越高，他就越厭煩，東林黨人也就越遭到排斥。

東林黨人還要求：明神宗克制自己的貪欲。他們反對神宗和大地主集團侵田佔土，反對神宗派出礦監稅使四出掠奪。其中以淮撫李三才諫止礦稅的奏疏最為著名，東林黨人曾經推薦李三才進入內閣。李三才，字道甫，通州（今屬北京）人，萬曆二年（一五七四年）進士，歷官至右僉都御史總督漕運，並巡撫鳳陽，做官頗有政績。東林黨人認為李三才具有「卓識」「大才」，如果進入內閣可以更新朝政，但是浙黨反對他入閣。雙方圍繞李三才進入內閣的問題爭論了一年零三個月，明神宗任其爭論不置一言，實際是不願意李三才入閣。萬曆三十九年（一六一一年）二月，李三才被迫離職。在他離開鳳陽伍所時，百姓老幼提攜、滿街塞巷、哭泣相送，情景十分感人。李三才回到通州張家灣後，建立雙鶴書院講學其中。浙黨恐其東山再起，給他捏造了許多罪名，使他懷才不遇最終憤恨而死。

朝廷內外激烈的黨爭，讓這些朝廷的重臣們無心政事，整天著眼於爭權奪利導致朝政荒廢，為朱家王朝的滅亡立下了「汗馬功勞」。

05 國本之爭，遺禍整個家族

「國本之爭」是封建世襲制的朝代都可能出現的現象，但是像明神宗朱翊鈞朝長達近三十年之久的「國本之爭」，在歷史上卻是空前絕後的。明神宗朱翊鈞既違背祖訓，又優柔寡斷、昏庸無能，致使「國本之爭」持續太久遺禍整個家族，導致了大明江山從根基上徹底垮塌。

「國本」，就是太子；「爭國本」就是萬曆年間圍繞著立太子的問題而發生的一場政治鬥爭。從萬曆十四年（一五八六年）到萬曆四十二年（一六一四年）的「爭國本」鬥爭歷時近三十年。

神宗的王皇后無子，王恭妃生子朱常洛（即後來的明光宗），鄭貴妃生子朱常洵（即後來的福王）。朱常洛年長，按立嫡以長不以賢的禮法原則，朱常洛應該被立為太子。但萬曆皇帝極寵愛鄭貴妃，和鄭貴妃一起到神殿宣誓要立她的兒子朱常洵為太子，並把誓言寫在紙上，放在玉盒裡交由鄭貴妃保管。但另一方面，廢長立幼又是犯忌的事，神宗擔心群臣反對。朝臣果然依據太子立嫡、無嫡立長的法綱據理力爭。

首輔申時行於萬曆十四年（一五八六年）二月，上《請冊立東宮以重國本疏》，拉開了長達近三十年的波及整個朝廷的國本之爭的序幕。申時行的奏請立即引起滿朝文武的共鳴。各部府司道諸衙門都紛紛上章奏請。戶部給事中姜應麟、吏部驗封司員外郎沈璟、刑部山西司主事孫如法、河南道御史楊紹程等人的奏章言辭尤為激烈。萬曆皇帝一怒之下，將這四人嚴厲降處。

萬曆十七年（一五八九年）十二月二十一日，申時行、大學士許國、吏部尚書朱纁、禮部尚書于慎行等人除了繼續陳請早行冊立之外，還陳請神宗對朱常洛及早進行「預教」（**出閣讀書**）。其實「預教」只是一種形式，這種形式一旦舉行就等於事實上承認了朱常洛的太子地位。神宗無奈只得表態，第二年就舉行建儲典禮。但一年過去了，神宗仍找各種藉口拖延，朝廷內外紛紛傳言神宗將廢長立愛。

萬曆二十一年（一五九三年）正月，神宗詔示大學士王錫爵，擬把皇長子常洛、皇三子常洵和皇五子常浩一併封王，待以後再從三人中選有才能者立為太子。王錫爵遂即疏請令皇后撫育長子朱常洛，則長子即為嫡子。神宗卻告諭禮官同時將三人封王，這個諭旨立即遭到文武群臣更加激烈的反對，反對「三王並封」的奏章接二連三，總數達上百本。當年閏十一月，經過群臣反覆爭執，神宗被迫答應皇長子「明春先行出閣講學禮」。次年二月，朱常洛出閣講學，接受教育，至此群臣取得初步勝利。神宗迫於群臣的強大壓力，被迫放棄了「三王並封」的諭旨，但又抱著「待嫡」之說不放。直至皇太后施加壓力，才在萬曆二十九年（一六〇一年）十月立朱常洛為皇太子，同時也封常洵為福王，藩國洛陽。

按太祖洪武皇帝的遺訓，藩王被封後必須立即就藩之國，但是福王被封後十多年卻一直留在京師。福王不就藩，太子的地位就不穩定。

朱常洛被立為太子後，朝廷大臣奏請福王就藩之國的奏章不斷，萬曆皇帝一直在拖延。直到萬曆四十一年（一六一三年），萬曆皇帝再也拖延不下去了才以第二年春天為期，但又同時提出條件，福王莊田要達到四萬頃，然而當時無法湊足四萬頃之數。朝廷大臣，特別是東林黨人上書反對，萬曆皇帝被迫讓步，減為二萬頃。萬曆四十二年（一六一四年）二月，皇太后臨死前再度施加壓力，加之皇長孫由校（**常洛長子**）也已九歲，神宗看廢長立愛的可能性已經不復存在，才將朱常洵封國洛陽，滿朝文武這才如釋重負。

然而這一切並沒有結束。萬曆四十三年（一六一五年）五月，發生了一件對太子不利的大事，更證實了大臣們的憂慮。此月初四日深夜，一位名叫張差的男子竟手持棗木棍打進皇太子居住的慈慶宮的宮門內，擊傷守門內侍李鑑，衝至前殿簷下，最後被內侍韓本用等人擒獲。

事發後朱常洛驚恐萬狀，而且「舉朝驚駭」，萬曆帝下令審訊。負責審問的為「浙黨」官吏，說張差是個瘋癲病人，企圖糊塗結案。而巴結鄭貴妃的內閣首輔、「浙黨」首領方從哲也不願深究。東林黨人、刑部提牢主事王之寀，通過單獨提審和與刑部官員共審，使張差供出：是鄭貴妃手下太監龐保、劉成「令我打上宮門，打得小爺（**指太子**），有吃有穿」。朝中東林黨人懷疑是鄭貴妃欲謀害太子，堅決要求追究到底。由於事情牽連鄭貴妃，朝議洶洶。

鄭貴妃聞知後，對萬曆帝哭泣。萬曆帝說：「外廷語不易解，若須自求太子。」於是鄭貴妃就找到了皇太子朱常洛。史書記載，鄭貴妃找到了皇太子朱常洛，嚎啕大哭並訴說事情的原委，請求太子寬恕。二人對話的過程是：貴妃拜，太子也拜，貴妃和太子是且泣且拜，一面哭一面拜。萬曆皇帝一看這事情鬧大了，牽連到鄭貴妃不好，又牽扯到太子——兩頭為難，怎麼辦呢？他最後決定親自來處理這個事。萬曆帝在慈寧宮皇太后靈位几案前召見太子和百官，令太子降諭處理此案，禁止株連。皇太子朱常洛既不願意得罪父皇，也不願意得罪鄭貴妃，更不敢深究此事，而萬曆帝因為都是家裡頭的事情也不想追究。最後決定把張差處死，兩個太監龐保和劉成在內廷被秘密打死，草草了結這樁大案。負責此案審理的王之寀遭到反東林黨一派官吏的攻擊，萬曆帝將他削職為民。這就是「梃擊案」。

梃擊案鬥爭的焦點，從表面上看是鄭貴妃意欲謀害太子朱常洛而未得逞，好像是皇帝的家事，但實質上是國事，反映出朝廷中東林黨與其他派系的政治鬥爭。儘管萬曆帝親自處理並結案，但這件事情始終疑雲重重。此後大臣們常以此為題目，「奏章累數千百，由是門戶之禍大起」。

從萬曆十四年（一五八六年）二月開始，滿朝文武為了使朱常洛能夠冊立為太子，以六七位閣臣的離職，上百名大臣被降處的沉重代價，前後苦爭了十五年，護衛了十九年，群臣所上奏疏成千上萬，朱常洛才得以被冊立為皇太子，並終於繼承了帝位。但萬曆為躲避國本之爭隱入皇宮不理國事，不處理天災帶來的後遺症，對邊防缺乏必要的關心和整治，使得國家出現了數以萬計的流民，社會矛盾激化。而一代梟雄努爾哈赤卻在不斷地蓄積實力和成長，終成為明王朝大患。

「國本之爭」加快了朱家天下滅亡的步伐。

第十四章　一月天子　光宗朱常洛

明光宗朱常洛（一五八二——一六二〇年），明神宗朱翊鈞長子。神宗病故後繼位，在位僅一個月，因病後服紅丸而死，終年三十八歲，葬於慶陵（今北京市十三陵）。

朱常洛是明代傳奇色彩最濃的一位皇帝，明宮三大疑案都與他有關。他在位僅一月，是明朝在位最短的一位皇帝。而他的死卻使明朝喪失了最後一根救命稻草，因為明朝接下來的統治者是文盲兼木匠的熹宗皇帝朱由校和有史以來權勢最盛的宦官魏忠賢。朱家王朝在沒落的路上越走越遠了。

01 紅丸謎案，葬送朱家最後的救命稻草

都言英雄愛美人，皇帝更難例外。閱盡封建王朝，哪個皇帝不好色？明光宗朱常洛好色只是小事，被人利用卻是大事，究竟是誰害死了他？恐怕連他自己都不知道。歷史演變至此，朱氏家族連這棵救命稻草也稀裡糊塗地丟掉了。

明萬曆四十八年（一六二〇年）八月明神宗病逝，朱常洛隨後繼位。改年號為「泰昌」。朱常洛繼位後，進行了一系列革除弊政的改革。他發內帑犒勞邊關將士，雖然杯水車薪卻也是萬曆朝很難見到的。他罷除了萬曆朝的礦稅，這種稅收曾一度使民不聊生、民變迭起。同時又撥亂反正，將由於進諫而得罪皇帝的官員全都釋放並官復原職。面對萬曆中後期官員嚴重不足的情況，他提拔了一批新的官吏補足了缺額，使朝政有了一些起色。然而光宗有一個致命的特點，就是好色。

在當初的國本之爭中，鄭貴妃和朱常洛鬧得很不愉快。在朱常洛登基後，鄭貴妃為了討好朱常洛以保全自己在後宮的地位，就選了幾個長得漂亮的侍女進獻給他。朱常洛照單全收，全

然忘了以前的遭遇，整天沉迷於女色。

由於神宗彌留之時，曾遺言給朱常洛要他封鄭貴妃為皇后。神宗離世的次日，朱常洛傳諭內閣辦理此事。此時神宗原來的王皇后以及朱常洛的生母王氏都已經去世，鄭貴妃一旦變成皇后，在接下來的泰昌朝中就可能成為皇太后。禮部右侍郎孫如游上疏指出，既然朱常洛另有生母，怎麼能封鄭貴妃為皇后呢？朱常洛對此感到十分為難，於是將奏疏留下不發。後來朱常洛於八月二十日收回了封鄭貴妃為皇太后的成命。

鄭貴妃擔心朱常洛會因前嫌而報復自己，採取了兩方面的措施：一是勾結朱常洛所寵幸的李選侍，請求朱常洛立李選侍為皇后，李選侍則投桃報李請朱常洛封鄭貴妃為皇太后；二是向朱常洛進獻美女。喜愛美色的朱常洛面對美女，自然是夜夜縱樂。本來就因為生活壓抑而虛弱的身體，驟然要承擔如此多的政事，又貪戀美色，「退朝內宴，以女樂承應」「一生二旦，俱御幸焉」，由是基本上累垮了。到八月初十日，身體就不行了，宣醫官陳璽診視。八月十二日，一心想做一個好皇帝的朱常洛拖著病體接見大臣，大臣們見到皇帝面容憔悴，「聖容頓減」。十四日，便發生了崔文升進藥事件。

崔文升不知皇帝陰虛腎竭，還以為是邪熱內蘊，下了一副瀉火通便的猛藥。結果，朱常洛一宿腹瀉三十餘次，危在旦夕。這下子闖了大禍，朝廷上唇槍舌劍，吵聲罵聲不絕於耳。重臣楊漣上書指責崔文升誤用瀉藥，崔文升反駁說並非誤用，而是皇帝用了「紅丸」造成病重。東林黨人馬上強調，不但崔文升用藥不當，還拿「紅丸」之事敗壞皇帝名聲。

病危的朱常洛躺在病榻上，仍念念不忘「紅丸」，想要服用。鴻臚寺丞李可灼當即進了顆紅色丸藥，朱常洛服後沒甚動靜。晚上，朱常洛又要求再服一丸，李可灼又進了一顆紅色丸藥。不一會兒，皇上就手捂心口、瞪著兩眼，掙扎幾下就一命嗚呼了。朱常洛才即位不足一月就一命歸西了！

兩顆「紅丸」，一條人命，釀成了震驚朝野的大案。紅色藥丸是不是「紅丸」？它到底是什麼藥？為什麼在皇帝病重之時進這種丸藥？崔文升和李可灼怎麼這麼大膽？崔和李有沒有幕後指使者？

明末宮廷內黨派鬥爭激烈，「紅丸」一案，引起了黨派間更加尖銳的矛盾。有人認為李可灼進的「紅色丸藥」就是「紅丸」。「紅丸」就是紅鉛丸，是普普通通的春藥。春藥屬於熱藥，皇帝陰寒大瀉，以火制水是對症下藥。李可灼把春藥當補藥進上，是想步陶仲文後塵而已，只不過他時運不佳……有人認為那紅色丸藥是道家所煉金丹。用救命金丹來對付垂危病人，治活了則名利雙收，死了算是病重難救。李可灼很可能是這樣想，也是這樣做的。

還有人認為拿春藥給危重病人吃有悖常理。李可灼明知自己不是御醫，病人又是皇帝，治出了問題腦袋都保不住，為什麼還這樣大膽進藥？況且朱常洛縱欲傷身急需靜養，怎麼還用這虎狼之藥？由此推斷，李可灼必是受人指使有意謀殺皇上。再一追查，崔文升曾是鄭貴妃屬下之人。崔該殺！崔的幕後指使也該追查！

另外，李可灼是首輔方從哲帶進宮來的，也要追查方從哲。方從哲想逃脫罪責，慌忙上書請求退休。可是退休之後，聲討他、要求嚴辦他的書文還特別多。方從哲一面極力為自己辯護，一面自請削職為民遠離中原。許多大臣為他開脫也難了斷。

最後李可灼被判流戍，崔文升被貶放南京。「紅丸」案算了結了，可是還有餘波。

天啟年間，宦官魏忠賢當權，他要為「紅丸案」翻案，於是當初聲討方從哲的禮部尚書孫慎行被開除了官籍，奪去所有官階封號，定了流戍。抨擊崔文升的東林黨人也受了追罰，高攀龍因此投池而死。崇禎年間懲辦了魏忠賢，又將此案翻了回來。

崇禎死後，大明王朝又一次以此為題材挑起黨爭，直到明王朝徹底滅亡。小小紅丸惹起的黨爭簡直是禍國殃民，實在是讓人扼腕長歎。

02 李康妃恃寵生驕

地位具有極大的誘惑力，為了提升自己的地位，連後宮的女人也開始不淡定了。這又是朱家王朝的一段有意思的插曲。

明光宗朱常洛有一寵妃，也是後來天啟帝的養母，她就是李康妃。朱常洛當太子的時候，封了兩位姓李的姬妾為選侍，二人雖然同姓，但無親緣關係。人們為了區分稱她們為西李（後來的康妃）、東李（後來的李莊妃）。東李地位雖然高些，但不及西李獻媚撒嬌也不如西李受寵。

西李仗著自己受寵，不把後宮中的其他人放在眼裡，經常欺負別人，甚至將王才人毆打凌辱致死。王才人（後追封孝和皇后）是太子朱常洛長子朱由校（後來的天啟帝）的生母。萬曆皇帝親賜給她「才人」的封號，其在太子宮中的地位僅次於太子妃郭氏。郭氏病死後，太子宮中地位最高的女人自然就非王才人莫屬了。但西李不管不顧竟然害死了王才人，更讓人想不到的是西李非但沒有被懲罰，反而成了朱由校的養母，既提高了自己的地位，又積累了一項重要的政治本錢。畢竟朱由校是神宗的皇長孫，無疑是政治鬥爭的重要籌碼。

西李曾是鄭貴妃的屬下，跟鄭貴妃一干人關係密切。隨著自己越來越受寵愛，西李的欲望也越來越大，竟開始插手朝政。她跟鄭貴妃沆瀣一氣，為了各自的利益達成了一項協定。西李支持鄭貴妃封為皇太后，鄭貴妃則支持西李封為皇后。明光宗病臥期間，兩個女人一而再地嘮叨，最終使得明光宗下了決心，他召集大臣商議封西李為皇貴妃。但是西李總是不放心，便躲在外面偷聽。當她聽到光宗封自己為貴妃時，她心裡不樂意了，便拉著朱由校直接闖了進去，非得讓光宗封她為皇后不可。她還讓朱由校幫自己說好話，朱由校迫於壓力，便對人們說封她為皇后吧！但禮部侍郎孫如游卻說：「太后、元妃等人的謚號還沒有尊上，把這些事情解決後再封皇貴妃不晚。」一方從哲等大臣又來到榻前把情況向光宗說了一遍，結果光宗只是封西李為皇貴妃。

然而沒多久明光宗因為服用「紅丸」便駕崩了。西李鬧了半天沒有做成皇后，非常不甘心，於是她乾脆賴在乾清宮不走，逼迫那些大臣答應她當皇后。乾清宮是明朝皇帝的法定住所，西李又牢牢地控制著儲君朱由校，自認為萬無一失。由於新君無法舉行登基大典，所以大臣們忍無可忍立即採取了行動。

西李本想以這種市井潑婦的手段來謀取皇后的地位，其野心和膽量都讓人敬佩，但她的頭腦和見識卻讓她的夢想終成泡影。經過幾次交鋒，西李最終敗下陣來，於是她抱著女兒去了自己該去的地方——妃嬪養老地仁壽殿。

天啟帝朱由校終於順利即位，出於對父親的孝順沒有懲罰西李，不過也沒有給她封號。後來魏忠賢掌握大權，此前魏忠賢是西李身邊的心腹太監，因此兩人關係不錯。此時她見魏忠賢得勢，便拼命討好巴結他，在魏忠賢的幫助下西李被尊封為「康妃」。

七年後，明熹宗病死，異母弟明思宗崇禎帝即位，消滅了魏忠賢集團。明思宗念及西李是父親愛妃的情面上放了她一馬，保留了康妃頭銜，這也算得上是一個奇蹟了。明朝滅亡，李康妃被李自成俘虜，之後又落到清廷手裡，她和其他一些倖存的明朝妃嬪皆由清政府出錢供養起來，也算是善終了吧！

第十五章　木匠皇帝　熹宗朱由校

朱由校（一六二〇——一六二七年在位），年號天啟。明光宗長子。即位後令東林黨人主掌內閣、都察院及六部。天啟二年（一六二二年）詔復張居正原官，錄方孝孺遺嗣，給予祭葬及謚號。

在位期間，寵信宦官魏忠賢、土地兼併劇烈、苛捐雜稅繁重，社會矛盾進一步激化。天啟七年（一六二七年），農民起義爆發，後金勢力壯大，佔領遼陽，攻取瀋陽，進逼寧遠（今遼寧興城），明代統治瀕臨潰滅。

01 新帝即位，移宮起風波

為了樹立自己的威信新帝即位總要點起三把火，可惜朱家的皇帝一代不如一代，朱氏家族的江山真是沒救了！

明萬曆四十八年（一六二〇年），萬曆、泰昌兩帝相繼而亡，新帝繼位之事關係著國家的命運，成為朝野關注的焦點。由於其父泰昌帝朱常洛不得萬曆皇帝的寵愛，天啟皇帝朱由校自幼也備受冷落，直到萬曆帝臨死前才留下遺囑冊立其為皇太孫。朱由校的生母王才人雖位尊於李選侍之上，但因李選侍受寵，她備受李選侍凌辱而致死，臨終前遺言：「我與西李（**即李選侍**）有仇，負恨難伸」。而朱由校從小亦受李選侍的「侮慢凌虐」終日涕泣，形成了懼怕李選侍的軟弱性格。

泰昌帝即位後，朱由校與李選侍一起遷住乾清宮。一月後泰昌帝駕崩，李選侍控制了乾清宮，與太監李進忠（**魏忠賢**）密謀挾持朱由校，欲爭當皇太后以把持朝政，此舉引起朝臣的極力反對。泰昌帝駕崩當日，楊漣、劉一燝等朝臣即直奔乾清宮要求哭臨泰昌帝，請見皇長子朱由校，商談繼位之事，但受到李選侍的阻攔。在大臣們的力爭下，李選侍方准朱由校與大臣們見面。楊漣、劉一燝等見到朱由校即叩首三呼萬歲，並保護朱由校離開乾清宮，到文華殿接受群臣的禮拜，決定以九月六日舉行登基大典。為了朱由校的安全，諸大臣暫將他安排在太子宮居住，由太監王安負責保護。李選侍挾持朱由校的目的落空後，又提出凡大臣章奏須先交由她過目，然後再交朱由校，遭到朝臣們的強烈反對。朝臣們要求李選侍移出乾清宮遷居噦鸞宮，遭李選侍拒絕。李選侍又要求先封自己為皇太后，然後令朱由校即位，亦遭大臣們拒絕，矛盾日漸激化。至初五日，李選侍尚未有移宮之意，並傳聞還要繼續延期移出乾清宮。內閣諸大臣站在乾清宮門外，迫使李選侍移出。朱由校的東宮伴讀太監王安在乾清宮內力驅，李選侍萬般無奈地懷抱所生八公主倉促離開乾清宮，移居仁壽宮內的噦鸞宮。九月六日，朱由校御奉天門，即皇帝位，改明年為天啟元年。至此，李選侍爭當皇太后、把持朝政的企圖終成畫餅。

李選侍雖已「移宮」，但鬥爭並未結束。「移宮」數日，噦鸞宮失火，經奮力搶救才將李選侍母女救出。反對移宮的官員則就此散發謠言：選侍投繯，其女投井，並說「皇八妹入井誰憐，未亡人雉經莫訴」，指責朱由校違背孝悌之道。朱由校在楊漣等人的支持下批駁了這些謠傳，指出「朕令停選侍封號，以慰聖母在天之靈。厚養選侍及皇八妹，以遵皇考之意。爾諸臣可以仰體朕心矣」。至此，「移宮」風波才算暫時宣告結束。它與萬曆朝的梃擊案、泰昌朝的紅丸案，一直是天啟朝爭論的問題，史稱晚明三大疑案。

02
醉心木匠活，大權旁落

修復大明江山，對熹宗朱由校這位醉心於木匠活的皇帝來說應該是外行。由此不難判定朱氏的大明江山易主的日子不遠矣！

由於父親朱常洛不為神宗所喜，這個皇孫自然也常在神宗的視野以外。直到神宗臨死才被冊立為皇太孫，有了出閣讀書的機會。沒想到他的父親登基一個月就撒手西去，連冊立他為皇太子都沒來得及，更別提讀書的事情了，這一年朱由校已經是一個十六歲的少年了。他像一個木偶般被養母李選侍和一幫大臣搶來搶去，最後變成了一個大國的君主。他名義上統治了這個國家整整七年，但是實際上只是一個他信任的太監在掌控著政治權力。宦官專權在朱由校統治期間達到了極限，寵信乳母客氏及宦官魏忠賢，屢興冤獄、迫害忠良。

魏忠賢進宮前本是一個地痞流氓、賭徒，曾因為還不起賭債被打得半死。魏忠賢對眼前生活不滿，要對仇人報復又沒有良策，終於想出了閹割自己進宮當太監這條路。明朝太監禍亂朝綱的現象比較嚴重，像魏忠賢之前的王振、劉瑾。魏忠賢到了北京以後，因善騎射再加上好酒量，得到了東廠太監孫暹的賞識而收在門下並帶入宮中。後結識了內宮總管太監馬謙負責管理化妝品，他憑藉權力用化妝品結交了不少宮女。後來進了東宮，負責朱由校和王才人的膳食。熹宗繼位，在乳母客氏的勸說下，任命魏忠賢為司禮秉筆太監，從此開始了七年的亂政活動。

不久，魏忠賢除掉了王安，獨掌了司禮監。熹宗對奶娘客氏過於依縱，在客氏的要求下竟封她為「奉聖夫人」，封其子為錦衣衛指揮，給了兩千畝香火田。後宮有好幾個妃嬪對此很不滿意，客氏就串通魏忠賢在後宮大開殺戒。殺了光宗的選侍趙氏；把身懷有孕的裕妃張氏關進黑巷迫害致死；深受皇帝寵愛的吳貴妃因不聽魏忠賢的擺布而被毒死，然後向皇上稟為暴死；與皇帝感情很好的張皇后懷孕了，客氏竟派宮女給她服了打胎藥使孩子流產。張皇后很傷心，就沒心思管客氏了，客、魏由此開始控制了後宮。

天啟皇帝朱由校為什麼這樣縱容客氏呢？原來他的父母半生都活在危懼飄零之中，地位總是極難鞏固而無暇顧及他。他躲在東宮的一個角落裡淒涼孤苦地悄悄長大，只有乳母客氏經常陪著他，為他解除孤獨、給他安慰，因此他對客氏十分依戀，對客氏的話幾乎無所不從。天啟皇帝十七歲大婚已冊封了皇后，按慣例已婚皇帝的嫡母、生母都要遷走，更不要說乳母了。天啟大婚後，御史畢佐周和劉蘭上疏要求客氏遷出，大學士劉璟也上疏提及此事，皇帝卻說：「皇后年幼，全靠乳嫗保護，等皇祖（萬曆）下葬後再說吧。」後來又有許多臣子上疏提及此事，天啟在眾人的壓力下不得不遷走客氏，但每日思念常痛哭流涕，有時甚至不吃飯，最後傳出聖旨把客氏召回。魏忠賢控制了客氏，天啟帝也就落在他的掌握之中了。

天啟皇帝性情柔弱膽怯，自即位以來外廷依靠劉一煜、周嘉謨、左光斗等人，內依客氏。魏忠賢此時已掌握了內廷二十四監，就把手伸向了外廷，他要擠走內閣權臣獨掌朝政，這當然需要擺布好小皇帝。魏忠賢手段非常多，為皇帝安排各種活動。如請年少好勝的小皇帝觀看宦官演操、打槍、划船等。魏忠賢發現小皇帝有一個特殊的癖好，自幼孤獨的天啟皇帝喜歡自己躲到一邊製作工藝品。當上了皇帝後工具材料樣樣方便，更是樂此不疲。魏忠賢就利用這一點，天啟皇帝製造樓閣亭臺等做到最高興時就怕有人來打擾，魏忠賢偏偏這個時候去奏事，小皇帝就會不耐煩地說：「你都看著辦吧，怎麼辦都行！」魏忠賢就可以藉天啟皇帝的名義來辦各種事了，而熹宗卻耳無所聞、目無所見，他將所有心思都放在自己的玩樂中去了。除玩樂之外，他不關心別人，更不關心朝政與大臣的死活。整整七年，他的心智似乎一直都沒有成熟，對於世界的認識始終膚淺。他喜歡在宮中做喜歡做的事情，他的木工水準很高，「巧匠不能及」，近代有些專家認為明熹宗朱由校如果不做皇帝，肯定會是一個很好的木匠。而此時農民起義此起彼伏，後金又攻佔遼陽、瀋陽，使大明朝瀕於潰滅的危機之中。

天啟五年五月十八日，熹宗祭祀地壇回來，接著又到西苑遊玩，他與兩個小太監划一小船在湖中蕩漾。玩興正濃時，突然一陣大風將小舟掀翻，三人全部掉進水中，因受此驚嚇染病在身。天啟七年（一六二七年），熹宗病情日漸加重，屢治無效。臨終前召見他的弟弟信王朱由檢託以重任，還叮囑「魏忠賢，可以信任」，說罷撒手歸西。

魏忠賢擅權亂政七年，使本來已趨於沒落的大明王朝加速走向危亡，使得中央無幹臣、邊疆無良將、百姓無寧日。雖然繼位的崇禎皇帝起早貪晚忙政事也無力挽救即將傾覆的大明，十八年後大明滅亡，朱由校的責任不容推卸。

第十六章　末代帝王　思宗朱由檢

朱由檢（一六一〇——一六四四年）是明王朝的最後一位皇帝，年號崇禎。

十八歲登位，他勤於政務、事必躬親，努力挽救瀕臨滅亡的明王朝命運，面對著危機四伏的政治局面，殷切地尋求治國良方。與前兩朝相比較，朝政有了明顯改觀。然其生性多疑、剛愎自用，因此在朝政中屢鑄大錯：前期剷除專權宦官，後期又重用宦官；中後金反間計，自毀長城，冤殺袁崇煥。一六四四年，李自成西安稱王，建國號「大順」。一個月後，李自成攻進北京，崇禎皇帝自殺，朱家王朝從此滅亡。

01 除魏忠賢，收回大權

除掉了大宦官魏忠賢，明思宗朱由檢收回了皇帝的大權。但是明思宗朱由檢還能挽回大明江山於危難之中嗎？

天啟七年（一六二七年）八月二十四日，天啟皇帝死後的第三天，朱由檢正式即皇帝位，定次年改元崇禎。當時魏忠賢以司禮監秉筆太監提督東廠；魏忠賢的親信田爾耕為錦衣衛提督；崔呈秀為兵部尚書。自內閣、六部乃至四方總督、巡撫，朝廷內外遍布魏忠賢的黨羽。魏忠賢不敢公然加害思宗，只是因為明代皇權的威嚴而不敢輕舉妄動，但是暗中的毒害還是有可能的。所以思宗在八月二十三日入宮當天一夜未眠，取來巡視宦官身上的佩劍以防身，又牢記皇嫂張皇后的告誡不吃宮中的食物，只吃袖中私藏的麥餅。整個宮中都處在一種非常恐怖和壓抑的氣氛當中，登基之後的思宗深知要想平安當皇帝就必須除去魏忠賢。他一面像他的哥哥朱由校一樣優待魏忠賢和客氏，一面將信王府中的侍奉宦官和宮女逐漸帶到宮中以保證自己的生命安全。

崇禎要想在政治上有所變革，首先必須解決宦官弄權這一棘手問題，但魏黨勢力如日中天，稍有不慎，後果則不堪設想。

崇禎帝即位之初，不露聲色、不張聲勢，朝廷大臣們都對這位新皇帝琢磨不定，魏忠賢更是忐忑不安。魏忠賢便面陳崇禎帝提出辭職的請求作為試探，崇禎帝不冷不熱地挽留，沒有批准他的要求。可是崇禎帝卻毅然下令將客氏遣送出宮，客氏出宮是崇禎帝打擊宮中魏黨權勢的一次試探性動作。

崇禎帝頗有心計，在對魏忠賢一如既往的同時，也在逐步剪除其黨羽，將李朝欽、裴有聲、王秉躬、吳光承、談敬、裴芳等人次第准其所請罷職歸里。對太監李永貞也准其所請回籍治病。

朱由檢就這樣不動聲色地實施著他的除閹計畫。本來一直在窺探新君態度的魏忠賢，沒有想到朱由檢之所以沒有立即採取行動是在尋找有利時機，取靜以待變的策略，朱由檢居然真的等到了機會。原來追隨魏忠賢而沒有被重用的雲南道御史楊維垣上書，彈劾兵部尚書兼左都御史崔呈秀，魏忠賢禁不住有點慌亂了。

崔呈秀是最早投靠魏忠賢的人，為人貪婪無恥卻頗為幹練，因而最得魏忠賢的信任。他在天啟五年（一六二五年）還只是一個普通的御史，僅兩年工夫就經數次超擢而任兵部尚書兼左都御史，並加銜少傅兼太子太傅成為一品大員。魏忠賢能夠操縱國家大權，主要是靠崔呈秀從中鼎力相助。

明朝同歷代王朝一樣都標榜以孝治天下，因而有「丁憂」的制度，除了極特殊的例外情況，一切文武官員遇到父母去世都要立即離職回家為父母服喪二十七個月，服除之後才能等待朝廷再予授職。崔呈秀不久之前剛剛喪父，但由於他是魏忠賢的得力幹將，並沒有立即離職，這在許多人的眼中是很不道德的，不但違背了綱常制度也違背了孝道。這一次崇禎帝正好利用了人們的倫常道德意識快捷而果斷地做出反應，立即批准他回籍守制為父親服喪。這種道德準則當然只是一個藉口，因為只過了幾天崇禎帝就以「罪狀明悉」的理由將崔呈秀削職為民，並且追奪誥命，這意味著崔呈秀被徹底打倒了。

對崔呈秀的處置是崇禎帝與魏忠賢集團鬥爭中關鍵性的一步。此後崇禎帝打擊魏黨的決心和勇氣更大了，而朝臣對魏忠賢的彈劾奏章也鋪天蓋地而來。

明代制度，凡國立學校的學生，不論是監生、貢生還是普通生員（秀才），一律不准議論國家大事。太祖朱元璋欽定的「臥碑文」（即官學學生守則）中有明文規定：「天下利病，諸人皆許直言，唯生員不許……」但這一次，錢嘉徵的議論正中崇禎帝的下懷，所以他並不拘泥於祖制，立即批旨「知道了」，連同錢元慤的劾疏一起送交六科抄錄，以邸報的形式公諸天下。

錢嘉徵在奏章中陳述魏忠賢十大罪狀：其一，與帝並尊。內外大臣官吏奏章必先收閱，稱功頌德，以己配先帝，奉旨傳諭，必曰「朕與廠臣」；其二，蔑視皇后。張皇后之父張國紀並未犯不赦之罪，他卻羅織罪名，欲置之於死地；其三，操縱兵權。大明一朝祖宗沒有宦官操兵之制，忠賢外脅臣民，內逼宮闈，耍刀練炮於禁地；其四，目無君上。祖宗朝規，內官不得干政，忠賢於軍國大事一手遮天；其五，克削封王。先帝所封三王，賜田甚薄，而己所取膏腴之田萬頃；其六，不尊聖賢。孔子為萬世之先師，忠賢敢建祠於太學之側；其七，濫賜爵位。前制非軍功不封侯，忠賢身在宮內，公然襲上公之封爵；其八，濫冒邊功。遼左失陷於金，未復寸土，其子孫封侯封伯，冒領賞賜；其九，勞民傷財。忠賢生祠遍建天下，耗費錢物無法計算，民苦財竭；其十，營私舞弊。開科取士為國家之大事，忠賢為崔呈秀之子打通關節，將崔鐸貼文舉稱佳文。種種叛逆罪行，罄竹難書。

錢嘉徵把魏忠賢的罪行揭露得淋漓盡致，無惡不彰。魏忠賢得知後又恨又怕，急忙進宮撲倒在崇禎帝面前。崇禎帝氣上心頭，命內侍郎讀奏疏，令忠賢跪在地上仔細聽著。奏疏上一件件、一句句，無不使魏忠賢驚心動魄、心驚膽寒。他一把鼻涕一把淚，口口聲聲「死罪」，磕頭如搗蒜般流血不止。崇禎帝惡其醜相，怒斥一頓令其退去。

十一月初一日，皇帝發表上諭，徹底改變了以前對魏忠賢的態度。上諭中說：魏忠賢「專務逞私殖黨，盜弄國柄，擅作威福，難以枚舉……」而且又「私通同客氏，表裡為奸」，真是罪惡滔天。「本當寸磔（**凌遲處死**）」，但看在先帝的份上從輕將其發往鳳陽看守祖陵。魏忠賢和客氏的家產一律查抄沒收，他們的家屬親戚則全部發配到西南邊遠地區充軍。對於高級太監來說，發往鳳陽看守祖陵是僅次於死刑的嚴重懲處。而這時的魏忠賢已經方寸大亂，只好老老實實地接受這一還能保住性命的處置。

皇帝對這次上諭的執行速度，大大超出了明代官僚機構歷來拖拖拉拉的傳統，魏忠賢只是稍稍收拾了一下，第二天就離開了京城。或許他認為早一點離開京城就可以減少皇帝和在京官員們的注意力，可以使自己多獲得一點安全，但情況卻並沒有像他想的那麼簡單、那麼樂觀。在他離京的時候，仍然有一大批人前去送行，跟隨他南下的僕從數量也頗為可觀，這個情況再次引起了崇禎帝的警惕。十一月初四日，崇禎帝再次頒發上諭，斥責魏忠賢竟然對皇帝的寬大毫無感激改悔之心，南下路上居然還在身邊簇擁著眾多的亡命之徒，顯然是有意謀反。命令「錦衣衛即差當地官旗前去，扭解押赴彼處，交割明白……所有跟隨群奸，即便擒拿具奏，毋得縱容遺患」。

魏忠賢是在十一月初六日得知這道諭旨的，當時他那長長的車隊正行經北直隸河間府的阜城縣（今河北省阜城縣），也可以算是他的家鄉（他是河間府肅寧縣人），他在京城裡的親信快馬趕到向他傳達了上諭的內容。到了這個時候，魏忠賢總算意識到新天子是絕不會給自己留下一條活路的。魏忠賢當晚住在阜城的一個客店裡，神情恍惚、六神無主。當夜，他同貼身的親隨太監李朝欽用一根繩子吊死在這家客店裡。時年六十歲。

魏忠賢的垮臺和死亡，表明了魏忠賢專權的體制已經土崩瓦解。他的死訊傳到京師之後，正在薊州家裡守孝的死黨崔呈秀也立即做出了最迅速果斷的反應。他召集姬妾於一堂，羅列八珍，通宵痛飲，每飲一杯後就把手中價值連城的酒杯摔個粉碎。痛飲之後，崔呈秀也步魏忠賢的後塵上吊死了。他的一位愛妾叫做蕭靈犀的還以身相殉。更為悲慘的是客氏，在魏忠賢被貶斥鳳陽之前，她已經被從家中發往浣衣局監禁起來，緊接著又被抄了家。浣衣局是明宮中專門安置年老宮女的地方，條件十分惡劣，客氏錦衣玉食慣了，本來就有些熬不住。魏忠賢死後，崇禎帝正月派人到浣衣局用竹板子把她活活地打死了。

魏忠賢的屍身最初被草草埋葬在阜城，後來為了昭示國法，他的屍體又被挖了出來處以凌遲之刑，剁成了碎片，頭顱還被割下來掛在河間府城的高杆上示眾。客氏和崔呈秀也分別被斬首於京師和薊州。魏、客、崔三家的主要成員也都迅速受到懲辦，魏忠賢的侄子魏良卿、客氏的兒子侯國興不久後都被處死，其他的兄弟子侄如魏志德、魏希聖、崔鐸、崔凝秀等十餘人，被發往西南煙瘴地方終生充軍，只有魏忠賢的侄子魏良棟、侄孫魏鵬翼和崔呈秀的兒子崔鐘、崔鑰都還只是三五歲的孩子，有旨恩准釋放，以示法外之仁。

朱由檢能除去魏忠賢，說明了明代皇帝的至高無上地位，再有權勢的宦官也只能是藉助皇權為惡罷了，很難撼動皇權分毫。然而思宗在除去魏忠賢的過程中所表現出來的膽略還是令人欽佩的。緊接著欽定逆案，無疑更進一步肅清了魏忠賢的政治影響，這些都體現了朱由檢的遠見卓識。除掉魏忠賢之後，大權重新又回到了皇帝手中。

02 巧借天意，重新組閣

明思宗朱由檢靠「枚卜」組成了內閣。大明江山的將來是不是也可以「枚卜」呢？但他不知道，謀事在天，而成事卻在人啊！

新政是從調整內閣班子開始的。明代內閣由內閣大學士數人組成，設立於成祖永樂年間，最初只是皇帝個人的一個秘書班子，在皇帝身邊掌管文書、起草文件。內閣大學士的職位也不高，最高只有五品，與翰林院學士的品級相同。但自宣德時期起，朱家的龍子龍孫日漸退化，厭倦政務，懶於同閣臣們共同處理國務，內閣也就不再是皇帝的貼身秘書和助手，而成為國家的一個特殊官僚機構。

內閣在同皇帝分離的過程中，帶走了一部分原先屬於皇帝的職能，主要體現在票擬聖旨這個方面，權力日益加強，地位也日益提高。後來入閣的大學士差不多都要兼尚書或是侍郎銜，一向被認為是朝廷中最重要的大臣，稱作「輔臣」。許多人都認為明朝雖無宰相之名，內閣大學士卻有宰相之實。在明朝中後期，官場中私下裡也確實把內閣成員稱作相國、相爺，把被任命進入內閣稱作「大拜」（就是拜相）。在一個文官官僚的政治生涯中，由入閣充任輔臣，往往是終身追求的最高理想和最高境界。

內閣是朝廷的中樞，對於政策的制定與執行關係極大，而崇禎帝在即位之初繼承下來的卻是一個閹黨充斥的內閣。主持內閣工作的首席大學士被稱為首輔，地位尊貴、權勢極重，是龐大的官僚集團中第一位的角色，而當時的首輔黃立極卻是在魏忠賢專權時期由禮部侍郎迅速升上來的，對魏忠賢和他的心腹唯命是從。內閣中的另外幾位大學士施鳳來、張瑞圖和李國檣，情況都差不多。魏忠賢被剷除後不久，浙江山陰（今紹興）監生胡煥猷上疏，對內閣四位成員進行了一番攻擊，說他們「在魏忠賢專權之時，不能有所匡正，反而揣摩意旨，專事逢迎」都應該被罷免。

崇禎帝為了充實內閣，也為了早日建立起一個完全屬於自己的班底，依慣例共同推舉新閣員。大臣們一共推舉了十二人，依照慣例皇帝只要按照廷推的順序畫定最前面的三四個人就可以了。但崇禎帝卻不是可等閒視之的皇帝。他對於君主獨裁的理解就是要獨自裁定，處處顯示出自己的特點來，不願意按照老一套的程序陷入朝臣們設定的圈套。可是他也有自己的困難，就是還根本摸不清楚朝中大臣的基本情況，僅憑書面上官樣文章的履歷材料是無法判定賢劣的。既不能自己判斷，又不願讓朝臣們代為判斷，最後他想出了一個聽天由命的辦法，舉行了多年沒有實施過的所謂「枚卜」大典，就是通過抽籤的方式來確定哪個人入選。

在調整內閣班子的同時，崇禎帝對於朝廷中地位僅次內閣大學士的六部尚書和都察院左都御史（在明代被合稱為「七卿」），以及侍郎、副都御史等也進行了幾次調整，主要是清除閹黨餘遺。如被人叫做魏忠賢手下「十狗」之首的吏部尚書周應秋，靠無恥吹捧魏忠賢被提拔起來的刑部尚書薛貞，都是在天啟七年（一六二七年）末就被罷官。在他們的位置上換上一些比較老成持重，在魏忠賢專權時期沒有什麼明顯劣跡的大臣。

韓爌被召還朝復用，經過了曲折的過程。朱由檢即皇帝位不久，言官即乞請恢復被魏忠賢擅權罷官的韓爌，朱由檢直到崇禎元年正月才下令施行。此時又有言官請求令韓爌還朝理事，而逆黨餘孽楊維垣等則從中作梗，朱由檢僅賜敕慰問，官其一子而已。至同年五月，李國槽「得請歸里，薦韓爌、孫承宗自代」，朱由檢「始遣行人召之」。韓爌入朝，李標「讓為首輔」。李標、錢龍錫等悉心協理、輔佐朝政，當時被稱作東林內閣，然而其執掌朝政的時間極為短促。

身為內閣首輔的韓爌「先後作相，老成慎重。引正人，抑邪黨，天下稱其賢」。事實正是如此，他與閣臣一起處處從穩固封建統治的宗旨出發，在複雜多變的時局沉穩地處理著繁重的政務。

因有老成持重的內閣首輔韓爌及其群輔的輔佐，急於事功的朱由檢在一些重大政務的處理上還算妥當，保持朝政的相對穩定。不料在後金兵臨城下的非常時期，本來就輕信的朱由檢中了後金反間之計，更加重了他的猜疑之心，於同年十二月初四日，逮袁崇煥入獄；二十二日，以議和後金事及殺毛文龍事放歸錢龍錫；二十七日，天性警敏又善於窺伺皇帝旨意的周延儒等入閣。次年正月，首輔韓爌亦因「崇煥座主」被劾致仕；三月，李標得請家居。所謂的東林內閣也隨之解體，只有正直的成基命還在盡心盡力地維持著。

崇禎一朝先後任用過整整五十位內閣大學士，人稱「崇禎五十相」。這在歷史上創下了最高紀錄。六部、都察院的首長更換也同樣頻繁，在整個崇禎時期七卿的平均在任時間只有一年零兩個半月。頻繁地更換朝臣，一方面反映了朱由檢十分重視用人問題，但也暴露了其任免官員的輕率。

03 勤於政務，無力回天徒枉然

明思宗朱由檢勤於政務是值得肯定的，但他的自負和多疑卻是致命的弱點。他的這種性格也決定了大明王朝最終衰敗的結局。

朱由檢一生勤政，好讀經史之書，在明代諸帝中是少有的。朱由檢以為作為封建王朝的最高統治者，事事以身作則對百官大臣是一種無聲的鞭策和激勵，尤其是諸多矛盾相互交錯，諸多難題需要立即解決之時更應如此。朱由檢是這樣思考的，也是這樣做的。

在君主專制的政治體制中，君主在法理上絕對掌握著全部的國家權力，這種至高無上的權力也決定了君主具有不同尋常的責任和義務。在中國古代，一個真正稱職的皇帝應該遵守一系列呆板嚴苛的皇帝守則（實際上很少有皇帝去遵守那些守則），而且應該是勤政的模範。從理論上講，國家政務的各個方面事無巨細都應當由皇帝親自過問、定奪。但僅以明代而言，除了開國的朱元璋以及靠「靖難」奪得政權的永樂帝之外，很少有皇帝對於政務真正感興趣。在這些對於自己的責任不那麼感興趣的皇帝中，有的乾脆埋頭深宮或沉湎於遊樂，很少理會或者根本不理朝政；有的則是勉強進行一些象徵性的朝事活動。

為了適應這種情況，在明代的政治運作中就逐漸形成了由內閣擬旨和由司禮監批朱等一套由臣僕為皇帝代勞的制度，據說這是為了貫徹自古聖賢制定的「君逸臣勞」的原則。有了這套切實可行的制度，懶漢皇帝們就更能夠偷懶而不至於給國家機器的運行帶來什麼損失，因而大多數明代皇帝也就變得懶上加懶。

在一般情況下，朝臣們表面上總是希望皇帝能夠親政、勤政，經常請求天子認真批閱本章、定期召見群臣。但如果皇帝真的勤起政來，對於各種政務顯出過度關心，臣子們也會非常不習慣，甚至會產生出極大的反抗情緒。因為皇帝一旦親自理政，勢必會把多年來已經分劃給朝臣的那一部分君主權力又重新拿回去。崇禎年間的朝臣面臨的正是這樣一種君臣局面。

朱由檢的勤政主要表現在認真批閱本章和召集朝臣議政兩個方面。他對於中央各部門和各地方送進宮來的題本、奏本非常重視，對於一切本章和內閣的票擬都十分認真地閱讀，還經常對票擬提出一些修改意見。按多年的定例，內閣的票擬雖然只是一種沒有法律效力的建議，卻是極受朝廷尊重的，皇帝通常很少把內閣的票擬駁回重擬。但崇禎帝卻更看重自己所擁有的理論權力，只要覺得票擬不妥立刻就發回內閣。於是在崇禎年間票擬被駁回成了常情，一些內閣大學士在擬旨的時候乾脆不實擬，而預先留下被駁回的餘地，這種情況是明代政治運作方式的一大變化。

與此同時，朱由檢也要求百官大臣提高辦事效率，明確命令自崇禎「元年二月所發章奏，具限十日內題覆。如仍稽違，部科互勘」。工科給事中劉安行巡視太倉銀庫，奏報預支官俸的弊端，「積侵三十六萬」。朱由檢敕令劉安行同戶部清核，自某年某月某人均須歷歷查明，「限旬日奏上」。朱由檢告諭各衙門，章奏不應冗長，必須簡明扼要、條理明晰，一事一議，每封章奏不超過一千字，如詞意未盡，另行章奏。

朱由檢的勤於政務可以說是出於一種天性。他滿懷興趣地埋頭於枯燥繁複的政務，熱衷於閱讀和批改各類公文，而且對於調查處理那些頭緒不清、疑點較多的案件頗有一種奇特的愛好。這種熱愛政務的個性再加上自負、多疑等性格特點，使得他成為自洪武、永樂以來對政務操勞最多、關心最細，也是最讓朝臣受不了的一位皇帝。而朱由檢的這種性格也決定了朱家王朝的最終命運。

04 剿撫並用，絕海盜之患

剿滅了東南沿海一帶的海盜，明思宗朱由檢使東南沿海相對安定，為百姓做了一件好事，但這也挽救不了明朝衰亡的命運。

朱由檢剛即位之時，東南沿海海盜的活動愈來愈猖獗，較有影響的是海盜鄭芝龍的活動。鄭芝龍，福建泉州南安縣石井巡司人。十幾歲時被騷擾其家鄉的海盜顏振泉掠去，跟隨顏振泉活動於沿海，其弟鄭芝虎後來也加入了顏振泉的海盜隊伍。不久，顏振泉死，眾人推鄭芝龍為魁首。鄭芝龍自當上了魁首後便團結眾海盜縱橫海上，官兵莫敢鎮壓。

朱由檢當政後，先對鄭芝龍採取「招撫」政策。是時福建巡撫朱欽相、總兵俞咨臯都積極執行崇禎的招撫政策，由此鄭芝龍曾通過投降的海盜楊六給朱欽相通信，表示要投降返回陸地。可是楊六拿了鄭芝龍的錢卻不辦事，根本沒向朱欽相通報，鄭芝龍只得繼續在海上為盜。

朱由檢見招撫不見效果，便決定採取「圍剿」政策。先是於崇禎元年（一六二八年）三月，禁漳州、泉州人出海，欲困死鄭芝龍等海上為盜者。然而圍了很久也不成其效，於是派新任福建巡撫朱一馮率軍出師剿殺。朱一馮得旨後率都司洪先春從水路進攻，把總許心素、陳文廉從陸路進攻，兩路夾攻想一舉消滅鄭芝龍。哪知陸軍失道，只有洪先春水師按計劃進島。白天打了一戰，勝負相當。夜間鄭芝龍潛遣盜眾，繞洪先春後面偷襲，明軍大敗。

圍剿不成，朱由檢又決定招撫。六月，朱由檢撤了朱一馮之職，由熊文燦接任。熊文燦到任後，遵旨傳話海盜，若歸降朝廷得統轄原部移作海防。鄭芝龍在九月投降。「芝龍既降，當責其報效，酌量授職」，准允授職於鄭芝龍，因此鄭芝龍成了明軍的一名軍官。

朱由檢雖招撫了鄭芝龍，但並未完全解決海盜問題，東南沿海仍然有許多海盜在活動，一時很難對付，於是崇禎下諭要東南各省地方官獻計。崇禎二年（一六二九年），浙江巡撫張延登建議實行海禁，禁止陸上與海上往來，使海盜無糧無物，最後不戰自潰，於是朱由檢命海禁。然而海岸廣闊，漁民又要生活，哪裡能禁得住呢？崇禎四年（一六三一年），只好又重新召集群臣商量對策。

有人主張「撫」，有人主張「剿」。朱由檢聽了群臣的回答，覺得此時還是採取剿滅之策要好些，於是下令對海盜要嚴加剿殺。朱由檢之所以此時採取「剿」的政策，是因為最大一支海盜鄭芝龍已被招撫，餘下僅為小股，剿殺是有把握成功的。於是朱由檢任用鄭芝龍出兵剿滅，並且很快取得了成功，此後東南沿海相對安定。

05 清軍入關，煤山殉國

朱由檢在長達十七年的時間裡不講究吃穿、不營建宮廷，一度使明室有了中興的可能。但如果無法追隨大勢去行動，仍舊擺脫不了亡國的厄運，最終這位明朝末代皇帝上吊殉國，令人唏噓不已。

朱由檢在位期間，爆發了農民起義。崇禎十六年（一六四三年）正月，李自成部克襄陽、荊州、德安、承天等府，張獻忠部陷蘄州，明將左良玉逃至安徽池州。一年後，大同被攻陷，北京危在旦夕。隨後，朱由檢任命吳三桂為平西伯，帶兵守衛京師，並啟用吳襄指揮京城的部隊應戰。

然而形勢的發展超出了朱由檢的意料。崇禎十七年（一六四四年）三月六日，李自成陷宣府，太監杜勳投降。十五日，大學士李建泰投降，李自成部開始包圍北京，明王朝面臨滅頂之災。此時明朝軍隊與農民起義軍和清軍展開兩線作戰，接連遭遇失利，完全喪失了戰鬥力。

三月十七日，農民起義軍開始圍攻北京城，一時間大難臨頭。十八日晚，朱由檢與貼身太監王承恩登上煤山（也稱萬壽山，今北京景山），遠望著城外和彰義門一帶，只見遠處連天烽火，讓人惶恐不安。朱由檢表情凝重，一陣哀聲長歎，一陣徘徊無語。

不久，李自成率領部隊終於攻入北京城。聽到這個消息，朱由檢長歎一聲：「害苦了我的子民啊！」太監張殷勸皇帝投降，結果被一劍刺死。隨後朱由檢派人把太子、永王、定王送到可靠的皇親國戚家中保命，並寫下詔書命成國公朱純臣統領諸軍輔助太子朱慈烺。

接著朱由檢開始處理後宮的事宜。他哭著對周皇后說：「你是國母，理應殉國。」周皇后也哭著說：「我跟隨陛下十八年，一切都聽從你的安排。現在陛下命我死，我怎麼敢不死呢？」說完，她解帶自縊而亡。接著，袁貴妃也自縊身亡。

朱由檢又召來十五歲的長平公主，哭著說：「你為什麼要降生到帝王家來啊！」說完左袖遮住臉，右手拔刀砍中了她的左臂，接著又砍傷她的右肩，長平公主昏死過去了。接著朱由檢又揮劍刺死了年僅六歲的昭仁公主。隨後崇禎帝又砍死了妃嬪數人，並命令懿安張皇后自盡。

十九日凌晨，李自成率領起義軍從彰義門殺入北京城。朱由檢帶領幾十名太監騎馬出東華門，結果被亂箭所阻；再跑到齊化門（朝陽門），成國公朱純臣閉門不納；又轉向安定門，這裡的守軍已經散去，大門緊閉不開。

天亮了，北京城火光沖天，朱由檢被迫返回皇宮。他在前殿鳴鐘召集百官卻無一人前來，最後哀歎道：「諸位大臣害了我，我害了社稷，大明朝立國二百七十六年，今天造此劫難都是被奸臣所誤！」最後，他在景山歪脖樹上自縊身亡，時年三十三歲。死的時候光著左腳，右腳穿著一隻紅鞋，身邊只有提督太監王承恩陪同。

上吊之前，朱由檢在藍色袍服上寫下了這樣一段文字：「朕自登基十七年，雖朕薄德匪躬，上干天怒，然皆諸臣誤朕，致逆賊直逼京師。朕死，無面目見祖宗於地下，自去冠冕，以髮覆面。任賊分裂朕屍，勿傷百姓一人。」

兩天後，朱由檢的屍體被發現。大順軍將他與周皇后的屍棺移出宮禁在東華門示眾，後來被放在紫禁城北面的河邊。不久由當地平民將朱由檢合葬在田貴妃墓中。清軍入關後，將朱由檢移葬思陵。

北京城被攻陷以後，朱由檢作為最高統治者自縊身亡，明朝在中國北方的統治處於崩潰邊緣。隨後，南方的明朝勢力在南京擁立福王朱由崧，建立了南明政權。

正說大明十六帝 / 劉雅琳著. -- 一版. -- 臺北市 :
大地出版社有限公司, 2022.08
面： 公分. --（History：117）

ISBN 978-986-402-369-1（平裝）

1.CST: 帝王 2.CST: 傳記 3.CST: 明代

782.276 111010655

正說大明十六帝

History 117

作　　者：劉雅琳
發 行 人：吳錫清
主　　編：陳玟玟
出 版 者：大地出版社
社　　址：114台北市內湖區瑞光路358巷38弄36號4樓之2
劃撥帳號：50031946（戶名：大地出版社有限公司）
電　　話：02-26277749
傳　　真：02-26270895
E - mail：support@vastplain.com.tw
網　　址：www.vastplain.com.tw
美術設計：成樺廣告印刷有限公司
印 刷 者：博客斯彩藝有限公司
一版一刷：2022年08月

大地

定　　價：300元